Renúncia
por amor

Renúncia
por amor

pelo espírito
Sulamita

psicografia de
Roberto Diógenes

Renúncia por amor
pelo espírito Sulamita
psicografia de Roberto Diógenes
Copyright © 2013 by
Lúmen Editorial Ltda.

1ª edição – junho de 2013

Direção editorial: *Celso Maiellari*
Direção comercial: *Ricardo Carrijo*
Coordenação editorial: *Fernanda Rizzo Sanchez*
Revisão: *Fernanda Almeida Umile*
Projeto gráfico e arte da capa: *Casa de Ideias*
Impressão e acabamento: *Gráfica Cromosete*

Dados Internacionais de Catalogação na Publicação (CIP)
(Câmara Brasileira do Livro, SP, Brasil)

Sulamita (Espírito).
  Renúncia por amor / pelo espírito Sulamita; psicografia de Roberto Diógenes. – São Paulo: Lúmen Editorial, 2013.

  ISBN 978-85-7813-129-6

  1. Espiritismo 2. Psicografia 3. Romance espírita I. Diógenes, Roberto. II. Título.

13-03286   CDD-133.93

Índices para catálogo sistemático:
1. Romances espíritas psicografados: Espiritismo 133.93

LÚMEN
EDITORIAL

Rua Javari, 668
São Paulo – SP
CEP 03112-100
Tel./Fax (0xx11) 3207-1353

visite nosso site: www.lumeneditorial.com.br
fale com a Lúmen: atendimento@lumeneditorial.com.br
departamento de vendas: comercial@lumeneditorial.com.br
contato editorial: editorial@lumeneditorial.com.br
siga-nos nas redes sociais:
twitter: @lumeneditorial
facebook.com/lumen.editorial1

2013
**Proibida a reprodução total ou parcial desta obra
sem prévia autorização da editora**
Impresso no Brasil – *Printed in Brazil*

Sumário

CAPÍTULO UM – A aprendiz 7

CAPÍTULO DOIS – O protetor..19

CAPÍTULO TRÊS – A partida 25

CAPÍTULO QUATRO – Declaração de amor..35

CAPÍTULO CINCO – O treinamento 49

CAPÍTULO SEIS – Otávio e Rodrigo...59

CAPÍTULO SETE – Bom filho, bom irmão...68

CAPÍTULO OITO – Livros espíritas..75

CAPÍTULO NOVE – O desmaio de Consuelo.......................................80

CAPÍTULO DEZ – Emboscada..90

CAPÍTULO ONZE – Encontros...96

CAPÍTULO DOZE – Uma cigana amaldiçoada...................................110

CAPÍTULO TREZE – Notícia ruim...119

CAPÍTULO QUATORZE – Ajuda inesperada 129

CAPÍTULO QUINZE – O pandeiro...138

CAPÍTULO DEZESSEIS – Faculdade 150

CAPÍTULO DEZESSETE – O choro de Shayera 156

CAPÍTULO DEZOITO – Uma conversa difícil 163

CAPÍTULO DEZENOVE – Uma prova de amizade 170

CAPÍTULO VINTE – Rompimento do acordo 179

CAPÍTULO VINTE E UM – Festa cigana 185

CAPÍTULO VINTE E DOIS – O julgamento de Sinval 193

CAPÍTULO VINTE E TRÊS – O pedido de Rodrigo 200

CAPÍTULO VINTE E QUATRO – Uma pausa para a paixão 211

CAPÍTULO VINTE E CINCO – Os segredos do baralho 220

CAPÍTULO VINTE E SEIS – Reencontro 228

CAPÍTULO VINTE E SETE – As decisões de Yago e Rodrigo 235

CAPÍTULO VINTE E OITO – O sacrifício de Yago 244

CAPÍTULO VINTE E NOVE – A história de Consuelo 251

CAPÍTULO TRINTA – O exemplo de Rute 262

CAPÍTULO TRINTA E UM – O presente e a expulsão 273

CAPÍTULO TRINTA E DOIS – Esteban e Esline 282

CAPÍTULO TRINTA E TRÊS – Guerra do Paraguai 295

CAPÍTULO TRINTA E QUATRO – Explicações após o filme 307

CAPÍTULO TRINTA E CINCO – Alterações na lei 314

CAPÍTULO TRINTA E SEIS – Vida de cigano 321

CAPÍTULO TRINTA E SETE – Adeus ao baralho 329

CAPÍTULO UM

A aprendiz

Acesa no meio do acampamento, a fogueira era observada pelos ciganos, que ansiosos aguardavam o ritual ser iniciado, a fim de este revelar quem seria a nova aprendiz da líder espiritual do bando.

Três adolescentes entre catorze e dezesseis anos, segurando pandeiros, contemplavam a fogueira, cientes de que apenas uma delas se tornaria a aprendiz e estudaria os segredos do baralho cigano.

Shayera, uma jovem de quinze anos, cabelos e olhos castanho-escuros, olhou para as duas concorrentes decidida a não permitir que lhes roubassem a chance, que tanto esperava. Dançaria e reverenciaria Santa Sara Kali, a protetora dos ciganos, como nenhuma cigana jamais fizera. Desejava ser a aprendiz por saber que uma cigana era respeitada e admirada somente quando se tornava líder espiritual, pois o cargo a fazia a única mulher no conselho do bando. Precisava tornar-se líder, pois, somente assim, conseguiria atingir o sonho que desde criança cultivava. Fixou a fogueira e ficou aguardando.

De esguelha, Shiara observou Shayera com desdém. A rival jamais a superaria durante o ritual. Era um ano mais velha, dançava melhor que qualquer cigana do bando e era muito esperta; por tudo isso, jamais perderia para Shayera, que fora tola ao se candidatar à vaga e imaginar que a superaria. Esboçando leve sorrisinho, contemplou a fogueira ao imaginar o quanto ficaria feliz em vencê-la, e o quanto seria admirada pelo bando quando no futuro se tornasse a aprendiz e líder espiritual.

A terceira candidata era Ciganinha, de catorze anos. Não se importava com o ritual. Só iria participar por obrigação, pois era dever das jovens do bando candidatar-se à aprendiz de Consuelo. Ser líder espiritual não era seu sonho, e ela não se esforçaria para se sair bem.

Sentada ao lado de um altar improvisado com a imagem de Santa Sara Kali e um baralho cigano, Consuelo, uma mulher de quarenta e três anos, cabelos pretos e olhos verde-claros, olhava para as adolescentes desejando que uma delas realmente se tornasse digna de um dia ser a responsável em proteger e utilizar o baralho cigano em benefício do bando de Sindel, e não em seu próprio benefício. Por esse motivo, esperava que os espíritos protetores ajudassem a escolher a aprendiz ideal ao futuro cargo de líder espiritual. Fechou os olhos e fez uma rápida oração pedindo auxílio aos espíritos protetores. Abriu os olhos e, concentrando-se na fogueira, começou a murmurar algumas palavras esquisitas e nela jogou um pozinho, o que fez a fogueira emitir labaredas.

Os homens ficaram em pé e começaram a bater palmas.

Consuelo reverenciou a santa e pediu-lhe permissão para tocá-la. Levou a imagem até a fogueira e, por três vezes, passou-a nas labaredas. Devolveu-a ao altar, fez nova reverência e pegando o baralho circulou a imagem com as cartas. Chamou as três candidatas pelo nome e mencionou a ordem em que cada uma se apresentaria. Sentou-se e os homens cessaram as palmas.

Ciganinha movimentou seu pandeiro e apresentou sua dança. Reverenciou a santa e a presenteou com um lenço, colocando-o próximo aos pés da imagem, evitando tocar a santa e o baralho. Voltou ao seu lugar e sentou-se ao lado dos pais.

Ágil como um gato, Shiara saltou de onde estava e aterrissou próximo ao altar, reverenciando a santa e dançando ao som do pandeiro, causando admiração nos homens, que gritaram seu nome e voltaram a bater palmas.

A jovem alta, de cabelos pretos e olhos verde-claros, colocou o pandeiro na cintura e caprichou em sua dança. Deu um novo salto, e puxando um belíssimo lenço da barra da saia, ofertou-o à santa. Os ciganos voltaram a gritar seu nome, e ela saiu dançando e sentou-se entre os pais. Encarou Shayera, desafiando-a com o olhar a fazer melhor que ela.

Shayera ergueu-se e jogou o pandeiro para o alto; saltou a fogueira e, de joelhos, diante da santa, estirou a mão esquerda e segurou o pandeiro antes de ele ir ao chão, reverenciando-a. Os ciganos aplaudiram, gritaram seu nome e começaram a bater fortes palmas.

Shayera colocou o pandeiro na cintura e começou a dançar. Levou o pandeiro acima da cabeça e ao som do instrumento e das palmas apresentava sua dança. Saltava a fogueira e utilizava o pandeiro, dançava rápido e com perfeição.

A jovem e bonita cigana lançou o pandeiro para o alto, saltou e aterrissou próximo a um jovem cigano, e puxou de sua mão um lindíssimo lenço. Aproximou-se do altar e recolheu o pandeiro dentro do lenço, dançando e fazendo acrobacias. Consuelo ficou impressionada, e, mediunicamente, avistou o espírito Carmecita, que auxiliava o bando, dançando com Shayera e realizando as mesmas acrobacias.

Sempre dançando, Shayera ficou de costas para o altar e inclinou-se até seus compridos cabelos tocarem o chão. Olhou para a Santa Sara Kali e com a mão esquerda colocou o lenço nos pés da imagem. Retornou à posição original e voltou a dançar e sorrir. A performance foi tão perfeita, que com exceção de Shiara e sua mãe, os demais aplaudiram e gritaram o nome da jovem dizendo que ela seria a aprendiz. Shayera sentou-se ao lado de Yago, um cigano de vinte anos, alto, cabelos pretos e olhos azuis.

Shiara cutucou a mãe e, baixinho, disse que Shayera havia dançado melhor que ela. Yalía disse à filha que ainda faltava a segunda parte do ritual, e que esta deveria executar todas as instruções, pois se assim o fizesse, venceria.

Consuelo pediu permissão à santa para tocar o baralho e usá-lo para escolher a aprendiz. Movimentou as cartas em suas mãos e colocou uma carta nos lenços ofertados. Pediu às candidatas que se aproximassem dos lenços. Fez uma prece e assoprou as candidatas e os lenços.

A líder espiritual pediu a Ciganinha para segurar a carta que estava no lenço que tinha ofertado para a santa. A Ciganinha pegou a carta, fechou os olhos, movimentou-a em suas mãos e nada aconteceu.

Consuelo autorizou Shiara a segurar a carta. Shiara delicadamente retirou a carta do lenço e escondendo-a entre as mãos a movimentou por três vezes; suspirou profundamente e, fechando os olhos, cambaleou. Em seguida, equilibrou-se e disse estar vendo uma cigana de bonitos cabelos pretos, que usava um pandeiro e se chamava Carmecita. Dizia ela que, após o ritual, o bando deveria deixar a Argentina e seguir para o Uruguai, pois havia surpresas agradáveis esperando por eles lá. Shiara deu nova cambaleada e abrindo os olhos devolveu a carta ao lenço e contemplou Consuelo.

A líder espiritual a encarou e nada disse. Fixou Shayera e permitiu que a jovem pegasse a carta. Shayera reverenciou a santa pedindo permissão para segurar uma das cartas do baralho. Retirou a carta do lenço e, contemplando-a, viu a figura de um navio em alto-mar. Fechou os olhos e movimentou a carta. De repente, sentiu a carta muito quente e viu Carmecita sorrindo e mostrando-lhe as trinta e seis cartas que compõem o baralho cigano. Carmecita colocou o baralho nas mãos de Shayera e assoprou. Shayera teve uma nova visão e escutou o que o bondoso espírito sussurrou. Carmecita voltou a assoprar na jovem e ela nada mais viu nem ouviu. Shayera devolveu a carta ao lenço e permanecera em silêncio.

– As candidatas a aprendiz podem se aproximar do altar de Santa Sara Kali e mencionar o que aconteceu quando tocaram em uma das cartas do baralho cigano – pediu Consuelo.

As três obedeceram à líder espiritual: Ciganinha disse nada ter visto nem sentido; Shiara repetiu o que já havia mencionado e Shayera disse:

– A carta ficou quente após movimentá-la em minhas mãos, e eu vi uma bonita cigana de uns vinte e cinco anos, estatura média com cabelos e olhos bem castanhos. Ela me mostrou todas as cartas do baralho cigano e as colocou em minhas mãos, assoprando em mim. Vi uma gigantesca queda-d'água e escutei a cigana sussurrar-me que o bando deve seguir para a cidade das Cataratas do Iguaçu, pois há anos deixamos de ir lá para vivenciar alegrias e tristezas, felicidades e sofrimentos. Falou que retornando à cidade, vivenciaremos algumas coisas, e alguns membros do bando encontrarão situações que os farão deparar com o passado e enfrentá-lo. Senti novo assopro e nada mais vi nem escutei.

Consuelo aproximou-se de Shayera e, segurando seu braço direito, ergueu-o e disse em voz alta:

– Shayera será a aprendiz. Ela se saiu muito bem durante o ritual. Fez uma belíssima dança, ofertou o lenço mais bonito para a santa e teve uma verdadeira visão espiritual – abraçou a jovem. – Parabéns, Shayera! Ficarei feliz em lhe ensinar os segredos do baralho cigano e como lidar com ele.

– Parabéns coisa nenhuma – protestou Shiara. – Shayera não será sua aprendiz, pois não se saiu melhor do que eu. Dancei divinamente, doei um belíssimo lenço para a Santa Sara Kali e tive uma visão espiritual com Carmecita, que nos pediu para seguir ao Uruguai, e não às Cataratas do Iguaçu. Carmecita jamais pediria uma coisa dessas, visto que o bando de papai nunca foi para essa cidade que tem as tais cataratas. Se nunca foi é porque Shayera mentiu ao dizer ter tido uma visão com Carmecita.

– Quem mentiu foi você e não Shayera – gritou Consuelo. – Você não é digna de ser a aprendiz, muito menos de no futuro tornar-se líder espiritual. Mentiu que teve uma visão com Carmecita, pois ela não tem cabelos pretos, mas castanhos. Outra coisa, ela não usa pandeiro e quando usa alguma coisa é uma cópia do nosso baralho cigano. Durante o ritual, eu avistei Carmecita dançando com Shayera e, após a dança, ela permaneceu ao lado de Shayera. Em nenhum momento a avistei com você quando tocou a carta do baralho cigano. Portanto, Shayera será a aprendiz, pois, além de ter se saído muito bem, foi a escolhida de Carmecita.

– Tia Consuelo, só porque você não viu a Carmecita ao meu lado não significa que eu não a vi – falou Shiara. – Por acaso somente você, entre todas as ciganas do nosso bando, pode ver e escutar os espíritos? Está enganada se pensa que só por ser a líder espiritual é privilegiada com a visão e audição dos espíritos. Mamãe também enxerga e fala com os espíritos. E eu herdei esse dom.

– Shiara, realmente, herdou o dom de ver, escutar e conversar com os espíritos – disse Yalía, uma cigana de quarenta e cinco anos. – Quando ela tocou a carta do baralho, eu também vi o espírito Carmecita conversando com ela e...

– Cale-se, Yalía – gritou Consuelo interrompendo-a. – Suas visões espirituais não merecem nenhum crédito. Você é uma cigana mentirosa, falsa e interesseira, que fez questão de passar essas características negativas para Shiara, que as herdando não serve para ser minha aprendiz, pois não é uma pessoa confiável. Jamais lhe ensinaria os segredos do baralho cigano. Ensinarei para Shayera, que será a aprendiz.

– Papai, o senhor, como líder do bando, não pode permitir que tia Consuelo fale esses absurdos de sua filha e de sua esposa – disse Shiara. – Somos ciganas honestas e temos bom coração. Tudo o que fazemos é em nome do bando, pois queremos que ele cresça e seja feliz. Eu me saí muito bem no ritual e tive uma verdadeira visão espiritual, já a visão de Shayera é mentirosa, porque nosso bando nunca esteve nas Cataratas do Iguaçu. Como líder do bando, determine que sua filha seja a aprendiz.

– As questões de ordem espiritual sempre foram resolvidas pela líder espiritual, e Consuelo é uma excelente líder – disse Sindel, o líder do bando, um cigano de quarenta e oito anos, alto e olhos verde-claros. – Se Consuelo escolheu Shayera para ser a aprendiz é porque ela superou você no ritual e teve uma visão espiritual verdadeira. Antes de vocês duas nascerem, nosso bando acampava em Foz do Iguaçu, uma cidade brasileira, onde estão localizadas as Cataratas do Iguaçu. Naquela cidade, sempre tivemos alegrias e tristezas, felicidades e sofrimentos. Se Carmecita sussurrou para Shayera que devemos seguir para Foz do Iguaçu, partiremos assim que Consuelo determinar.

– Eu também tive uma visão espiritual com Carmecita, e o senhor não pode ignorar minha visão, pois me esforcei muito para vencer o ritual – disse Shiara. – Shayera não pode...

– Cale-se, Shiara! – gritou Yago, interrompendo-a. – Feche sua boca e aceite que você perdeu para Shayera, que dançou mil vezes melhor que você e foi a escolhida de tia Consuelo e de Carmecita. Ainda bem que você não será a aprendiz, porque só você e mamãe a queriam nesse cargo, os outros torciam para Shayera.

– Você é um cigano que não deveria ter família, pois virou as costas para sua própria irmã, quando ensinou as acrobacias com o pandeiro e o lenço para Shayera e não para mim, o que a fez dançar melhor do que eu. Você sempre soube que eu queria ser a aprendiz e um dia me tornar a líder espiritual; mesmo assim, preferiu ajudar minha rival! Isso é algo que eu não perdoarei. Sendo cigano você sabe muito bem o que significa uma cigana não perdoar alguém por algo que lhe fez – Shiara caminhou até a santa, ajoelhou-se, fixou a imagem e, cuspindo em direção ao irmão, falou: – Em nome de nossa Santa Sara Kali amaldiçoo Yago a ser sempre infeliz e a nunca possuir nada daquilo que desejar.

Yalía ajoelhou-se ao lado da filha, e a imitando, disse:

– Em nome de nossa Santa Sara Kali confirmo a maldição que Shiara lançou em Yago, que deverá ser para sempre infeliz e nunca ter a mulher por quem se apaixonar.

As duas se ergueram e encararam Yago. Os membros do bando ficaram perplexos, pois sabiam que quando uma cigana amaldiçoa o filho, a maldição o persegue pelo resto da vida. Yago contemplou o pai e Consuelo com expressão tristonha. Rapidamente, a líder espiritual pegou a imagem de Santa Sara Kali, e aproximando-se do jovem cigano, pediu-lhe para se ajoelhar e falou:

– Em nome de Deus e de Santa Sara Kali, eu, Consuelo, a líder espiritual do bando de Sindel, invoco os espíritos protetores do nosso bando para, juntos, implorarmos a Deus e à nossa santa, para cancelarem a maldição que Shiara e Yalía jogaram em Yago, que é um bom cigano e sempre ajudou seu povo.

Ela encostou a imagem em Yago e, em seguida, ergueu a santa e começou a dançar e cantar uma oração em idioma desconhecido, fazendo círculos em volta de Yago.

Os espíritos de um ancião e de um rapaz chegaram volitando e se aproximaram de Carmecita, que a tudo observava. Consuelo continuou a dança e viu Carmecita e os outros dois bons espíritos, que em nome de Deus costumavam auxiliá-los.

A líder espiritual fez uma prece pedindo a Deus para enviar bênçãos paternas sobre Yago, e, por meio dessas bênçãos, ajudá-lo a ser muito feliz e continuar sendo uma boa alma.

Os três espíritos se ajoelharam e fixaram o Céu em atitude de prece. Fizeram uma rápida oração e, erguendo-se, aproximaram-se de Yago. Carmecita, usando seus conhecimentos espirituais, aplicou um passe magnético no cigano, enquanto os outros dois assopraram no rapaz. Após o passe e o assopro, os três volitaram.

Consuelo ficou em pé e voltou a dançar e cantar uma nova música, já compreendida pelo bando. Ao concluir a dança, devolveu a santa ao altar e pediu que Yago ficasse de pé.

– A maldição lançada por sua irmã e por sua mãe não terá efeito algum em você. Os espíritos protetores do nosso bando atenderam à minha oração, e sendo você uma boa pessoa, intercederam a seu favor junto à nossa Santa Sara Kali. Tive uma visão espiritual enquanto dançava e rezava; vi Carmecita retirando de você a maldição que lhe foi lançada. Por essa razão, esqueça e continue sua vida como bom cigano, zeloso pelo bem-estar do nosso bando. Amanhã você vai tomar um banho de ervas que vou preparar para que seu corpo fique purificado. Após isso, nenhuma maldição que lançarem em você terá efeito.

– Obrigado, tia Consuelo! – agradeceu o cigano segurando as mãos da líder espiritual e beijando-as em forma de agradecimento.

– Não precisa me agradecer. Você é meu sobrinho e um bom cigano. Agradeça a Deus, Santa Sara Kali, Carmecita e a dois espíritos que estiveram aqui, pois foi por ser uma boa alma reencarnada, que eles retiraram-lhe a maldição. – Consuelo virou-se para o bando e disse: – Vamos nos esquecer dessa história de maldição e comemorar a escolha de Shayera como aprendiz.

– Ninguém vai comemorar nada, pois não aceitarei a palavra de tia Consuelo de que a minha visão espiritual foi falsa – bradou

Shiara. – Todos sabemos que Shayera sempre foi a queridinha da líder espiritual e, por essa razão, nada impede que ela tenha dito que minha visão espiritual seja mentirosa e a de Shayera, verdadeira, para poder ter a sua queridinha como aprendiz. Toda cigana, desde criança, nasce com dons místicos, que a liga com os bons espíritos que protegem o seu bando. Se sou cigana, por que deveria ter nascido diferente das demais meninas ciganas e não ter herdado esse dom? Não nasci diferente de nenhuma cigana, por esse motivo sou capaz de ter visões espirituais como muitas mulheres do nosso povo. Quem deve decidir se eu tive a visão espiritual ou não é o conselho do bando, não a líder espiritual, que por ter uma das candidatas a aprendiz como sua protegida iria optar em ser a mestra dessa protegida. Que o conselho se manifeste – pediu olhando para os conselheiros.

– Sindel, que é o líder do bando e um dos conselheiros, já informou que essa questão deve ser resolvida pela líder espiritual do bando. Será Consuelo que resolverá – disse Javier, um cigano de sessenta e quatro anos, presidente do conselho. – O nosso conselho não vai se reunir para decidir sobre um assunto de ordem espiritual. Consuelo, que é um dos membros e líder espiritual é quem está apta a dizer qual candidata será sua aprendiz. Se ela já informou que é Shayera, aceite, Shiara.

– Não posso aceitar, pois a líder espiritual disse que eu tive uma visão espiritual falsa, quando eu sei que foi verdadeira – gritou Shiara.

Consuelo se aproximou do altar e pegou o baralho cigano e o lenço que o envolvia. Estendeu o lenço perto da imagem de Santa Sara Kali e fez uma prece solicitando auxílio da santa e dos espíritos protetores do bando durante a leitura das cartas. Embaralhou as cartas e as colocando de três em três, uma ao lado da outra, falou:

– As cartas do baralho cigano que falam em nome de Santa Sara Kali estão revelando que Shayera verdadeiramente teve uma visão espiritual com o espírito Carmecita, e que é a candidata ideal para ser a aprendiz da líder espiritual. – Consuelo colocou novas cartas sobre o lenço. – As cartas indicam que Shiara está com inveja e raiva de Shayera, porque a jovem, que usou de honestidade durante o ritual, a superou em algo que ela acreditava ser melhor, tanto na dança quanto na visão espiritual, o que não aconteceu com Shiara, que mentiu ao mencionar em sua falsa visão a mesma coisa que sua mãe ouviu de uma aprendiz no passado – juntou as cartas e devolveu o baralho ao altar.

As mulheres do bando, com exceção de Carmen, uma cigana de sessenta e dois anos e esposa de Javier, contemplaram o baralho com olhos de cobiça, pois todas almejavam conhecer seus segredos e usá-los em seu próprio benefício. Se possuíssem o baralho teriam poder sobre os outros membros, visto ser ele o que tornava a líder espiritual tão especial a ponto de ser a única mulher no conselho do bando.

– Shayera será a aprendiz, pois ela venceu o ritual, e o baralho cigano confirmou sua visão espiritual – afirmou Consuelo.

– Shiara, você tem algo a dizer sobre o que as cartas do baralho revelaram?

Shiara encarou a tia com raiva e nada disse. Olhando para o baralho, cobiçou-o ainda mais, prometendo a si mesma que tudo faria para um dia tê-lo em seu poder.

– Como Shiara parece ter aceitado a derrota, vamos comemorar a vitória de Shayera. Ela será minha aprendiz e daqui a três anos a nova líder espiritual do bando – disse Consuelo.

– Antes da comemoração, quero que todos saibam que vou deixar a barraca que divido com papai, Shiara e minha mãe e montar uma barraca apenas para mim, pois não quero mais compartilhar um local com duas pessoas que me amaldiçoaram – disse Yago. – Hoje dormirei ao relento e amanhã providencio uma nova barraca. Agora, vamos fazer o que tia Consuelo nos pediu: festejar a vitória de Shayera. Música, dança e bebida! – gritou para o bando.

Dois ciganos pegaram instrumentos musicais e começaram a tocar, enquanto os demais batiam palmas. As mulheres, bem alegres, começaram a dançar olhando para os homens, que entraram na dança e continuaram batendo palmas.

Enquanto dançava, Yago mantinha o olhar fixo nos olhos de Shayera, que, feliz por ter vencido o ritual, fingia não perceber um brilho diferente nos olhos dele enquanto a contemplava.

Um dos ciganos chegou com a bebida e a ofereceu aos homens, que, assim que tomaram alguns goles da bebida, repassaram-na às mulheres, que depois de tomá-la, devolveram-na aos homens e continuaram dançando. Quando a dança começou a ficar mais animada, os homens estenderam a mão direita para as mulheres e, fazendo par com elas, iniciaram nova dança.

De longe, Shiara observava Yago dançar com Shayera, odiando os dois e desejando que caíssem e quebrassem as pernas. Virando-se para a mãe, que estava ao seu lado, falou que não se conformava em não ter vencido o ritual, pois tudo o que mais desejava era ser aprendiz; queria descobrir os segredos do baralho cigano, a fim de usá-los em seu benefício e se tornar uma cigana poderosa, rica e temida por todos do bando. Precisava encontrar uma forma de se apossar dos segredos do baralho, caso contrário, não iria conseguir o que tanto almejava nem se tornaria uma líder espiritual muito melhor do que a tia.

– Não precisará do baralho para conseguir o que quer – disse Yalía. – Uma boa cigana é reconhecida quando lê a sorte nas mãos das pessoas, e a elas diz o que gostariam de escutar. Não somos reconhecidas por lermos a sorte em cartas de baralho; por esse motivo, não se preocupe com ele, utilize a quiromancia como um meio de destruir Consuelo e sua aprendiz. Vou ensiná-la tudo de que necessita para ser uma ótima leitora de mãos, pois esse dom eu carrego comigo e o aperfeiçoei com o tempo. Por meio dessa leitura, você vai superar Shayera e Consuelo, e o baralho cigano. Esteja sempre um passo à frente delas, e as duas nunca serão melhores do que você.

– Excelente ideia, mamãe! – exclamou Shiara. – Aprenderei com a senhora tudo sobre ler a sorte pelas mãos, e, por meio dessa leitura, mostrarei a todos que sou muito melhor do que tia Consuelo e Shayera. Futuramente, serei a líder espiritual. No entanto, como a líder espiritual está ligada ao baralho cigano, terei de encontrar uma forma de descobrir seus segredos e me apoderar dele.

– Descobriremos um meio de você ter acesso a esses segredos e de retirar Consuelo e Shayera do nosso caminho – disse Yalía. – Vamos para a barraca e pensaremos em algo.

Enquanto os outros ciganos se divertiam cantando, bebendo e dançando, em comemoração à vitória de Shayera, Yalía e a filha bolavam um meio de descobrir os segredos do baralho.

Quando a comemoração se encerrou e os ciganos entraram em suas barracas, Yago dirigiu-se a um tronco de uma árvore e nele se apoiou bocejando. Shayera pensou em convidá-lo para dormir em sua barraca, mas sua reputação seria colocada em jogo, pois todos poderiam pensar que eles iriam dormir juntos. O correto seria ela dormir sozinha em sua barraca e continuar pura, assim permanecendo até o dia em que se casasse, conforme se era esperado de uma jovem cigana.

Consuelo pensou em chamar o sobrinho para dormir em sua barraca, mas, recordando de que ninguém além dela ou da futura aprendiz podiam entrar na sua barraca, conversou com Sindel e Javier e pediu que ambos pegassem uma lona e montassem uma barraca para Yago, pois não permitiria que o sobrinho dormisse ao relento.

Assim, eles chamaram Yago para ajudá-los na montagem da barraca e em vinte minutos a barraca estava montada. Consuelo entregou um pequeno colchão de camping, um travesseiro e lençóis para o sobrinho e, desejando-lhe um bom sono, dirigiu-se à sua barraca, onde fez rápida prece e dormiu.

CAPÍTULO DOIS

O protetor

Quando os raios de sol incidiram no acampamento, duas mulheres deixaram suas barracas e prepararam um café forte, pães e biscoitos caseiros. Aos poucos, os outros foram deixando suas barracas e sentando-se em volta da refeição. Todos aguardavam Consuelo, pois ninguém se alimentava antes de a líder espiritual mencionar em qual lugar as mulheres deveriam se sentar para lerem a sorte e os homens comercializarem os produtos que fabricavam, enquanto, de longe, cuidavam de suas mulheres.

Ao escutar um barulho na barraca de Consuelo, Sindel pulou do chão e rapidamente ficou diante da barraca, pois era sua função, sempre que iniciava uma segunda-feira, cuidar da líder e acatar suas determinações. Assim que viu a irmã apontar na entrada da barraca, Sindel a auxiliou e a conduziu até os demais, que, imediatamente, se ergueram. Consuelo fez uma prece e, em seguida, todos se sentaram.

Colocando um lenço no chão, invocou o nome de Santa Sara Kali e pediu proteção ao bando e bênçãos para terem uma semana feliz. Solicitou à santa e aos espíritos protetores que cuidassem de seu povo e a auxiliassem durante a leitura das cartas. Retirou o baralho cigano de um dos bolsos da saia, fechou os olhos, fez uma prece, e quando abriu os olhos embaralhou as cartas e as colocou no lenço, dizendo:

– Hoje a sorte do povo será lida próximo à igreja da Virgem do Rosário. Os homens venderão os utensílios de alumínios, bijuterias e nossos outros produtos nas casas de comércio da cidade de Rosário. As mulheres, após a leitura das mãos, venderão nossos amuletos de sorte, pulseiras e brincos, mencionando que os produtos ajudam a ter mais sorte, pois são abençoados pela Santa Sara Kali – fez uma pausa, embaralhou as cartas, e voltando a colocá-las no lenço, disse:
– O treinamento de Shayera como aprendiz vai ter início na cidade em que Carmecita nos mandou seguir. No dia em que o treinamento começar, ela terá de contar com um protetor, um cigano jovem, forte e corajoso, que tudo fará para defendê-la dos perigos. Sindel deve indicar o protetor, pois a partir do momento em que chegarmos à Foz do Iguaçu, ele deverá zelar por Shayera. Zelando pela aprendiz, terá toda a proteção da nossa Santa Sara Kali e dos espíritos protetores.
– Quero ser o protetor de Shayera – ofereceu-se Yago. – Sou filho do líder do bando e um dia vou liderá-los. Quero ser indicado por papai.
– O fato de ser filho do líder do bando não lhe dá o direito de ser o protetor de Shayera – falou Sinval. – Consuelo disse que o protetor deve ser um cigano jovem, forte e corajoso. Você é apenas dois anos mais jovem do que eu, e em questão de força e coragem, nós dois nos igualamos. Eu me ofereço para ser o protetor de Shayera e prometo cuidar dela e protegê-la de todo o perigo, como nenhum outro cigano jamais o faria.
– Sinval protegerá Shayera muito melhor do que Yago, pois ele não é apaixonado por ela, assim a paixão não vai atrapalhar na defesa da futura aprendiz – disse Shiara. – Papai, indique Sinval, Shayera será muito bem protegida.
– Meta-se com os assuntos do seu interesse, Shiara – ralhou Yago. – O protetor de Shayera não lhe diz respeito, por essa razão não dê palpites. Não quero ser o protetor da aprendiz porque sou apaixonado por ela, mas porque sou o filho do líder do bando e no futuro...
– Ninguém está interessado no que lhe acontecerá no futuro – falou Shiara interrompendo o irmão. – Para seu conhecimento, todo e qualquer assunto que envolve o nosso bando é de interesse

de todos. Assim sendo, o protetor de Shayera deve ser indicado não por papai, que certamente vai advogar a seu favor, mas sim ser escolhido pelo conselho. Vocês concordam comigo? – perguntou olhando para os conselheiros.

– Consuelo nos disse que o baralho indicou que o líder do bando deve indicar o protetor da aprendiz – falou Ramon, um dos conselheiros. – Ninguém deve ir contra o que o baralho indica. Ele, melhor do que qualquer um de nós, sabe o que é melhor para nossa comunidade. Acato a indicação do baralho.

Os outros conselheiros disseram o mesmo.

Sindel contemplou Consuelo e perguntou:

– O baralho diz algo sobre o protetor ter de ser o filho do líder?

Consuelo embaralhou as cartas e com delicadeza as colocou no lenço. Mirando-as, disse:

– As cartas não indicam quem deve ser o protetor da aprendiz, apenas dizem que o líder deve escolher o protetor – juntou as cartas e envolvendo o baralho com o lenço, colocou-o no bolso da saia. Fixou Sindel e continuou: Você deve escolher o protetor. Se o baralho revelou isso, é sinal de que somente você é capaz de indicar quem está apto a zelar pela aprendiz. Se um dos candidatos é seu filho, não pense como pai, procure levar em consideração as qualidades dos dois candidatos.

Sindel refletiu sobre as últimas palavras de Consuelo e rememorou tudo o que sabia sobre o filho e Sinval. Ambos eram bons ciganos, hábeis na confecção de utensílios, bons lutadores e dançarinos, fortes e corajosos. Os dois eram bem parecidos e seria difícil indicar quem deveria proteger Shayera. Contemplou o filho e percebeu o quanto ele queria o cargo, que, certamente, iria ajudá-lo a estar mais próximo de Shayera, algo que Sindel tinha conhecimento de ser tudo o que o filho mais queria. Fixou Sinval, tentando vislumbrar no olhar do rapaz o que realmente o motivava a desejar ser o protetor dela. Certamente, não era o desejo de protegê-la, mas sim conseguir algo que Yago mostrou interesse. Desde crianças, Sinval tudo fazia para demonstrar ser superior a Yago, em qualquer atividade.

O líder achou que Yago fosse o mais indicado, mas caso se decidisse por ele, todos poderiam pensar o que Shiara tinha dito, que só o escolhera por ser o pai. Além disso, não queria se indispor com Sinval, que após a morte do pai, assumiu seu lugar como um dos conselheiros do bando, e era frio e vingativo. Se escolhesse Yago, talvez Sinval, futuramente, ocasionasse algo que prejudicasse seu filho. Não seria uma indicação fácil.

Sindel olhou para o bando e percebeu que todos o contemplavam. Demorou o olhar em Shayera e teve uma ideia:

— Seguindo o que Consuelo me disse mentalmente, ponderei as qualidades de Sinval e Yago, e penso que os dois estão aptos ao cargo de protetor da aprendiz — disse Sindel. — Mas, como apenas um pode ser o protetor, embora o baralho tenha indicado que eu deva mencionar quem o será, acredito que essa escolha cabe a Shayera, pois será ela que terá a proteção. Não estou dizendo que desconsidero a indicação do baralho, mas gostaria que Consuelo novamente consultasse o baralho para averiguar se posso deixar a escolha a encargo de Shayera.

— Não pode — falou Shiara. — Tia Consuelo, por duas vezes jogou o baralho e ele determinou que é o senhor quem deve indicar o protetor, mesmo eu tendo sugerido que o conselho indicasse. Portanto, não é correto o senhor pedir para a líder espiritual novamente consultar o baralho. Fazendo isso está desrespeitando a orientação, e isso ninguém do bando jamais o fez, pois o baralho está acima de qualquer um de nós. Indique logo o nome!

— Não pedi sua opinião, Shiara. Cale-se — ordenou Sindel. — Santa Sara Kali e os espíritos protetores são testemunhas de que não desrespeito o baralho. Por favor, Consuelo, pode consultar o baralho?

A senhora acatou o pedido e informou que o baralho nada tinha contra Sindel deixar a indicação nas mãos da menina. Fazendo isso, ele foi muito sensato, pois era justo deixar a escolha nas mãos da protegida. Sindel agradeceu a informação e, fixando Shayera, pediu para que ela se manifestasse.

— Tanto Sinval ou Yago serão bons protetores, mas desde criança Yago sempre cuidou de mim e me protegeu, prefiro que ele seja o meu protetor, pois como já somos grandes amigos, estarei sempre segura – falou Shayera.

Yago sentiu uma pontada no coração; o *"já somos grandes amigos"* de Shayera o feriu; não queria ser apenas um grande amigo, queria muito mais. Como seu protetor, tudo faria para ela perceber sua intenção.

Sinval fixou Yago e pensou que se ele queria tanto ser o protetor da aprendiz, que ficasse com o cargo, pois pouco se importava com aquelas obrigações. Só pretendia ocupar o cargo para poder ter algo que Yago demonstrou interesse. Um dia ainda provaria para o bando que era mil vezes melhor do que Yago.

– Parabéns, Sinval, por ter sido indicado como o defensor de todas as mulheres do bando pelo meu pai! – exclamou Shiara melosa. – É um cargo muito mais importante do que defender uma aprendiz. Tendo você nos defendendo vou me sentir muito bem protegida quando estiver na cidade.

– Farei isso com prazer – falou Sinval. – Prometo defender todas as mulheres de qualquer perigo e, pior, arriscarei minha própria vida.

– É isso que eu desejo – falou Sindel. – Agora, vamos nos alimentar e partir para mais um dia de trabalho.

Assim, todos começaram o desjejum. Ao terminarem, prepararam os cavalos e as carroças. Duas ciganas e três ciganos ficaram cuidando do acampamento, enquanto os demais seguiram para a cidade. Assim chegaram, os homens começaram a tocar e as mulheres a dançar.

Pararam em uma praça do centro de Rosário, na Argentina, que ficava próximo à Igreja de Nossa Senhora do Rosário. Pularam das carroças tocando e dançando. Logo, atraíram a atenção de quem passava.

Algumas ciganas pararam de dançar. Apenas Shiara, Shayera e Ciganinha continuaram dançando. De repente, Yago entrou na dança e fez par com Shayera, Sinval com Shiara e Juan com Ciganinha. Várias pessoas formaram um círculo para observá-los.

As jovens ciganas prendiam a atenção dos homens com suas danças. Yago, que fisicamente era bem bonito e tinha um corpo que despertava cobiça nas mulheres, logo despertou o interesse das argentinas. Shiara fazia de tudo para dançar melhor que Shayera e ter um maior número de homens admirando-a.

As moças começaram a se aproximar de alguns rapazes e homens e, dançando, perguntavam se não queriam que suas mãos fossem lidas, a fim de descobrirem o que o futuro lhes reservava. Yago e os outros dois ciganos se dirigiram às mulheres e fizeram a mesma pergunta. Depois, outras ciganas cercavam as pessoas e conseguiam que algumas mulheres e homens lhes estendessem as mãos para a leitura. Quando a conversa não funcionava, Yago entrava em cena e se aproximava das mulheres olhando-as de forma a atiçar-lhes o desejo.

Os outros ciganos entravam em algumas lojas e ofereciam seus produtos. Sinval, Yago e Juan cuidavam das mulheres enquanto liam a sorte. Ao mesmo tempo, os três vendiam bijuterias e amuletos. Shayera, Shiara e Ciganinha faziam o mesmo com os rapazes e homens.

Uma tenda foi armada para Consuelo e ela lia a sorte por meio do baralho cigano para algumas pessoas indicadas por outras ciganas. Geralmente, eram pessoas que elas reconheciam ter dinheiro ou serem importantes na cidade. Algumas dessas pessoas, que já conheciam o bando de Sindel e confiavam na leitura das cartas, faziam uma pequena fila diante da tenda de Consuelo, que lucrava com a atividade. Se a pessoa não tivesse dinheiro para pagar pela sorte lida, as ciganas aceitavam relógios, alianças e outros objetos que podiam vender no próprio comércio local.

Por cinco dias, o bando de Sindel ficou próximo à Igreja do Rosário ganhando a vida. Na tarde de sexta-feira pegaram metade do dinheiro que ganharam durante a semana e Sindel e Javier, membro do conselho do bando, foram a uma agência bancária de Rosário e depositaram o dinheiro numa conta. Depois, todos seguiram para o acampamento.

No sábado, passaram o dia descansando e festejando a boa quantia em dinheiro que ganharam durante a semana de trabalho.

CAPÍTULO TRÊS

A partida

Os ciganos acordaram cedo no domingo. Após o desjejum, Sindel ordenou que se ocupassem com a partida. Falou que quando tudo estivesse preparado, deixariam a Argentina e seguiriam rumo ao Brasil.

– Papai, recordo-me que no dia do ritual tive uma visão espiritual e nela escutei o espírito Carmecita nos dizendo para irmos ao Uruguai – disse Shiara. – Embora tia Consuelo tenha dito que minha visão não era verdadeira, eu sei que era. Podíamos, no caminho para o Brasil, passar pelo Uruguai e de lá seguirmos para Foz do Iguaçu. A minha visão não pode ser desconsiderada.

– Shiara tem razão – falou Yalía. – Não nos custa nada passarmos pelas terras do Uruguai. De repente, coisas agradáveis nos aguardam naquele país, onde já acampamos outras vezes, conforme Carmecita disse para a nossa filha.

– Apoio Shiara – manifestou-se Sinval. – Ela é uma cigana que desde pequena procurou seguir os passos do pai e fazer apenas coisas boas para o bando.

– O nosso bando não pode ignorar o que Carmecita nos pediu para fazer por meio da visão de Shayera – disse Consuelo. – Vamos fazer como Sindel nos ordenou e seguir diretamente para o Brasil.

– Por qual motivo a visão de Shayera não pode ser ignorada e a de Shiara pode? – questionou Sinval. – Sei que é a líder espiritual e nós sempre acatamos tudo o que você nos diz que o baralho cigano mostrou e o que os espíritos protetores lhe disseram. Mas quem nos garante que você sempre nos diz a verdade? Você pode mudar as informações que eles lhe passam e nos dizer apenas o que deseja que façamos. Como sempre mostrou afeição por Shayera pode ter advogado a favor da visão dela, que talvez nem tenha acontecido, contra a de Shiara, que realmente pode ter tido a visão verdadeira.

– Isso é uma acusação muito grave – falou Javier. – Consuelo jamais usou o baralho ou qualquer informação de Carmecita em seu próprio benefício. Sou o mais velho e a vi nascer; acompanhei toda sua trajetória como líder espiritual. Tanto eu quanto Sindel e Carmen somos cientes do valor da líder espiritual do nosso bando, e somos testemunhas de que ela, no passado, preferiu se prejudicar a ter de fazer algo que causasse danos ao bando. Peço que o conselho se manifeste pedindo para que você se ajoelhe na frente dela e implore seu perdão por ter lhe feito uma acusação sem fundamento. Caso ela não o perdoe, que você receba o castigo que a nossa lei infringe a todo cigano ou pessoa que maltrata a líder espiritual.

– O que Sinval falou não foi uma acusação, foi apenas uma maneira de se expressar – falou Shiara. – Acusação seria se ele tivesse dito que tia Consuelo fez determinada coisa. Ele apenas fez uma suposição e a manifestou, o que eu considero ter sido corajoso da parte dele.

– Suposição ou não, ele disse algo contra a reputação da nossa líder. Deve pedir perdão. Que o conselho se manifeste – pediu Javier.

Três conselheiros foram favoráveis ao que Javier pediu. Sinval, que também era conselheiro, guardou silêncio. Consuelo falou:

– Sinval não tem de me pedir perdão nem sofrer castigo. O que ele e Shiara pensam a meu respeito não me faz deixar de ser uma boa e fiel líder espiritual ao nosso bando. Não me ofendi com a suposta acusação; para mim foram palavras ditas ao vento. Não quero pedido de perdão e esse assunto se encerra aqui, junto com a sugestão de Shiara de passarmos pelo Uruguai. Seguiremos o que Carmecita indicou na visão de Shayera.

– Vamos seguir o que Consuelo disse e cuidar da nossa partida. Homens e mulheres: arregacem as mangas e comecem a desmontar o acampamento – determinou Sindel.

Yago aproximou-se da barraca de Shayera e perguntou se ela precisava de ajuda.

– Agradeço-te. Mas não tenho quase nada; o pouco que possuo, já guardei nas caixas – disse ela pegando uma foto dos pais.

– Você sente a falta deles? – perguntou Yago notando o quanto ela se demorou olhando para a fotografia.

– Não posso sentir falta do que nunca tive. Mamãe morreu no parto, e papai, que muito a amava, não aguentou ficar sem ela e, depois de uma semana, suicidou-se. Eu guardo as fotos para me lembrar de que um dia tive pais e para me recordar do que Consuelo me disse: que devo sempre rezar pelo espírito de papai, pois tendo ele se suicidado, seu espírito não deve ter ido morar ao lado de Carmecita, estando, talvez, sofrendo em algum lugar das trevas.

– Isso já faz tempo; o espírito dele já deve ter se livrado do mundo das trevas. Eu acredito nisso. Papai me contou que ele era um bom cigano, e nunca fez mal a ninguém; por esse motivo, alguém já deve tê-lo tirado do lugar de dor e sofrimento, além disso ele se suicidou em nome do amor que sentia por sua mãe, e o amor é um sentimento muito nobre. Seu suicídio não deve ser comparado ao de outras pessoas que morrem por coisas que não valem a pena.

– Ninguém deve tirar a própria vida, Yago. Mesmo tendo sido uma boa pessoa e morrido por amor, como você disse, papai é um suicida; não posso pensar que ele teve um destino diferente dos demais. Se Consuelo, que entende muito do mundo dos espíritos, nunca me disse que ele já está morando com Carmecita, é porque ele ainda está sofrendo no mundo das trevas. Vou continuar rezando pelo espírito dele.

– Isso demonstra que você é uma boa filha – falou Yago. – Eu queria que você sofresse menos. Se pudesse, retiraria qualquer sofrimento do seu caminho, mesmo que para isso tivesse de sofrer em seu lugar.

– O que disse mostra que é um grande amigo. Mas, como já lhe disse, não sinto falta dos meus pais, pois nunca os tive ao meu lado; não sofro por não ter família. Além do mais, você, seu pai, Consuelo e o bando são a família que tenho – disse ela fechando a caixa.

– Você já pode desmontar a barraca, pois as minhas coisas já estão nas caixas.

Ela saiu com uma caixa e Yago com a outra. Colocaram-nas no chão e depois ele desmontou a barraca. O jovem também ajudou o pai a desmontar a barraca em que vivia com a mãe e Shiara. Em seguida, os dois desmontaram a barraca de Consuelo.

A líder espiritual começou a se aproximar das pessoas do bando e indagar se não estavam esquecendo nada e se precisavam de algum tipo de ajuda. Quando alguém dizia precisar de alguma coisa, Consuelo então providenciava.

Yago, quando percebia que alguma barraca ainda não tinha sido desmontada, aproximava-se e perguntava se necessitavam de ajuda e os auxiliava se a ajuda fosse solicitada.

Quando todas as barracas estavam desmontadas, Yago aproximou-se de uma caminhonete e a estacionou perto das caixas e das lonas, colocando-as na carroceria da caminhonete. Em seguida, Javier estacionou um pequeno caminhão e com outros homens colocaram os cavalos e as carroças dentro do veículo, que tinha uma abertura por onde os cavalos enfiavam as cabeças e respiravam normalmente. Sindel estacionou perto deles um micro-ônibus e aguardou Consuelo se manifestar.

Com a imagem de Santa Sara Kali em mãos, Consuelo fez uma oração pedindo para Deus e para a santa que os guiassem durante a viagem e os livrasse dos perigos da estrada. Ela fez a imagem tocar a caminhonete, o caminhão e o micro-ônibus.

– Deus e Santa Sara Kali nos abençoou e vão nos proteger durante a partida. A viagem e a chegada ao Brasil – falou Consuelo, abrindo a porta do passageiro da caminhonete e colocando a imagem da santa no banco do veículo, pois ela e a imagem da santa seguiriam na frente dos outros dois veículos, para que a santa os guiasse durante a longa viagem.

Javier e a esposa entraram no caminhão. Os demais no micro-ônibus.

Consuelo e Yago se aproximaram do caminhão e a líder espiritual perguntou para Javier e Carmen se estava tudo bem e se estavam preparados para a viagem. Ao receber resposta positiva, os dois entraram no micro-ônibus e conferiram se todos do bando estavam no veículo e bem acomodados. Consuelo pediu para colocarem os cintos de segurança e fez um afago na cabeça das crianças. Ela e Yago contaram os membros do bando e ao chegarem ao número trinta e dois, já incluídos Javier e Carmen, ela e Yago, ficaram tranquilos. Desejaram boa viagem e desceram do veículo.

Consuelo era a boa alma do bando. Estava sempre preocupada e disposta a auxiliar quem dela necessitasse. Yago admirava a bondade da tia e procurava estar por perto ajudando-a quando ela e os outros membros precisassem.

A tia gostava muito do sobrinho, tentava lhe passar bons valores, ensiná-lo a ser uma boa pessoa e a praticar o "Fora da caridade não há salvação". Antes de se tornar líder, ela teve contato com a Doutrina Espírita, codificada por Allan Kardec, e se apaixonou pela filosofia espírita e a forma como os espíritas vivem: sendo caridosos para com eles e seu próximo sempre que lhes é possível.

Consuelo e Yago entraram na caminhonete. Ela pegou a imagem de Santa Sara Kali e se acomodou no banco do veículo. Yago ligou o carro e saiu.

Sindel e Javier dirigiam o micro-ônibus e o caminhão que seguia atrás da caminhonete. Em poucos minutos o bando deixou o local e seguiu para o Brasil.

*****

De todos os bandos ciganos que viviam nos países da América do Sul, o de Sindel era o mais rico. Possuía vários imóveis alugados na Argentina, no Brasil e no Uruguai. Tinham ouro e muito dinheiro em poupanças. Apenas Sindel, Javier, Carmen e Consuelo sabiam sobre essa riqueza; os outros pensavam apenas que tinham um dinheiro guardado no banco de Rosário. Embora fossem ricos e proprietários de boas residências, sendo ciganos, não conseguiam morar nas casas muito menos viver muito tempo no mesmo lugar.

Esse povo é viajante, evita criar raízes, e por onde passa acampa; levando uma vida de comerciantes, vendem produtos que fabricam e outros objetos que adquirem nas cidades. As mulheres leem a sorte pela quiromancia e cobram.

Os ciganos possuíam cavalos e carroças para que quando chegassem às cidades as pessoas pensassem que eram pobres, e assim, com pena, comprassem seus produtos e permitissem que sua sorte fosse lida. Eles também usavam as carroças, porque elas faziam parte da cultura, pois cigano sem carroça não é um verdadeiro cigano, e sim alguém que perdeu a identidade.

Sindel e Consuelo, quando crianças e adolescentes, foram obrigados a estudar. O pai, líder do bando, era inteligente e sensato, e ao assumir a liderança formou-se em Direito. Como advogado providenciou a documentação civil de cada membro do bando. Quando uma gestante entrava em trabalho de parto, ele fazia questão de levá-la ao hospital da cidade, mesmo tendo uma parteira, pois, ao nascer no hospital, o líder as levava até um Cartório de Registro Civil e lá providenciava a documentação da criança. Dessa forma, o bando de Sindel era um dos poucos em que os membros possuíam documentação civil e as crianças e adolescentes eram obrigadas a estudar.

Quando os irmãos ficaram adultos, o pai os obrigou a cursar uma universidade, pois embora fossem ciganos e vivessem como nômades, era necessário que alguns tivessem nível superior a fim de poderem auxiliar com relação às leis da cidade e, por meio dos conhecimentos profissionais, impedirem que o povo da cidade os prejudicasse ou maltratasse.

Consuelo era advogada e Sindel administrador de empresas. Assim, ao se tornar o líder, soube aumentar ainda mais o patrimônio. Tinha deixado as casas alugadas sob a responsabilidade de imobiliárias e mensalmente conferia se elas haviam depositado o valor dos aluguéis nas contas bancárias. Consuelo advogava muito bem em favor do bando quando um dos membros precisava prestar contas à Justiça. Ela cuidava da documentação civil de todos.

O bando, que teve seu início em 1754, desde aquela época já se diferenciara dos demais por ser o único que tinha uma lei escrita, que devia ser obedecida cegamente por todos e era a regra de vida. Quem não acatasse sua determinação, sofria o castigo imposto na própria lei e deveria ser infligido pelo conselho em suas reuniões. O conselho era formado por cinco membros que governavam e resolviam os problemas internos do acampamento, bem como as solicitações de todos. O conselho era formado pelo líder do bando, pela líder espiritual, pelo membro mais velho, por um jovem e uma pessoa eleita pelo próprio bando. Com exceção da líder espiritual, os outros tinham de ser do sexo masculino.

Muitos ciganos não aceitavam o bando de Sindel, porque ele se diferenciava dos outros. Mas Sindel não se importava com a rejeição, sabia que eles eram um bando autenticamente cigano e honrava a tradição e a cultura do desse povo. Também sabia que eles eram bem ricos e não precisavam dos outros para lhes ajudar em nada. Geralmente, eram os bandos pobres que recorriam a eles para pedirem algum tipo de ajuda financeira, que ele só concedia caso não fossem aqueles que não os aceitavam como legítimos ciganos.

*****

Depois de dirigir por algumas horas, todos fizeram uma parada próximo à Uruguaiana, no Rio Grande do Sul, para se alimentar. As mulheres prepararam uma refeição, e, após se alimentarem, eles descansaram um pouco. Shiara se aproximou de Sinval e, observando que ninguém prestava atenção neles, disse:

– Você foi muito corajoso em dizer tudo aquilo para tia Consuelo. Conte comigo quando precisar, juntos podemos fazer uma ótima parceria. Pelas coisas que tia Consuelo insinuou, eu e você podemos nos unir para fazer algo que nos beneficie.

– Uma parceria entre você, que é a filha do líder do bando, e eu, que sou um dos membros do conselho, pode resultar bons frutos – falou Sinval. – Se um ajudar o outro, talvez não demore muito tempo para alcançarmos nossos objetivos.

– Você tem algum grande objetivo para ser atingido? – indagou Shiara.

O cigano alto, cabelos e olhos pretos, contemplou-a com olhos cheios de cobiça e respondeu:

– Todo cigano sempre tem um grande objetivo.

– E qual seria o seu?

– Não é apenas um, mas dois. Rezo para que Deus e Santa Sara Kali me ajudem a realizá-los. Um deles está bem próximo de mim...

Shiara compreendeu o que o olhar do cigano insinuava e, encostando-se a ele, sussurrou a primeira coisa que gostaria que o rapaz fizesse. Sinval comprometeu-se em ajudá-la.

Distantes deles e dos demais membros do bando, Consuelo disse para Sindel:

– Embora Carmecita tenha nos dito por meio de Shayera que devemos ir para Foz do Iguaçu tenho receio do que nos aguarda naquela cidade. Anos atrás prometemos nunca mais colocar os pés lá e minha intuição me diz que Carmecita nos pediu para regressarmos à Foz do Iguaçu para enfrentarmos o passado. Será que estamos preparados?

– O que aconteceu foi há muito tempo. Eu e Javier tomamos todas as providências para que em Foz do Iguaçu não aparecesse nenhuma das pessoas que sabe o que ocorreu no passado. Se algo de muito grave nos fosse acontecer, o baralho cigano nos teria alertado, pois ele esteve sempre à frente do bando desde sua fundação, controlando o nosso destino e nossa vida, indicando o que devíamos fazer ou não. Suas cartas falam em nome de Santa Sara Kali, que sempre nos alertou sobre o perigo que encontraríamos. Se elas nada informaram, devemos seguir para Foz do Iguaçu. Ficaremos por algumas semanas e depois partiremos para outras cidades.

– O baralho não é Deus... por esse motivo não sabe de tudo; portanto, não teria como nos alertar o que nos espera em Foz do

Iguaçu. Você e eu estamos cientes de que as cartas não falam em nome de Santa Sara Kali. O baralho é apenas um jogo, cujas regras são conhecidas por quem o domina. Quando o jogador tem mediunidade bem trabalhada, recebe boas orientações dos espíritos protetores do nosso bando, mas elas devem auxiliar o destino do bando e de seus membros, jamais controlar nosso destino e nossa vida – afirmou Consuelo. – Você sempre soube que desde que assumi o cargo de líder espiritual minha intenção era divulgar a filosofia espírita e ensinar a todos a praticar o "Fora da caridade não há salvação", que aprendi no espiritismo quando frequentei uma casa espírita e participei de alguns cursos sobre os livros codificados por Allan Kardec; mas você, Javier e Carmen me impediram, exigindo que eu continuasse fazendo a mesma coisa que a antiga líder fazia.

– Impedimos você de trazer para o bando uma religião que nunca foi nossa porque somos ciganos, nunca fomos adeptos do espiritismo – falou Sindel. – Toda líder espiritual cigana segue as tradições e a cultura, e você não poderia ser diferente. Recorde que prometeu ao papai continuar sendo uma boa líder espiritual e seguir com o trabalho de sua antecessora, que nunca foi contra o baralho controlar nosso destino e nossa vida. Você tem sido fiel à sua promessa e eu nunca te impedi de realizar o que o espiritismo indica, mas continue seguindo o espiritismo sozinha, em sua barraca, pois nosso bando tem de continuar com a nossa religião e ser devoto de Santa Sara Kali, além de acreditar nas cartas.

– Continuarei fazendo isso até o dia em que minha consciência me alertar já ter cumprido meu papel. Talvez nossa ida para Foz do Iguaçu seja um alerta que Deus, Carmecita e os bons espíritos estejam indicando, e minha consciência só perceberá o alerta quando chegarmos lá. Se isso acontecer, não hesitarei em fazer o que sempre tive vontade.

– Nesse caso, vou torcer para que o alerta não esteja nessa cidade e em nenhuma outra, pois você, além de ser uma ótima líder espiritual, é a boa alma do bando, e, sendo sempre tão bondosa e atenciosa com todos, meu desejo é que continue conosco ajudando nosso povo em sua caminhada terrena.

Yalía se aproximou e disse:

– Yago falou que já descansamos demais e que daqui de Uruguaiana até Foz do Iguaçu ainda temos um bom caminho pela frente. Ele está nos chamando para retornarmos à estrada – deu as costas e regressou para o micro-ônibus.

Sindel e Consuelo a seguiram. Depois de todos acomodados, continuaram a viagem. Após algumas horas percorrendo a estrada chegaram aos arredores de Foz do Iguaçu quando já anoitecia. Os homens montaram o acampamento. Quando todas as barracas estavam armadas e os objetos pessoais organizados, fizeram uma fogueira e se reuniram no centro do acampamento.

Consuelo segurava a imagem de Santa Sara Kali e fez uma reverência para a santa, agradecendo a Deus e à santa pela viagem bem-sucedida e por não terem cruzado com nenhum perigo na estrada. Pediu que os protegessem enquanto estivessem naquela cidade, livrando-os dos perigos de pessoas ruins e da influência dos maus espíritos. Pediu para a santa que os ajudasse a ganhar muito dinheiro enquanto estivessem ali. Fez outra oração e, entrando em sua barraca, colocou a imagem da santa no local costumeiro.

As mulheres iniciaram a preparação do jantar, enquanto os homens sondaram o local em que estavam acampados para verificar se não existia animal selvagem. Abateram duas lebres e as limparam, depois entregaram às mulheres, que as assaram na fogueira.

Após o jantar, tocaram algumas músicas e dançaram. Depois, recolheram-se e dormiram.

CAPÍTULO QUATRO

Declaração de amor

Antes de o sol nascer, os ciganos se reuniram na frente da barraca de Consuelo. Ao sair, ela lhes passou algumas instruções.

Um altar foi montado próximo a um riacho, localizado a cerca de cem metros do acampamento. Flores existentes nos arredores foram colhidas pelas mulheres e serviram para enfeitá-lo. Consuelo envolveu a imagem da santa com três lindíssimos lenços bordados com fios de ouro. Acendeu uma vela e um incenso ao lado da imagem e pôs um pequenino punhal ao lado do incenso.

A líder se ajoelhou na frente da imagem e o bando a imitou. Assim, ela fez uma oração e iniciou um canto. O bando cantou com ela.

Depois, recolheu um pouco de água do riacho e a colocou no altar. Recitou palavras estranhas e pegou uma caneca, circulando por três vezes em volta da imagem. Soltou um pozinho branco dentro da caneca e falou mais algumas palavras estranhas. Pediu para Yago e Shayera se aproximarem e se ajoelharem na frente de Santa Sara Kali.

Os dois obedeceram. Ajoelhando-se entre ambos, ela segurou uma de suas mãos, e as ergueu, solicitando em voz alta a presença dos espíritos protetores.

Os mesmos três espíritos que ajudaram Yago a se livrar da maldição imposta por Shiara e Yalía surgiram volitando e ficaram perto de Yago. Carmecita assoprou sobre Consuelo, que, em total sintonia com o mundo espiritual, avistou o espírito da cigana, o ancião e o rapaz; todos vestidos com trajes ciganos.

– Este bando está reunido para a cerimônia em que Yago será sagrado o protetor de Shayera, que um dia vai se tornar líder espiritual. Aqui também será realizado o pacto de sangue de Shayera, que vai auxiliá-la a se unir com o baralho cigano, com a nossa Santa Sara Kali e com seu protetor – ergueu-se com os dois jovens. Yago e Shayera vão se unir em um pacto de sangue, que jamais poderá ser desfeito, pois protetor e protegida precisam andar sempre juntos. O protetor é responsável por cuidar da líder espiritual, tudo fazendo para retirar de seu caminho qualquer coisa que a impeça de exercer suas atividades espirituais – pronunciou Consuelo. – Ele terá de jurar na frente de Santa Sara Kali, dos espíritos protetores e do bando que defenderá com sua própria vida a líder espiritual e não vai se descuidar de sua segurança. Não é um cargo para qualquer um, você terá de estar ciente de suas obrigações para com a líder e de seu compromisso de sangue para com ela. Tem de saber que haverá momentos em que deixará de realizar algo em prol de sua felicidade e de sua família para poder fazer tudo em favor da líder – soltou a mão de Yago e continuou: – Segure firmemente as mãos de Shayera e olhando para a Santa Sara Kali fale que deseja de livre e espontânea vontade se tornar o protetor de Shayera, mencionando que aceita tudo o que falei; jure em nome da lei do nosso bando, em nome da santa e do baralho cigano, que para defender Shayera do perigo e auxiliá-la a ser feliz, você sacrificará sua própria vida se for preciso. Se por acaso quebrar seu juramento, a Santa Sara Kali vai lhe virar as costas e quando você morrer sua alma será atirada no inferno e escravizada pelos espíritos das trevas.

Yago fixou demoradamente a jovem que amava, soltou a mão dela, fez uma reverência para a santa, ajoelhou-se, segurou novamente a mão de Shayera, e com a outra mão tocou um dos lenços que envolvia a santa e fez seu juramento.

Os três bons espíritos envolveram os dois em suas benéficas vibrações e assopraram neles. Carmecita sussurrou algo para Consuelo e ambas ficaram observando.

Consuelo disse que os espíritos protetores tinham aceitado o juramento de Yago e o autorizado em nome de Santa Sara Kali a ser o protetor de Shayera. Ela entregou a caneca para Yago e pediu-lhe para tomar um gole de água. Entregando a caneca para Shayera, a líder pediu-lhe para fazer o mesmo. A jovem lhe obedeceu.

A líder espiritual pediu aos dois que fizessem uma reverência para a santa e disse:

– Uma aprendiz, que depois do seu treinamento vai se tornar a nova líder espiritual, tem de estar ciente de que sua principal obrigação será cuidar do baralho cigano e defendê-lo com sua própria vida. Terá de viver a serviço dele e jamais deixar de seguir o que as cartas vão revelar, mesmo que para isso tenha de sacrificar seus interesses e sua felicidade. Quando aprender os segredos do baralho deve sempre utilizá-los em benefício do bando, nunca em seu próprio benefício. Ela e o baralho não poderão se separar porque um sempre conduz o outro, e juntos trabalham exclusivamente para o bando – fez uma pausa e continuou: – Uma candidata à futura líder espiritual, além de viver pelo baralho cigano, também viverá a serviço da Santa Sara Kali e a serviço dos espíritos protetores, deles recebendo as boas orientações que ajudarão a todos. Terá de abdicar de seus sonhos, de suas ambições e de tudo o que deseja, caso seu desejo, suas ambições e seus sonhos sejam contra a revelação das cartas do baralho, contra as instruções dos espíritos protetores, contra o bem-estar do seu bando, e principalmente desaprováveis por santa Sara Kali. Para que consiga cumprir seu serviço, viver sempre em união com o baralho e receber a total proteção da santa e dos espíritos protetores, a aprendiz de líder espiritual será sempre pura, não poderá se casar, muito menos ter família.

– Nãããooo! – gritou Yago, interrompendo Consuelo e soltando a mão de Shayera. – Tia Consuelo, a senhora não pode pedir isso para Shayera. Ela é a cigana que eu amo, com quem quero me casar e ter filhos. Se para ser a aprendiz e a futura líder espiritual do nosso bando Shayera for obrigada a nunca ter uma família como é que poderemos nos casar e ser felizes? – olhou para Shayera.

— Você não pode aceitar isso, Shayera. Recuse ser a aprendiz. Recuse viver o resto de sua vida sem amar um homem e com ele ser feliz ao lado dos filhos que Deus e Santa Sara Kali lhe enviar. Eu a amo e quero ser o homem de sua vida. Se você se tornar a aprendiz, eu nunca poderei tê-la. Serei infeliz por não ter a mulher que amo ao meu lado – ajoelhou-se diante da jovem e segurou suas pernas.

— Em nome de Santa Sara Kali, peço-te que não aceite. Em nome do meu amor, eu imploro que não se torne a aprendiz – os olhos se encheram de lágrimas.

— Ah! Ah! Ah! Ah! – gargalhou Shiara. – Parece que a maldição que mamãe jogou em Yago de jamais ter a mulher por quem se apaixonasse já está surtindo efeito. Aquela reza de tia Consuelo para livrá-lo da maldição de nada adiantou. Tomara que Shayera não se importe com a declaração de amor dele e se torne a aprendiz, assim ele receberá o castigo por não ter me ajudado a conseguir o que sempre desejei – gargalhou novamente. Yalía fez o mesmo.

— Calem-se e respeitem a cerimônia e o pacto de sangue! – ordenou Consuelo. – Yago não ter o amor da mulher que ama não está associado à maldição que Yalía lhe lançou. Faz parte da tradição e da lei do nosso bando, que está em vigor desde o ano de 1754, quando o bando teve início, que toda aprendiz tem de ser pura para melhor servir ao baralho cigano, a santa Sara Kali e aos espíritos protetores – olhou fixamente para Shayera. – Caso opte em fazer o juramento, não poderá conversar nem se relacionar com nenhum homem do povo da cidade, somente o fará quando estiver lendo as cartas do baralho cigano para ele. Não é uma escolha fácil, mas você terá de fazê-la. Não é uma decisão fácil, pois no passado eu também passei por isso. Você terá cinco minutos para pensar. Enquanto isso, ficaremos em silêncio, inclusive Yago, Shiara e Yalía. Essa é uma ordem da líder espiritual.

Os membros do bando se entreolharam e nada disseram. Depois, fixaram Shayera aguardando a jovem se manifestar.

Shiara desejou ardentemente que Shayera aceitasse o amor de Yago, a fim de o cargo de aprendiz poder ser dela. Tinha planos de que ao ocupá-lo, usaria os segredos do baralho cigano a seu favor, queria ter seu próprio bando e ser a primeira cigana da história a ser uma líder de bando e líder espiritual ao mesmo tempo, pois não se conformava que apenas os homens pudessem liderar.

Shayera olhou Yago e o contemplou chorando. Acreditara no amor que o jovem lhe tinha, pois um cigano nunca se ajoelhava aos pés de uma mulher, isso era uma desonra para qualquer um, pois eles se consideravam superior às mulheres. Ela recordou que desde pequenina Yago sempre esteve ao seu lado como amigo fiel. Ele subia nas árvores e pegava as melhores frutas e dava a ela. Colhia flores silvestres e enfeitava os cabelos dela. Quando completou oito anos, e por ser órfã, parou de ficar a cada três meses vivendo nas barracas dos membros do bando. Foi Yago que, com Sindel e Javier, montaram sua barraca, e foi ele que a ensinou a se defender dos perigos que uma cigana tem de enfrentar. Na adolescência, ele esteve sempre a seu lado; presenteava-a com lindos brincos e pulseiras e com belos tecidos para que ela pudesse confeccionar suas roupas. Foi ele que a ensinou as acrobacias com o pandeiro e o lenço para que ela pudesse dançar melhor que Shiara e vencer a prova para aprendiz. Vendo-o ajoelhado aos seus pés, após a demonstração de seu amor, ela reconheceu que Yago já deveria amá-la desde que era uma criança.

A jovem voltou a olhá-lo e pensou que gostava um pouco dele. Sempre achou que era apenas um gostar de amigo, mas ao escutar o que teria de fazer para ser a aprendiz, apavorou-se. Embora não fosse apaixonada por Yago, gostava de ser paparicada. Se algum dia tivesse de se casar com algum cigano, certamente seria com Yago. No entanto, desde menina, ao escutar que Consuelo lhe dizia que o espírito de seu pai deveria estar sofrendo no mundo das trevas, em razão de seu suicídio, acalentava o desejo de ter um poder igual ao de Consuelo para ter acesso ao mundo dos espíritos e retirar seu pai daquele lugar de dor. Sindel, Consuelo e outras mulheres do bando disseram-lhe que o pai teve de enfrentar muitas provas e muito sofrimento para que a esposa, que tinha problemas para gerar um filho, pudesse ter um. Como o pai queria que a amada esposa lhe desse um filho, ele se sujeitou a coisas que poucos ciganos se sujeitariam. Ficou muito feliz no dia em que ela engravidou, e muito triste com sua perda durante o parto. Eles falavam do lindo amor de seu pai e de sua mãe, e diziam ser muito triste ele ter se matado, porque seu espírito iria demorar muitos e muitos anos para ir viver ao lado da mãe, que deveria estar ao lado de Carmecita. Sempre que escutava isso, sentia ser sua obrigação de filha, que fora muito desejada pelo pai, tudo fazer para retirá-lo do mundo das trevas. Agora que tinha a chance de começar seus estudos para ajudar o espírito do pai a se reencontrar com o espírito da mãe, e os dois viverem felizes, ela não poderia virar as costas para o pai! Mesmo gostando um pouco de Yago, teria de escolher ser a aprendiz, porque era sua obrigação ajudar o espírito dele.

Shayera estendeu a mão direita para Yago e pediu-lhe para segurar sua mão e se erguer. E disse:

– Fiquei muito emocionada com sua declaração de amor, e, após pensar em tudo o que Consuelo me disse, já tomei minha decisão. Gosto muito de você, Yago, mas esse gostar não é igual ao que você sente por mim, para que me faça desistir de ser a aprendiz de Consuelo. Não sei se no futuro vou amá-lo da forma que você me ama ou até mesmo amar outro cigano e com ele desejar ter filhos... E se não tenho certeza do que quero, escolho ser a aprendiz e estou disposta a fazer tudo o que Consuelo me pedir.

– Não escolha isso, Shayera. Pense em mim, amo-a com todo o meu coração, quero-a como minha mulher. Por favor, não rejeite meu amor – pediu Yago com lágrimas escorrendo pela face. – Prometo a você tudo fazer para que ao meu lado seja a cigana mais feliz de todo e qualquer bando. Nunca vou fazer-te sofrer ou chorar, mas vou esforçar-me dia após dia para te ver sempre alegre e sorrindo. Por favor, não escolha ser a aprendiz. Isso vai me deixar infeliz para o resto da vida.

– Santa Sara Kali, isso que é o verdadeiro amor! – exclamou Carmen. – Shayera, minha filha, se um cigano me pedisse o que Yago lhe pediu, eu mandava o cargo de aprendiz para as freiras do convento e me atracava com ele; puxava-o para minha barraca e ficava uns três dias com ele sem sair para nada.

As mulheres do bando sorriram.

– Carmen, guarde seus comentários para você, pois não podemos interferir – falou Consuelo. – Essa é uma escolha de Shayera. Se ela já escolheu ser a aprendiz, Yago vai ter de aceitar. Futuramente, Deus e Santa Sara Kali colocarão outra jovem em seu caminho e Yago será feliz.

– Mas não quero ser feliz com outra cigana, tia Consuelo. Quero Shayera – disse Yago voltando-se para a jovem. – Shayera, ainda está em tempo de você me escolher, de me querer. Sei que você deseja ser aprendiz, mas deixe o cargo para Ciganinha e se case comigo. Eu lhe imploro pela última vez.

– Deixar o cargo para mim coisa nenhuma – disse Ciganinha. – Santa Sara Kali que me livre de uma sina amaldiçoada dessa – benzeu-se. – Eu quero ter um homem. Ser beijada, amada e ter muitos filhos. Jamais ficaria o resto da minha vida vivendo a serviço de um baralho e de uma santa!

– Nem você quer essa sina, Ciganinha, nem nenhuma outra moça que tenha juízo – falou Carmen. – Que cigana, em seu juízo perfeito, iria deixar de se atracar com um cigano lindo e jovem feito Yago para ficar o resto da vida sem descobrir as coisas boas que um homem sabe dar a uma mulher? Shayera, minha filha, pense bem na loucura que vai fazer, para mais tarde não se arrepender por não saber o quanto vale a pena as coisas boas que um homem sabe proporcionar a uma mulher.

– Que humilhante um cigano fazer um papelão desses na frente do bando – disse Sinval. – Você deveria se envergonhar de ser cigano, Yago. Jamais implore para uma cigana que ela deixe de fazer o que quer para se casar com você! Depois desse papelão como espera ser tratado? Você acha que se um dia ocupar o lugar de seu pai como líder do bando vai ser aceito para nos liderar? Eu serei o primeiro a repudiá-lo.

– Yago não deve se envergonhar de ter declarado seu amor por Shayera. Embora um cigano não deve se ajoelhar para nenhuma mulher, com exceção da mãe de Cristo e de Santa Sara Kali, o que fez foi muito bonito e corajoso – falou Javier. – Seu gesto revelou que deseja Shayera mais do que qualquer outra coisa. Ela deveria se sentir honrada com isso. Ao se ajoelhar, mostrou coragem e não se importou com nossa tradição, muito menos com o que o bando vai pensar dele; acredito que, ao saber que pode perder a mulher que ama, tradição e o que os outros pensam é o que menos conta; o que está em jogo é a felicidade dele, e isso é o mais importante.

– Javier tem razão – falou Sindel. – Meu filho foi muito corajoso; acredito que os membros do bando não vão deixar de respeitar sua liderança quando ele assumir o posto de líder do bando – falou, olhando para Sinval. – Se você acha que ele não serve para ser o líder do meu bando e vai rejeitar sua liderança, arrume seus trapos e nos deixe. Procure um bando que o aceite. Este bando é meu e todos têm de fazer o que eu quero e acatar o que eu determino. E o que eu quero é que, no futuro, quando o peso dos anos me impedirem de liderar, Yago lidere no meu lugar. Se alguém pensa como Sinval, que o siga.

– Papai, o senhor não pode expulsar Sinval do bando. Ele apenas falou...

Soaram duas fortes bofetadas na face de Shiara.

– Já estou cheio de você ficar me dizendo o que devo ou não fazer. O líder deste bando sou eu, e o que eu digo será acatado – falou Sindel.

– O senhor pode ser o líder, mas nós temos um conselho em nosso bando e a última palavra deve ser de todos – gritou Shiara. – Será que os conselheiros permitirão que Sinval seja expulso do bando só porque falou que foi humilhante e feio um cigano ficar chorando aos pés de uma mulher, implorando para ela aceitá-lo, quando o rejeitou? – perguntou olhando para os conselheiros.

– Chega de manifestação. Vocês já falaram o que pensam, mesmo eu tendo ordenado que todos ficassem em silêncio – falou Consuelo. – Vamos continuar com a cerimônia e...

– Não vamos parar – disse Shiara interrompendo a tia. – Papai expulsou Sinval do bando sem que tenha feito nada. Não pode expulsá-lo, pois isso só pode ser feito pelo conselho.

– Shiara, não o expulsei. Apenas disse que se ele acha que Yago não serve para ser o futuro líder do meu bando e vai rejeitar sua liderança, que nos deixe antes de Yago assumir. A nossa tradição e a lei do nosso bando determinam que quando um cigano não aceita a liderança do líder, deve deixar o bando e seguir seu próprio caminho. Vocês acham que a declaração de amor de Yago foi uma desonra para ele ou uma verdadeira prova de amor? Sinval deve deixar o bando, caso não aceite a liderança de Yago, no futuro, ou continuar?

– O que Yago fez não foi desonra, humilhação, muito menos coisa feia – mencionou Carmen. – Foi a mais linda declaração que eu já presenciei. Quem me dera meu velho tivesse se declarado dessa forma quando me pediu em casamento!

– Não fiz, e mesmo assim você aceitou – falou Javier.

– Que opção eu tive se nenhum outro cigano me quis para esposa depois de certa idade? Só me restava você, pois solteirona não queria ficar – disse Carmen. – Acho que Sinval deve nos deixar se realmente pensa fazer o que disse.

Apenas Shiara, Yalía, dois ciganos e Rosa, a mãe de Sinval, disseram ter sido uma grande desonra para Yago o que ele fizera ao ter se ajoelhado para Shayera, e foram contra a expulsão de Sinval.

Ele olhou para Shiara acreditando que o fato de a jovem ter intercedido a seu favor poderia ser uma prova de que era apaixonada por ele. Se fosse verdade, seria um cigano bem feliz, pois morria de amores por ela e a queria como mulher. Tentaria descobrir se ela o amava e iria pedi-la em casamento.

Sindel disse em voz alta:

– A maioria do bando se manifestou e não acha desonroso a declaração de amor de Yago. Essa maioria também acha que Sinval deve ser expulso do bando, mas eu não o expulsei, apenas lhe disse o que nossa tradição e a nossa lei determinam – aproximou-se de Sinval e continuou: – Seu pai sempre foi um bom cigano e ajudou muito o nosso bando. Você tem feito o mesmo desde que ele se foi para o mundo dos espíritos, por esse motivo, não quero expulsá-lo, pois nenhum cigano merece essa triste sina. Sei que desde crianças, você e Yago demonstraram não ter afinidade; ambos viviam disputando quem era o melhor. Mas Yago é o meu filho, e sempre que o líder do bando tem um filho, este tem de sucedê-lo na liderança do bando. Você terá de aceitar, caso seu desejo seja continuar vivendo com seu povo. O que você nos diz?

Sinval fervia de ódio por dentro. Seu desejo era pular no pescoço de Yago e estrangulá-lo ali mesmo, assim como com Sindel, por lhe terem colocado naquela situação. Poderia pegar seus trapos, ir embora e viver em qualquer cidade, para isso tinha um bom dinheiro, que o auxiliaria a se virar em qualquer cidade. Mas se fizesse isso ficaria distante do bando e não superaria Yago, muito menos conseguiria o que tanto ambicionava. Iria engolir seu orgulho e ficaria no bando à espera de uma ocasião que o ajudasse a atingir seus objetivos.

– Ficarei no bando e retiro o que disse sobre, no futuro, rejeitar a liderança de Yago – falou Sinval. – Mas continuo achando feio e humilhante o que ele fez.

– Escolheu muito bem – disse Sindel. – Você faz parte deste bando e sempre nos ajudou quando precisamos, seria uma pena se não mais pudéssemos contar com você – fixou Consuelo, acrescentando: – Continuemos com a cerimônia, pois precisamos tocar nossa vida. – Fixando o sobrinho, disse: – Yago, você declarou seu amor para Shayera e implorou para ela não ser aprendiz, em razão de ela ter de permanecer sempre pura. Talvez o fato de ser o seu protetor seja a você muito doloroso, viver perto dela para protegê-la e não poder tê-la da forma como quer torturará demais seu coração. Por tudo isso, quero sugerir que Sindel ou Shayera escolha outro protetor. Sinval mostrou interesse em ser um protetor. Mas, por conta do que aconteceu, penso que não seria o mais indicado. Antes de Yago e Sinval terem se colocado à disposição do cargo, eu tinha pensado em Juan, o filho de Javier e Carmen. Embora só tenha dezessete anos, ele é forte, valente e corajoso.

– Ninguém vai ser o protetor de Shayera, somente eu – gritou Yago. – Tia Consuelo, que felicidade eu teria em deixar de ser o protetor dela, se tudo o que mais quero é estar perto dela? Sei que todo cigano sonha em se casar com uma mulher do seu bando e ser feliz ao lado dela, dos filhos e do seu bando. Mas se a cigana que eu quero para me dar tudo isso é Shayera, outra cigana não poderá fazê-lo. Se não posso tê-la do jeito que quero, abandono meu sonho e prometo a Santa Sara Kali e ao baralho cigano – ajoelhou-se na frente da imagem – que jamais vou me unir a outra cigana. Serei sempre fiel ao amor que tenho para com Shayera, e em nome desse amor serei feliz ao permanecer como seu protetor. Compreendo que não será fácil, mas juro para a santa que, embora o desejo por Shayera possa me impulsionar a tê-la em meus braços, jamais farei algo que prejudique a pureza da aprendiz. Serei seu eterno protetor, doando a minha vida para que nada lhe aconteça e ela possa ser feliz.

– Isso é um amor grandioso e bonito! – exclamou Carmen com lágrimas nos olhos. – Renunciar a uma mulher e a uma família só para zelar por quem ama, sem poder fazer nada, é realmente um amor muito bonito e grandioso. Amor ou loucura, porque um rapaz bonitão viver no celibato será um grande desperdício; e coloca desperdício nisso! – olhou para Yago e caminhou na direção dele toda assanhada se abanando com as mãos.

As mulheres e os homens do bando sorriram.

– Carmecita, você também está com lágrimas nos olhos. Aconteceu algo? – indagou o rapaz, que junto com o ancião, a tudo observavam.

– Fiquei emocionada com as palavras de Yago. Ele realmente ama Shayera, e viver desse jeito será muito difícil.

– Mulher será sempre mulher, estando encarnada ou não, por essa razão se emociona facilmente – disse o ancião. – Yago aceitou suas lições de vida para a presente existência física, e tudo o que podemos fazer é inspirá-lo a ser forte, a fim de conseguir se sair bem quando estiver enfrentando essas lições. Vamos continuar observando e fazer a nossa parte quando chegar a nossa hora.

Os três ficaram em silêncio, atentos a tudo o que acontecia.

– Yago, estou emocionada por saber que abriu mão de ter uma família para ficar ao meu lado. Prometo que se depender de mim tudo farei para não lhe causar tristezas e nenhum sofrimento – proferiu Shayera.

Consuelo fez uma oração e começou a cantar. Retirou o baralho do bolso, e desamarrando-o do lenço que o envolvia, colocou-o ao lado da imagem da santa. Depois, retirou um dos lenços que envolvia a santa, e tinha sido presenteado por Shayera, e o abriu sobre o altar. Colocou a imagem da santa sobre o lenço e circulou a imagem com as cartas do baralho. Pediu para Shayera ajoelhar-se na frente da imagem e fazer o juramento.

Shayera se ajoelhou e, tocando a imagem da santa, disse:

– Eu, Shayera, cigana do bando de Sindel, juro cuidar do baralho cigano, zelar sempre por ele e, se preciso for, doar minha vida para protegê-lo. Prometo e juro para Santa Sara Kali e para os espíritos protetores que como aprendiz não vou conversar nem me relacionar com nenhum homem da cidade nem cigano. Serei pura para melhor servir à Santa Sara Kali e ao nosso baralho cigano. Estou ciente de que se eu quebrar o juramento serei expulsa do bando, a santa virará as costas e quando eu morrer minha alma irá para o inferno. Serei torturada pelo diabo e escravizada pelos espíritos das trevas.

As lágrimas desceram pela face de Yago ao escutar o juramento de Shayera. Se pudesse a colocaria em seus braços e fugiria para bem longe, a fim de serem felizes como marido e mulher. Sentiu o coração despedaçado.

Sinval pensou que o juramento de Shayera poderia ser uma forma de ele superar Yago e ter algo que o outro tanto desejara e não conquistara. Um dia o bando de Sindel seria seu, nem que para isso tivesse de eliminar alguém do seu caminho. Seduziria Shayera e deixaria uma semente para que ela lhe gerasse um filho. Depois, casaria com Shiara, a mulher de sua vida, e obrigaria a outra a ser sua amante. Quando a barriga de Shayera começasse a crescer, encontraria uma forma de expulsar Yago do bando. Nesse dia, faria questão de lhe dizer quem era o pai do filho de Shayera e, gargalhando, diria que conseguiu tê-la, ao passo que ele nem um beijinho havia conseguido. Precisava saber agir na hora certa para tudo sair conforme ele esperava.

Consuelo pegou o punhal e pediu a Shayera para estender sua mão direita. A jovem lhe obedeceu.

– O pacto de sangue selará seu juramento com o baralho e com Santa Sara Kali. Unindo seu sangue com o baralho, você se une a ele, e assim terá o direito de começar a estudar os seus segredos. Doando o seu sangue para a Santa Sara Kali, a cicatriz que ficará em seu pulso a fará recordar que nunca poderá romper o juramento. Se isso acontecer, a maldição dos espíritos das trevas cairá sobre você e sobre o bando e Santa Sara Kali vai lhe virar as costas. Ao unir seu sangue com o de Yago, esse pacto nunca será rompido. Yago vai ser o responsável por você. Se não cumprir sua obrigação, a maldição cairá sobre ele, que perderá o cargo de protetor, será expulso do bando e viverá infeliz. Os espíritos das trevas vão atormentá-lo dia e noite e aumentarão seu tormento quando sua alma chegar ao inferno.

Depois, Consuelo rezou e fez um corte no punho direito de Shayera, circulando as cartas do baralho com os pingos do seu sangue. Aproximou o punho de Shayera da caneca e deixou que o sangue caísse dentro dela. Fez um pequeno corte em um dos dedos da mão de Yago e permitiu que o sangue do rapaz caísse na caneca. Salpicou o corte de Shayera e Yago com o pó branco e, em seguida, enfaixou o punho da moça e o dedo de Yago. Iniciou um canto em um idioma que somente ela conhecia oferecendo a caneca para a santa. Depois de dois minutos, pegou a caneca e pediu para Yago e Shayera darem as mãos e beberem tudo o que tinha dentro dela.

Enquanto isso, Carmecita, o ancião e o rapaz tocaram as mãos dos dois e assopraram. Depois, continuaram observando.

Raios do sol incidiram na imagem de Santa Sara Kali e foram desviados até Yago e Shayera, no exato momento em que o cigano bebia o que restou na caneca, após Shayera ter bebido sua parte.

– Shayera agora é a aprendiz da líder espiritual e Yago, seu protetor. Os dois devem reverenciar a santa – completou Consuelo, solicitando que, a seguir, desmontassem o altar.

Carmecita e os outros dois bons espíritos saíram volitando em direção à cidade espiritual em que viviam.

CAPÍTULO CINCO

O treinamento

Após a cerimônia Consuelo entregou para Shayera o lenço com as gotas de sangue da jovem e lhe pediu que lavasse e guardasse o lenço em total segurança, pois quando ela fosse a responsável pelo baralho cigano seria com ele que envolveria o baralho.

As mulheres do bando prepararam o café da manhã e, após o desjejum, Consuelo e Sindel disseram que durante a manhã ficariam no acampamento e à tarde o bando iria visitar as Cataratas do Iguaçu.

Durante a visita à famosa queda-d'água brasileira, quem não conhecia as cataratas ficou encantado com tão belo espetáculo da natureza.

Carmen se aproximou de Shiara e lhe disse que todos estavam testemunhando que a visão espiritual de Shayera havia sido verdadeira. Shiara ignorou o comentário.

Consuelo, afastando-se, ficou contemplando as cataratas e pensando em seu passado e em quantas vezes visitou aquele local na companhia do pai! Fez uma oração pedindo a Deus que o local fosse preservado e que ajudasse as pessoas a aproveitarem o momento em que contemplavam a queda-d'água para tentarem encontrar a paz de espírito. Pediu para Deus e para os bons espíritos ajudarem seu povo a ser feliz naquela estada na cidade e que lhe dessem forças.

Shayera se aproximou da líder espiritual e exclamou:

– Este lugar é lindo! Saber que ele é igualzinho ao da minha visão espiritual me impulsiona a continuar firme em minha opção de ser sua aprendiz. Espero que durante o treinamento eu seja capaz de ter novas visões espirituais e consiga um bom contato com os espíritos protetores do nosso bando.

– Você conseguirá se utilizar sua mediunidade para o bem e a serviço do seu próximo. Se em seu treinamento e durante toda sua vida trabalhar em prol do crescimento moral, e for uma pessoa que estende as mãos àqueles que a solicitarem, será sempre assessorada pelos bons espíritos que, em nome de Deus, do Cristo, de Maria Santíssima, dos anjos e santos, auxiliam os homens durante sua caminhada terrena – completou Consuelo.

– Faça o que tia Consuelo lhe sugeriu e você um dia haverá de se tornar uma boa alma para o bando – disse Yago ao se aproximar.

– Desde criança sempre gostei de conversar com tia Consuelo e acatar seus conselhos, pois eles sempre foram voltados para o bem e a prática do ensinamento: "Fora da caridade não há salvação", uma filosofia de vida que ela aprendeu com os kardecistas e que papai não quer que ela difunda. Se você, que será a aprendiz de tia Consuelo, ao receber suas boas lições seguir os conselhos e orientações dela também haverá de ser uma excelente líder espiritual e uma nova boa alma para o bando.

– Boas almas reencarnadas foram apenas o Cristo e Maria, além de Chico Xavier[1], um humilde e bondoso médium aqui do Brasil. Nunca me julguei uma boa alma reencarnada; sou igual a todos

---

1 Francisco de Paula Cândido Xavier, mais conhecido como Chico Xavier, nasceu em Pedro Leopoldo, no dia 2 de abril de 1910 e desencarnou em Uberaba, no dia 30 de junho de 2002. Era médium e um dos mais importantes divulgadores da Doutrina Espírita. Seu nome de batismo foi substituído pelo nome paterno de Francisco Cândido Xavier depois que psicografou os primeiros livros, mudança oficializada em abril de 1966, quando chegou da sua segunda viagem aos Estados Unidos. Chico estudou até a 4ª série do ensino fundamental, entretanto, psicografou 458 livros abrangendo vários gêneros e estilos literários (Nota da Edição).

os espíritos reencarnados, que estão ressarcindo débitos de vidas passadas na atual existência física.

Ciganinha se aproximou e falou que Sindel estava chamando-os para irem embora. Eles seguiram a adolescente e ao se juntarem aos membros do bando retornaram ao acampamento.

*****

No dia seguinte, todos se dirigiram à barraca da líder espiritual, que os aguardava sentada no chão em frente a sua barraca.

Consuelo fez uma oração e invocou Santa Sara Kali e Carmecita para ajudarem-na durante a leitura das cartas. Carmecita surgiu volitando e sentou-se ao lado da líder espiritual assoprando sobre ela. Mediunicamente, Consuelo avistou o espírito.

Enfiando a mão no bolso, retirou o baralho. Desatou o lenço e embaralhou as cartas, colocando-as no lenço.

– O baralho revela que com exceção de Shayera, do seu protetor, de mim e de quem cuidará do acampamento, a sorte do povo deverá ser lida perto de uma praça localizada na rodoviária da cidade. Lá, muitos turistas chegam e partem para visitar as Cataratas. Turistas sempre têm dinheiro e devemos fazer de tudo para que permitam que a sorte seja lida, pois o baralho revela que nesta cidade ganharemos um bom dinheiro. Durante o treinamento, aprendiz e mestra não poderão ser incomodadas, e apenas Yago deverá se manter a certa distância para zelar por nós. O baralho indica que vamos ficar uma boa temporada aqui, mas não informa o real motivo, apenas me mostra que alguns membros do bando serão muito felizes e outros, verterão lágrimas – juntou as cartas, guardou-as no lenço e colocou o baralho no bolso. – Partam para uma nova semana de trabalho com as bênçãos de Santa Sara Kali e dos espíritos protetores do bando – movimentou a imagem da santa em direção ao bando e deu a entender que, com seu gesto, a santa os abençoava.

– Tia Consuelo, embora Yago seja o protetor de Shayera, ele não pode ficar no acampamento zelando por ela nem pela senhora.

Seu protetor é papai, não Yago. Se papai for conosco para a cidade a senhora terá de ir junto, pois sempre menciona que protetor e protegida não se separam – disse Shiara. – Yago e Sinval são os dois ciganos que mais sabem lutar e, por serem fortes e corajosos, são os que protegem as mulheres de encrencas da polícia e de homens ruins. Além disso, Yago, por ser jovem, fisicamente bonito e ter lindos olhos azuis, desperta a cobiça das mulheres e sabe convencê-las a comprar nossos produtos e permitir que a sorte seja lida. Se ele ficar para proteger Shayera, o bando ficará prejudicado.

– Sou forte e corajoso e posso ajudar a proteger as mulheres com Sinval, enquanto Yago cuida de Shayera e Consuelo – falou Juan.

– Pode ser forte e corajoso igual aos dois, mas não chama a atenção das mulheres como Yago – proferiu Shiara. – Embora seja forte, já o vi lutar e notei que você não luta direito. Prefiro Yago por perto a ter de confiar em sua força. Com Yago, as mulheres vão enxergá-lo, pois ele já é um homem feito. Que mulher iria perder o tempo olhando para você? – virou as costas e, fixando a líder espiritual, continuou: – Como líder espiritual do bando a senhora não deve ficar no acampamento treinando Shayera enquanto estivermos trabalhando, tem de se juntar a nós como sempre fez e nos dar proteção espiritual a fim de os espíritos das trevas não atrapalharem nosso trabalho nem nos causarem transtornos. Deve ir conosco, porque se aparecer uma ricaça querendo que sua sorte seja lida, somente a senhora, que lida com o baralho cigano e conhece seus segredos, será capaz de arrancar muito dinheiro dela! Se isso acontecer e a líder espiritual não estiver por perto, o bando perderá o dinheiro, e sem isso nenhum cigano vive.

– Concordo com Shiara – falou Yalía. – Consuelo precisa nos acompanhar e fazer a parte dela, enquanto todas as outras mulheres do bando estiverem debaixo do sol fazendo sua parte. A líder espiritual é quem observa se os espíritos ruins não estão nos impedindo de trabalhar com honestidade e prejudicando nossa vida, pois somente ela sabe lidar com eles e convencê-los de nos deixar em paz.

– Yalía e Shiara estão cobertas de razão – mencionou Sinval. – Eu posso, com os outros homens do bando, cuidar das mulheres, sem que Yago nos ajude, pois sou forte e valente como um touro e consigo enfrentar até cinco homens. Contudo, apoio o que Yalía e Shiara disseram, e acho que nem Yago nem Consuelo nem Shayera devem ficar no acampamento enquanto todos trabalham.

Consuelo fixou Sinval e depois olhou para Shiara. Pensou que ultimamente um estava sempre saindo em defesa do outro. Como os dois eram ciganos em quem não se podia confiar, achou que ambos poderiam ter se unido para aprontar alguma coisa. Iria começar a prestar mais atenção neles para descobrir o que de ruim andavam tramando.

– O baralho cigano nos mandou ir para a lida, enquanto Consuelo treina Shayera e Yago protege as duas; é isso o que devemos fazer – falou Javier.

– Consuelo, pode jogar novamente o baralho e verificar se o que Shiara, Yalía e meu filho disseram está errado – propôs Rosa. – Nunca fomos ler a sorte com os homens sem a assistência da líder espiritual. Ler a sorte nas mãos foi um dom que os bons espíritos que cuidavam do nosso povo nos legaram muito antes de Cristo nascer, mas, para colocarmos esse dom em prática, precisamos da líder espiritual por perto, a fim de nos livrar do assédio dos espíritos ruins que até hoje invejam o dom que os bons espíritos legaram a nós.

Outras mulheres do bando se manifestaram concordando com o que estava sendo discutido. Sindel, que estava fumando, deu uma última tragada e, jogando a bituca fora, pediu para Consuelo decidir o que seria feito.

– O baralho já nos indicou o que devemos fazer e não necessito consultá-lo novamente. Não seguir sua orientação é virar as costas para a santa dos ciganos, e todo cigano tem consciência do que acontece quando se vira as costas para Santa Sara Kali. Perdemos as bênçãos de Deus e da santa, os espíritos protetores nunca mais nos ajudam, as maldições caem sobre todos e vamos ter de viver o resto de nossa vida atormentados pelos espíritos das trevas. Perderemos tudo o que conseguimos, passaremos fome, ficaremos doentes e, ao deixarmos o corpo, nossa alma será atirada no inferno, torturada pelo diabo e depois escravizada pelos espíritos das trevas, que vão nos obrigar a servir ao demônio.

Todos se benzeram na mesma hora, as mulheres olharam para o céu e pediram para Deus lhes poupar de um destino tão cruel. Depois, aproximaram-se da imagem de Santa Sara Kali e fazendo reverência pediram a ela para esquecer o que haviam falado sobre não seguirem a indicação do baralho. Os homens imitaram-nas e as que tinham filhos pequenos mandaram as crianças fazerem o mesmo.

Consuelo sentiu vontade de sorrir das coisas que falou e da superstição do seu bando, pois sabia que aquelas maldições não iriam acontecer, mas faziam parte da cultura do seu povo e estavam escritas na lei do bando. Mesmo não acreditando nelas, uma de suas funções era manter viva a cultura e a tradição do seu povo, conforme tinha prometido à antiga líder espiritual e ao líder do grupo. Tinha aprendido que algo que os ciganos mais temiam era serem enviados ao inferno e ter sua alma escravizada pelos espíritos das trevas. Um temor que ela tinha acabado de constatar.

Javier, Sindel e Sinval rapidamente começaram a arrumar as carroças que os levariam para a cidade, enquanto as mulheres se prepararam para o longo dia de trabalho. Decidiram quem ficaria cuidando do acampamento e subiram nas carroças. Antes de partirem, Consuelo disse:

– Eu estive pensando no que Shiara falou e acho que ela está certa em uma coisa, que me fez recordar o que eu sempre digo: que protetor e a protegida não podem se separar. Por esse motivo, não posso ficar aqui no acampamento dando as primeiras lições do treinamento para Shayera enquanto Sindel está na cidade. Vou pedir permissão a Santa Sara Kali para consultar o baralho e verificar o que ele nos diz.

Após reverenciar a santa, fechar os olhos e fazer uma oração, Consuelo fez o que falou e informou que as cartas não abriam mão do início do treinamento de Shayera, e indicavam que para ela não se distanciar do protetor, todos deveriam permanecer no acampamento por sete dias e se envolver com as atividades cotidianas, enquanto Shayera iniciava o treinamento. Depois, todos seguiriam para a cidade e o treinamento continuaria quando retornassem. O treinamento aconteceria perto do riacho e à noite, dentro de sua barraca, e ninguém deveria abandonar o acampamento, nem se aproximar do riacho, nem de sua barraca.

Juntou as cartas e guardou o baralho. Todos desceram das carroças. Os homens começaram os preparativos para confeccionar os produtos e utensílios que comercializavam, e as mulheres se envolveram com atividades comuns.

A líder pediu para Shayera segui-la até sua barraca; depois, seguiriam com Yago rumo às primeiras lições.

Ao escutar, Shiara aproximou-se de Sinval, e sussurrando em seu ouvido voltou a dizer o que esperava que ele fizesse. Depois, ficou vigando a barraca de Consuelo. Quando viu a líder espiritual deixando a barraca com Shayera e se distanciando do acampamento, piscou para Sinval e olhou para o caminho por onde as duas seguiram.

Yago, quando viu a tia e Shayera saírem, seguiu-as. Cerca de cinco minutos depois, Sinval aproximou-se deles e solicitou a ajuda de Yago. Disse que o auxílio seria coisa rápida, e logo ele poderia retornar para perto das duas e protegê-las.

– Se é coisa rápida, Yago, pode ir ajudar Sinval. Eu e Shayera estaremos embaixo de uma árvore perto do riacho – falou Consuelo.

– Quando for ao local que lhe indiquei, mantenha distância a fim de não nos escutar. Mas esteja sempre atento cuidando de nossa segurança – em seguida, saiu caminhando com Shayera. Yago seguiu com Sinval.

Shiara aguardou Yago e Sinval sumirem e passou a seguir a tia e Shayera. Assim que as duas se sentaram embaixo de uma árvore, ela avistou uma moita em que poderia se esconder e escutar o que a tia ensinaria para a jovem.

Ao entrar na moita, ela se deitou e pensou o quanto era esperta. Não se importava com o fato de a tia ter dito que ninguém poderia observá-las, pois não comentara nada sobre nenhuma maldição que cairia sobre quem tencionasse descobrir como era o treinamento.

Carmecita chegou volitando e avistou Shiara. Aproximou-se de Consuelo e Shayera e, colocando a mão na cabeça da líder espiritual, fez uma prece e lhe sussurrou bem baixinho, sentando-se perto de Shayera.

Consuelo retirou o baralho do bolso e abriu o lenço que o envolvia no chão, colocando o baralho no lenço. Fixou Shayera e disse baixinho:

– Antes de jogar o baralho cigano para qualquer pessoa ou ler a sorte do nosso bando, faço uma oração, que é passada de mestra para aprendiz. Assim, solicito permissão de Santa Sara Kali para manipular o baralho e um espírito protetor para ajudar na interpretação do baralho. Vou recitar a oração por três vezes, de forma bem pausada, a fim de que possa aprendê-la.

Depois da terceira vez, pediu para a aprendiz tentar recitar a oração. Shayera só memorizara parte dela, então a recitou novamente, dizendo-lhe que sempre que uma nova lição lhe fosse passada voltaria a recitar a oração por três vezes, até que a aprendiz a tivesse aprendido. Ela pegou o baralho e falou baixinho:

– O baralho é composto por trinta e seis cartas. Dezenove são positivas, oito são negativas e nove neutras, ou seja, dependendo de como aparecem no momento da leitura podem ser negativas ou positivas. As cartas positivas são: o cavaleiro montado no cavalo, a cruz...

Após indicar todas as cartas positivas e seus significados, Consuelo falou quais eram as negativas e as neutras, e o que cada uma significava. Disse que o fato de estar sendo assessorada por um espírito protetor durante a leitura das cartas não queria dizer que esse fosse sussurrar-lhe o passado, o presente e o futuro de quem tinha a sorte lida, pois isso não era função do espírito, mas de quem estava lidando com o baralho. Por esse motivo, era importante saber o que cada carta significava e o que queria dizer quando aparecia uma ao lado da outra. E assim continuou.

***

Yago, após ter auxiliado Sinval, dirigiu-se ao riacho e, ao avistar a tia e Shayera, manteve boa distância, permanecendo alerta para qualquer movimento suspeito que indicasse a presença de cobra, um animal ou qualquer outra coisa que comprometesse a segurança delas.

Embaixo da moita, Shiara se esforçava para escutar o que a tia falava, porém, por mais que tentasse, nada conseguiu ouvir.

Após duas horas, Consuelo encerrou o treinamento e as duas retornaram ao acampamento. Yago as acompanhou, e Carmecita se dirigiu à cidade espiritual em que vivia.

Shiara aguardou um pouco, depois deixou a moita amaldiçoando a tia por ter falado tão baixo. Ao chegar ao acampamento, a mãe se aproximou e a inquiriu se havia conseguido aprender algum segredo do baralho cigano. Ela contou o que acontecera e a mãe disse que Consuelo devia ter sido alertada por Santa Sara Kali.

Yalía pediu para a filha não mais tentar espreitar o treinamento de Shayera, caso contrário, Santa Sara Kali poderia lhe virar as costas e ela ter um triste destino. Ela só ficou sossegada quando a filha lhe prometeu que não agiria mais daquela forma.

– Shiara, você pode se tornar uma ótima leitora de mão e ganhar muito dinheiro – disse Yalía. – Venha comigo que vou lhe dar a primeira lição de como ver a sorte na mão das pessoas.

As duas se afastaram do acampamento. Olhando a mão de Shiara, explicou-lhe o que as linhas significavam, conforme o tamanho e a posição de cada uma. Disse para a filha que uma mulher só dava a mão para ser lida para saber de homem, por isso, ao segurar a mão da mulher devia olhar a outra para verificar se tinha aliança. Em caso afirmativo, a mulher provavelmente queria saber se o marido lhe era fiel. Se fosse um homem e notasse a aliança, ele tinha uma amante e queria saber se a mulher desconfiava.

– Se estiver lendo a mão de um rapaz sem compromisso, diga-lhe que existe uma mulher em seu caminho e que ela o ama muito – falou Yalía. – Se o rapaz der um leve sorrisinho, é porque está apaixonado. Diga que a mulher também o ama e que os dois um dia vão se casar e serão muitos felizes. Fale sempre coisas boas:

que a pessoa vai ter muita saúde, ganhar um dinheiro que nem sonhava existir, alcançar um bom emprego, e, principalmente, que alguém está apaixonado por ela, sem esquecer de dizer algum não tão bom, pois nesta vida ninguém tem apenas coisas boas em seu caminho. Lembre-se que não deve ler a mão da pessoa se ela não pagar. Só lemos a sorte de graça no dia em que nosso povo comemora a festa de Santa Sara Kali ou quando estivermos lendo a mão de outra cigana do bando.

Yalía explicou outras coisas referentes à leitura de mãos e depois ambas voltaram ao acampamento.

Durante os sete dias das primeiras lições de treinamento de Shayera, enquanto Consuelo ia lhe explicando como interpretar o que as cartas do baralho cigano queriam dizer, Yalía ensinava a Shiara os truques da leitura de mão.

CAPÍTULO SEIS

Otávio e Rodrigo

Otávio estacionou a Kombi na frente de uma distribuidora de alimentos localizada no centro da cidade, e depois de conversar com o proprietário se aproximou do veículo e ficou observando dois funcionários da distribuidora colocarem alguns sacos de farinha de trigo dentro do veículo.

Quando se preparava para levar a farinha de trigo para a padaria, avistou três carroças cheias de ciganos, que chegavam alegres, tocando e cantando.

O rapaz de dezoito anos, moreno claro e alto, observou-os descendo das carroças e se acomodando na praça. Os homens tocavam instrumentos e batiam palmas, enquanto as mulheres, alegres e sorridentes, dançavam. Em poucos minutos, começaram a atrair a atenção das pessoas, que foram se aproximando deles.

Deixou o veículo e caminhou em direção ao grupo, juntando-se às pessoas que apreciavam a dança. Viu que apenas três jovens dançavam. Fixou o olhar nelas e percebeu que duas aparentavam a mesma idade e a terceira era uma adolescente. Encantou-se com a dança da Ciganinha, pois seu jeito era sedutor.

Ciganinha, notando que o rapaz a estava olhando, começou a dançar com mais energia e lançar alguns olhares em sua direção; afinal, era a primeira vez que sua dança atraía tanto a atenção de um homem. E a forma como o rapaz a olhava, revelava certo interesse. Continuou dançando alegre e sorrindo na direção dele.

Shiara, percebendo os olhares que os dois trocavam, aproximou-se de Otávio e começou a dançar na frente dele. Depois, sussurrou no ouvido do jovem se não desejava que ela lesse sua mão.

– Gostaria que aquela jovem lesse minha mão – falou Otávio, apontando na direção de Ciganinha.

– Ela ainda não lê a sorte na mão das pessoas – disse Shiara. – Mas eu e as outras mulheres do bando lemos e podemos lhe dizer o que o futuro lhe reserva.

– Ainda não leio a sorte, mas já estou aprendendo – mencionou Ciganinha ao escutar a conversa.

– Aprender não é saber – disse Shiara. – Um dia você saberá e poderá ler a sorte desse rapaz tão bonito e charmoso. Estenda sua mão – pediu para Otávio, puxando a mão dele e piscando para Yalía, que rapidamente se aproximou da filha incentivando-a com um movimento de cabeça a tentar ler a mão do rapaz.

Shiara segurou firmemente a mão de Otávio, passou os dedos de sua mão direita sobre as linhas da mão do rapaz, e assoprando nelas disse:

– Você tem uma mulher em seu caminho. Uma mulher que tudo faz para mostrar-lhe que não gosta de você.

– Pensei que mais de uma mulher não gostasse de mim – falou Otávio sorrindo. – O que mais você vê em minha mão?

Shiara, que percebeu o interesse do rapaz em Ciganinha, começou a falar de uma moça bem jovem que poderia entrar em sua vida, caso ele soubesse conquistá-la e deu-lhe algumas dicas – olhando para Ciganinha e depois para ele. – Falou que ele teria muito sucesso no emprego, sorte na vida e muito dinheiro. Ao concluir a leitura de sua mão, falou o preço.

Otávio pagou o que ela pediu e, virando-se para Ciganinha, que continuava do lado deles, indagou:

– Quanto tempo vocês vão ficar na cidade?

– Acabamos de chegar, devemos ficar mais alguns dias – respondeu Ciganinha. – Por quê?

– Porque quero vê-la dançando outra vez. Você dança muito bem e é uma ciganinha bem bonita.

Juan e Sinval, ao escutá-lo, aproximaram-se dispostos a defender a jovem caso Otávio tentasse algo contra ela.

– Quando desejar ver minha dança é só vir à praça, vamos ficar aqui na parte da manhã e da tarde – falou toda alegre por saber que um rapaz do povo da cidade tinha se interessado por ela.

– Prometo que virei – falou Otávio.

O rapaz regressou para a Kombi e partiu em direção à padaria do pai.

Após dirigir por vinte minutos, estacionou na frente da padaria. Entrou no estabelecimento e disse ao pai que a farinha de trigo estava lá. Ajudou-o a transportá-la para dentro e depois se dirigiu à escada que conduzia ao andar superior, onde ficava a residência. Entrou em seu quarto, fechou a janela e atirou-se na cama decidido a voltar a dormir. Aquele era seu dia de folga e tudo o que mais desejava era dormir bastante.

*****

Nos demais dias da semana, às quatorze horas, assim que concluía o expediente como caixa no supermercado da tia, Otávio se dirigia ao ponto de ônibus, entrava no coletivo e saltava na praça em que os ciganos tinham se instalado. Ficava olhando Ciganinha dançar e trocava algumas rápidas palavras com ela, que, feliz, dava-lhe toda a atenção. Até o convencera de comprar um dos amuletos que o bando vendia para atrair o amor.

No sábado, Otávio observou que a fila em frente ao caixa apenas crescia e amaldiçoou aquele sábado por ser o primeiro do mês, dia em que o supermercado ficava lotado de pessoas. Consultando o relógio, viu que faltavam dez minutos para as duas horas e disse para o próximo cliente da fila:

– O senhor será o último que vou atender. Os demais, por favor, dirijam-se a outro caixa, pois o meu expediente de trabalho se encerrou – pegou uma placa escrita a palavra fechado e a colocou no caixa.

Outros dois caixas imitaram Otávio.

Um senhor com três carrinhos cheios de mercadoria se aproximou de Rodrigo e pediu:

– Você pode me atender? Estou com muita pressa e preciso levar essas mercadorias, com urgência, à minha churrascaria, pois recebi um pedido da esposa do prefeito para preparar um jantar especial para os funcionários da prefeitura. Esse jantar tem de estar pronto às dezenove horas. Necessito providenciar tudo para que ele esteja pronto na hora combinada com a esposa do prefeito – falou o senhor.

O rapaz, que conhecia Carlos, pois em dois dias da semana trabalhava durante a noite como garçom na churrascaria, disse:

– Sr. Carlos, embora o meu expediente já tenha encerrado, vou atendê-lo.

– Obrigado, Rodrigo! Você é um bom funcionário – disse Carlos, colocando as mercadorias sobre o caixa. – Estou contando com você para ser o principal garçom desse jantar. Você é um ótimo garçom e todos gostam de ser servidos por você.

– Às dezoito horas estarei na churrascaria. Espero poder servir bem aos seus convidados – falou Rodrigo.

– Rodrigo, vou tirar o uniforme e aguardá-lo para irmos embora juntos – disse Otávio, saindo em direção ao vestiário.

Após ter atendido Carlos, Rodrigo dirigiu-se ao vestiário. Depois de trocados, os dois se dirigiram à saída.

– Rodrigo, por favor, espere! Preciso falar com você – chamou Ruth, a proprietária do supermercado.

O rapaz interrompeu seus passos e, virando-se, perguntou o que ela desejava.

– O caixa que iria substitui-lo telefonou informando que hoje não poderá vir trabalhar. Gostaria de lhe pedir para ficar trabalhando até as dezenove horas. Hoje o supermercado está lotado e os clientes já estão reclamando das filas. Você pode ficar? Pago-lhe as horas extras que trabalhar.

– Dona Ruth, aos sábados e às sextas-feiras trabalho de garçom na churrascaria do sr. Carlos. Há pouco, ele comentou que a churrascaria preparará um jantar para os funcionários da prefeitura e está contando comigo para ser um dos garçons. Eu já me comprometi em estar na churrascaria às dezoito horas. Se quiser, posso ajudá-la até as dezessete horas.

– Telefone para o sr. Carlos e diga que você vai chegar na churrascaria depois das dezenove horas – disse um rapaz se aproximando deles. – Você é um empregado do supermercado e se agora estamos precisando de você tem de ficar e trabalhar até o horário que queremos. Faça o que estou lhe mandando, pois sou seu patrão.

– Ronaldo, você não manda em nenhum funcionário, muito menos é o patrão. Tia Ruth é quem manda no supermercado, e, diferente de você, ela fez um pedido para o Rodrigo, não o obrigou a nada – falou Otávio. – Se o supermercado está precisando de caixas, porque você não senta o seu traseiro gordo em um deles, em vez de ficar o dia inteiro naquela sala jogando videogame?

– Já falei para não ficar falando que eu tenho o traseiro gordo, que eu não gosto – gritou Ronaldo chateado. – Não vou ficar no caixa, porque sou o filho da dona do supermercado! Quem tem de trabalhar é o Rodrigo, que é um pobretão e precisa de dinheiro. Se não fizer o que mamãe pediu, será demitido e acabará passando fome.

– Ronaldo, não fale dessa forma com Rodrigo – recriminou a mãe. – Ele é um bom funcionário e eu jamais vou demiti-lo. Rodrigo ficará trabalhando até as dezessete horas, pois já estará me ajudando bastante. Após esse horário, você vai levá-lo até sua casa e aguardá-lo tomar um banho, trocar de roupa e levá-lo à churrascaria, pois tenho consciência do quanto ele é responsável e fiel aos compromissos assumidos. Assim sendo, Rodrigo, não quero que chegue atrasado à churrascaria por ter ficado fora de seu horário de expediente trabalhando no supermercado.

– Não vou levá-lo a lugar nenhum. Ele que vá de ônibus, pois recebe vale transporte para pagar a passagem – falou Ronaldo.

– Você vai levá-lo, caso contrário, vai fazer o que seu primo sugeriu e ficar trabalhando no caixa. O que me diz? – perguntou a mãe.

Ronaldo não respondeu, deu as costas e regressou para o interior do supermercado. Entrou em uma sala e ligou o videogame.

– Otávio, você pode cuidar de Olivinha e Raul enquanto eu atendo o pedido de sua tia? – perguntou Rodrigo.

– Como tenho certeza de que a preguiçosa da sua mãe não vai ficar com eles, e eu já iria ficar com eles durante a noite para você poder trabalhar na churrascaria, pode continuar trabalhando no caixa que eu cuido deles. Mas só ficarei com eles com uma condição – falou Otávio.

– Que condição? – inquiriu Rodrigo.

– Que você me acompanhe até a praça para vermos as ciganas e você permitir que uma delas leia sua mão.

– Já lhe falei que não tenho dinheiro para gastar com essas coisas. Tenho de economizar centavo por centavo para conseguir pagar as despesas da minha casa. Por que você insiste tanto nessa história das ciganas?

– Porque quero saber se por meio da quiromancia alguma delas vai enxergar que sua mãe sempre o tratou mal, e por qual motivo, após a morte de seu pai, ela fez questão de deixá-lo assumir a responsabilidade que cabe a ela! Se alguma cigana descobrir em sua mão como sua mãe o trata e mencionar o que deve ser feito para ela mudar, juro que farei de tudo para seguir à risca o que a cigana falar.

– Que mania você tem de implicar com a minha mãe. Já te falei que ela entrou em depressão após o desencarne de papai. Desde aquele dia se transformou em outra pessoa e se recusa a voltar a viver e a cuidar da casa e dos filhos. Se a depressão a impede de voltar a ser a boa mãe que sempre foi para os meus irmãos e de trabalhar para suprir as necessidades da casa, eu farei isso no lugar dela, pois não vou deixar meus irmãos passarem fome – falou Rodrigo. – Por favor, vá até minha casa e diga para minha mãe que ficarei trabalhando no supermercado até às dezessete horas, caso contrário, ela ficará preocupada.

– Até parece que ela se importa com o fato de você não chegar no horário de costume. Ela nem liga, nem vai perceber. Mas, como sou seu amigo, darei o recado. Bom serviço no supermercado e, mais tarde, bom serviço na churrascaria. Tome cuidado quando regressar para casa. Esta cidade está muito violenta e é sempre bom estar atento à segurança. Vou nessa! – despediu-se e se dirigiu ao ponto de ônibus.

– Otávio realmente é seu amigo. A forma como se preocupa com você denota o quanto ele aprecia sua amizade – falou Ruth.

– A senhora tem razão. Ele realmente é meu amigo e eu aprecio por demais sua amizade. Somos tão amigos que tenho plena certeza de que quando um precisar, o outro tudo fará para socorrer o amigo. Agora, vamos entrar, pois preciso retomar o trabalho – disse Rodrigo, entrando no supermercado com Ruth e assumindo seu lugar no caixa.

O rapaz trabalhou até o horário combinado e, ao deixar o supermercado, avisou Ronaldo que não precisava da carona. Ele iria andando do supermercado até sua casa. Mas Ruth fez questão que o filho levasse Rodrigo. Contra sua vontade, Ronaldo o levou. Ao chegar, disse que iria demorar e que iria sozinho à churrascaria. Ronaldo, sem se despedir, deu partida no carro e regressou ao supermercado.

Antes de entrar, Rodrigo foi até a padaria de Otávio, que ficava na mesma rua. No local, deu um gostoso abraço em Olivinha e cumprimentou Raul. Entregou uma pequena barra de chocolate para cada um dos irmãos dizendo ter sido presente de Ruth, e lhes explicou o motivo de aquela tarde eles terem ficado com Otávio. Depois, perguntou ao Otávio e aos pais dele se os irmãos tinham dado trabalho. Recebendo resposta negativa, agradeceu-lhe e levou os irmãos para casa.

– Não se preocupe em fazer comida para eles, talvez não dê tempo, você logo terá de ir para a churrascaria – falou Rosália. – Eu preparo o jantar e sirvo a refeição para eles. Não se preocupe, vou ajudar meu irmão a cuidar dos dois.

– Obrigado por sua disposição em auxiliar Otávio. Mas não se preocupe com o jantar. Você e sua família já fazem muito por mim ao cuidarem de Raul e Olivinha quando eu preciso. Já deixei comida pronta na geladeira, e assim que chegar esquentarei e darei a eles; depois trago-os de volta e vou para a churrascaria – agradeceu Rodrigo.

– Se eu fosse você não os levava com você. Sua mãe está naqueles dias terríveis. Quando fui dar seu recado, gritou muito, dizendo que não devia ter ficado trabalhando no supermercado. Eu falei umas verdades para ela e fui expulso da sua casa – falou Otávio.

– Se ela o expulsou, imagino o que deve ter dito a ela. Você não toma jeito, Otávio. Está sempre alfinetando minha mãe com suas indiretas. Preciso ir para verificar se ela está necessitando de algo. – Virou-se para Rosália: – Vou aceitar que você, ao preparar o jantar, alimente meus irmãos. Grato por fazer isso por nós. Agora vou para casa – apressado, seguiu sozinho para a residência.

Assim que entrou, encontrou a mãe deitada e enrolada em uma coberta no sofá da sala. Cumprimentou-a e perguntou se ela tinha se levantado e almoçado.

– Estou até agora sem almoçar, porque não ia comer a comida fria que você deixou dentro da geladeira – respondeu Calina. – Você sabe que o meu estado me impede de fazer qualquer atividade doméstica. Recordo-me de quando fazia as coisas para o seu pai e entro em prantos, sentindo a falta dele. Fico muito triste por saber que ele se foi e nunca mais voltará.

– Mamãe, já está na hora de a senhora se conformar com o desencarne de papai. Ele partiu para o outro lado da vida há cinco anos, e até hoje a senhora se recusa a sair dessa depressão? Ninguém fica por tanto tempo vivendo preso à depressão. Precisa reagir e retomar a vida que sempre teve antes de papai partir para o mundo dos espíritos.

– Como posso retomar a vida que sempre tive se o seu pai não está mais ao meu lado? Eu o amava muito e desde que nos casamos nunca nos separamos. Não consigo mais ser alegre, muito menos feliz. Ficarei deprimida até o dia em que o espírito dele se compadecer de mim e vir me buscar para morar no local em que ele está – falou Calina tristemente. – Agora, pare de ficar me perguntando as coisas e trate de esquentar a comida, estou com muita fome. O psiquiatra falou que eu devo me alimentar direito e nos horários certos, pois os remédios são muito fortes e necessito estar sempre bem alimentada antes de tomá-los. Falando em remédios, você precisa comprar outra caixa deste, pois estão acabando.

Rodrigo olhou para a mãe, descabelada e jogada no sofá, e sentiu ímpetos de lhe dizer algumas verdades, mas vendo seu estado se compadeceu ao imaginar como deveria ser triste viver naquela situação, apegada à memória do esposo. Tudo fez para ajudá-la a vencer a depressão.

O rapaz foi até a cozinha. Lavou as mãos e esquentou a comida que estava na geladeira. Foi até a sala e disse para a mãe que a refeição já estava quente e que ela deveria ir à cozinha para se alimentar. Seguiu para o quarto que dividia com o irmão, pegou o uniforme de garçom, foi para o banheiro, tomou um rápido banho, vestiu-se e se dirigiu à cozinha. Vendo a mãe se alimentando, avisou-a que iria trabalhar na churrascaria até a meia-noite. Deixou a residência.

CAPÍTULO SETE

Bom filho, bom irmão

Rodrigo se esforçava para atender a todas as pessoas que o chamavam. Mal terminava de atender uma mesa e pessoas de outra já requisitavam sua atenção. Sempre muito educado e eficiente, era muito mais solicitado para servir os clientes da churrascaria do sr. Carlos do que os outros.

Rodrigo trabalhou muito naquela noite. O trabalho lhe rendeu boas gorjetas. Mesmo recebendo os dez por centro de cada mesa atendida, as pessoas costumavam lhe dar gorjetas, por conta de seu bom atendimento.

Quando a churrascaria fechou as portas, diferente dos outros garçons e demais funcionários, ele ajudou sr. Carlos e a esposa a organizarem o local, deixando-o pronto para o atendimento do dia seguinte. Recebeu o valor combinado pela noite de serviço, e, ao se despedir do casal, a esposa do patrão lhe entregou uma sacola.

– Coloquei churrasco, arroz, farofa e outros alimentos em vasilhames que estão na sacola para você levar para sua casa. Não é muita coisa, mas creio que dará para você, sua mãe e seus irmãos almoçarem amanhã.

– Obrigado, dona Filomena! A senhora e o sr. Carlos são muito bons comigo e com minha família.

– Você que é uma boa pessoa, Rodrigo. Eu e o Carlos sabemos o quanto é um bom filho e bom irmão, além de ótimo rapaz. Desde que seu pai deixou este mundo, você cuida sozinho de sua casa, de seus dois irmãos e de sua mãe. Poucos jovens na sua idade fariam o que você faz. Eu e Carlos ficamos felizes em poder ajudar você.

– Dona Filomena, serei sempre grato à senhora e ao seu esposo por terem me aceitado para trabalhar por duas noites como garçom na churrascaria. Com o dinheiro que ganho aqui, consigo pagar as contas de água e energia da minha residência, e o alimento que me dão quando encerro uma noite de trabalho é suficiente para alimentar a minha família por uns dois dias. Em minhas orações, todas as noites, peço a Deus e aos bons espíritos que os ajudem e abençoem a churrascaria.

– Deus, certamente, escuta suas orações, Rodrigo. Pois Ele sempre ouve as pessoas de bom coração, e você é uma delas – disse Carlos. – Eu e Filomena nos sentimos honrados por saber que reza por nós. Vou pedir para que continue rezando, porque oração é sempre bem-vinda.

– Pode deixar. Agora tenho de ir. Já está tarde – e, segurando a sacola, deixou a churrascaria.

O rapaz caminhou apressado em direção à residência dos pais de Otávio, sempre recordando do conselho do amigo e olhando para todos os lados. Enquanto caminhava, em silêncio, rezava pedindo a Deus e aos bons espíritos que o livrassem de qualquer perigo e o ajudassem a chegar em segurança em sua própria residência.

Da janela da sala, Rosália consultou o relógio preocupada com Rodrigo, que ainda não havia ido buscar os irmãos. Assim que o avistou na esquina, desceu rapidamente as escadas e abriu o portão antes de o rapaz bater. Convidou-o para entrar e os dois subiram as escadas que conduzia à residência.

Na sala, Rodrigo encontrou com Otávio e a mãe assistindo a um programa na televisão. Raul dormia em um sofá. Agradeceu-lhes por terem cuidado de seus irmãos e, aproximando-se de Raul, cutucou-o para acordá-lo e irem para casa. Perguntou onde estava Olivinha e Rosália falou:

– Quando ela dormiu no sofá, levei-a para a minha cama.

Rodrigo cutucou outra vez o irmão, que, sonolento, recusava-se a se levantar do sofá e pedia para Rodrigo deixá-lo dormir em paz.

– Vai dormir em paz quando chegar em nossa casa. Agora, levante-se e se prepare para irmos embora. Você vai ter de carregar esta sacola enquanto eu carrego a Olivinha – pediu que Rosália o levasse até o quarto e, com cuidado para não acordar a irmãzinha de seis anos, retirou-a da cama.

Ao retornar para a sala, encontrou Raul reclamando por ter sido acordado. Chateado, ele disse que não ia levar nenhuma sacola.

– Eu vou com vocês e levo a sacola – disse Otávio, pegando a sacola e chamando Raul para segui-lo.

Assim que chegaram à residência em que moravam, Rodrigo pediu ao irmão para enfiar a mão no bolso de sua calça e retirar a chave para abrir a porta. Raul obedeceu-lhe. Ao entrarem, encontraram Calina adormecida no sofá, ressonando alto com a televisão ligada.

Raul rapidamente seguiu para o quarto e atirou-se na cama. Rodrigo levou a irmãzinha para o quarto dela, cobriu-a e, beijando-lhe a fronte, falou baixinho que continuasse dormindo e sonhasse com os anjos. Depois, foi até o quarto, pegou uma coberta e a colocou sobre o irmão, repetindo o beijo e falando que ele podia dormir em paz e sonhar com os anjos.

De volta à sala, Rodrigo pegou a sacola e se dirigiu à cozinha com Otávio. Calina despertou e falou:

– Até que enfim você chegou. Estava preocupada!

– Estava tão preocupada que até roncando a senhora estava. Deus me livre ter uma mãe assim! – respondeu Otávio.

– Rodrigo, o que esse chato está fazendo aqui?

– Esse chato veio trazer a sacola com alimentos que Rodrigo ganhou da churrascaria e que servirá para os dois irmãos dele e a senhora se alimentarem amanhã, já que sua preguiça a impede de fazer comida.

Calina ficou em silêncio. Não gostava de Rodrigo e ignorá-lo seria a melhor coisa a fazer.

Otávio se despediu do amigo. Rodrigo se dirigiu à geladeira e colocou os alimentos na geladeira, regressando para a sala.

– Mamãe, já está tarde. Desligue a televisão e vá para o seu quarto dormir.

– Quem sabe a hora exata que eu devo dormir sou eu, não você.

Rodrigo seguiu para o quarto, tirou o uniforme, vestiu outra roupa e jogou-se na cama. Logo adormeceu, acordando às sete horas, com Olivinha cutucando-o. Abraçou a irmãzinha e pediu que se deitasse com ele para voltarem a dormir.

– Mas não estou mais com sono. Já dormi um montão e quero tomar café. Levante, Rodrigo!

Rodrigo bocejou e viu que Raul ainda dormia. Deixou a cama, escovou os dentes e fez Olivinha escovar também. Depois, foi para a cozinha e preparou o café. Depois da refeição, sentou-se com a irmã na frente da televisão e ficaram assistindo a um programa.

Quando Raul acordou, Rodrigo pediu que tomasse café e ficasse com Olivinha, enquanto ele ia cuidar das roupas. Voltando à sala, disse:

– Raul, vá lavar seus tênis e suas meias. Depois, você e a Olivinha vão me ajudar a limpar a casa.

– Que legal! Eu gosto de ajudá-lo – falou Olivinha alegre.

– Gosta de ajudar porque é mulher, e mulher nasceu para fazer esses serviços – disse Raul. – Detesto isso, sou um menino. Mamãe não devia ter ficado doente!

– Mas ficou e você e Olivinha precisam me ajudar nos serviços da casa.

– Você é um chato e um irmão ruim.

Rodrigo e Olivinha limparam a casa, exceto o quarto da mãe, que ainda estava dormindo. Depois, Rodrigo foi preparar o almoço.

Calina acordou, deitou-se no sofá, enrolou-se na coberta e ligou a televisão.

Passados vinte minutos, Otávio bateu à porta. Raul a abriu, e assim que Otávio entrou, cumprimentou Calina, que não respondeu.

– Vim convidá-lo para irmos ao estádio assistirmos ao jogo do nosso time – falou Otávio. – Temos de ir bem cedo para pegarmos um bom lugar.

– Posso ir? – perguntou Raul.

– Não vão a jogo nenhum. Nem ele, nem você. Ingresso é caro e seu irmão não vai gastar um dinheiro que não temos para ver um bando de macho correndo atrás de uma bola – resmungou Calina. – Jogo em estádio de futebol é para gente à toa, igual a esse aí, que veio interromper o almoço que seu irmão está fazendo.

– Diferente da senhora que é à toa, eu sou trabalhador, e se estou convidando o Rodrigo para irmos ao estádio é porque já comprei o ingresso para ele e para mim, pois estou ciente do esforço que ele faz para economizar cada centavo, a fim de dar conta de bancar as contas desta casa – falou Otávio. – Levante-se desse sofá e vá terminar de fazer o almoço e cuidar da roupa que está de molho, porque isso é uma tarefa da senhora, não do Rodrigo, que passa a semana inteira se matando de trabalhar no supermercado e na churrascaria e nem no domingo tem direito de descansar e se divertir um pouco.

– Ele trabalha porque é bom filho e bom irmão. Sabe que a mãe é doente e que depressão é coisa séria – disse Calina.

– Depressão não é doença para pobre, é para rico, que tem dinheiro para pagar um bom psicólogo. Pobre não tem depressão, tem é problemas e deve se ocupar deles, enfrentando a realidade e não fugindo dela como a senhora faz – proferiu Otávio. – Seu marido morreu há cinco anos e a senhora precisa encarar isso e aceitar que ele nunca mais vai voltar.

– Cale a boca! – gritou Calina. – Você está dentro de minha casa e não tem o direito de falar assim comigo. Vá embora, pois o Rodrigo não vai assistir a porcaria de jogo nenhum. Ele tem muito serviço a fazer.

– Está aí uma forma de a senhora curar sua depressão. Levante-se, vá até o fogão e termine de fazer o almoço. Depois, vá para o tanque e termine de lavar a roupa. Tenho certeza de que se a senhora fizer isso, a depressão irá embora.

– Pare de falar assim. O Rodrigo nunca me falou esses absurdos. Vá embora para sua casa e nunca mais volte aqui – gritou Calina.

– O que falo não são absurdos, e sim verdades. A senhora tem apenas quarenta anos e toda uma vida para viver, porém, agindo desse jeito, além de não viver, impede que Rodrigo viva também. Na idade dele, todo jovem gosta de fazer coisas que ele não pode fazer, porque desde os quinze anos só tem tempo para trabalhar e cuidar dos irmãos. Tenha um pouco de compaixão e volte a ser a mãe e a dona de casa que a senhora sempre foi.

– Vamos com o Otávio, Rodrigo. Por favor, eu nunca fui a um estádio! Se nosso time vai jogar aqui na cidade talvez seja a única oportunidade de ver meu time jogando – falou Raul. – Por favor, vamos! Estou lhe pedindo. Hoje fui bonzinho e fiz o que me pediu. Vamos?

– A roupa pode esperar até a hora de a gente voltar do estádio. Ontem ganhei uma boa gorjeta na churrascaria e acho que dá para pagar seu ingresso. Eu ia usar o dinheiro para outra coisa, mas se você quer tanto ir...

– Eba! – gritou Raul alegre, atirando-se nos braços do irmão. – Você é o melhor irmão do mundo.

– Eu também quero ir ver o jogo – falou Olivinha.

– Mas não vai. Jogo em estádio é coisa de homem, e você é mulher. Vai ficar aqui com a mamãe.

– Comigo não vai ficar. Ela grita muito e dá muito trabalho. Estou deprimida, preciso de muito silêncio e sossego.

– Olivinha, pode ficar lá em casa com a Rosália, tenho certeza que se Rodrigo pedir, Rosália fará com prazer. Vai se divertir, ela até alugou um desenho da princesa para assistir hoje à tarde! – exclamou Otávio.

– Eu quero ver o desenho da princesa, Rodrigo – disse Olivinha.

Rodrigo falou que iria pedir a Rosália para ficar com ela. Combinou com Otávio a hora em que iriam para o estádio, e, assim que o amigo deixou sua casa, foi para a cozinha e terminou de preparar o almoço.

***

O estádio já estava quase lotado e eles encontraram dificuldades para conseguir um bom local na arquibancada. Mas, quando o jogo começou, ficaram concentrados vendo o time em ação.

Quando o jogo terminou, os três foram à sorveteria e Otávio pagou os sorvetes. Enquanto saboreavam, comentavam os lances do jogo em que o time deles saiu vitorioso. Depois, regressaram para a residência.

CAPÍTULO OITO

Livros espíritas

Dentro da barraca de Consuelo, sentada à frente da imagem de Santa Sara Kali, Shayera mantinha os olhos fechados e aguardava as instruções da líder espiritual, que acendeu uma vela perto da santa e pediu à jovem para rezar a oração que já lhe tinha ensinado. Após a prece, Consuelo pediu à santa permissão para que Shayera pudesse usar o baralho cigano e solicitou a presença de Carmecita, que, volitando, entrou na barraca e sentou-se perto delas.

– Shayera, inspire o ar profundamente e o solte lentamente. Faça isso por dez vezes. Enquanto respira, movimente pernas, braços, pescoço e todo o seu corpo. Depois, não se mexa mais e continue respirando; relaxe por completo e procure se manter serena, a fim de se ligar ao mundo dos espíritos.

Consuelo colocou duas cartas nas mãos de Shayera e Carmecita assoprou na jovem e nas duas cartas, colocando sua mão na cabeça da aprendiz, que vislumbrou uma cena com uma menininha, um garoto e um rapaz. Contudo, por mais que se concentrasse não conseguia ver o rosto deles nem saber para onde estavam caminhando.

– O que as cartas lhe revelaram? – perguntou Consuelo.

– Por mais que eu tentasse me concentrar, não consegui descobrir nada dessa visão, muito menos entender seu significado. Queria saber para onde as pessoas iam e por que os vi.

– Toda visão espiritual tem um significado, talvez possa se revelar no futuro – falou Consuelo. – Vou trocar as cartas que estão em suas mãos e você voltará a se concentrar para tentar se conectar com o mundo dos espíritos.

A líder espiritual colocou duas novas cartas nas mãos de Shayera e ficou aguardando. A aprendiz voltou a ter a mesma visão, que se congelou na mesma cena e desapareceu. Ela abriu os olhos e, em pensamento, inquiria às duas cartas o que queriam lhe revelar, porém mais nada aconteceu.

Shayera informou o que havia acontecido a Consuelo, que ficou pensativa. Carmecita sussurrou algo para Consuelo, que retirou as duas cartas da mão de Shayera e disse:

– O baralho tem muitos segredos. Alguns, você vai aprender comigo, mas a maioria só vai descobrir quando trabalhar e educar sua mediunidade. Mas nisso não serei capaz de ajudá-la; portanto, teremos de recorrer a quem poderá nos ajudar a educar e trabalhar sua mediunidade.

– Mediunidade! O que é isso, Consuelo?

– É a capacidade que muitos homens e mulheres possuem para serem intermediários entre o mundo dos vivos e o dos mortos. Um francês chamado Allan Kardec, no século XIX, deixou escrito em livros espíritas, mais especificamente em *O Livro dos Médiuns*, informações sobre a mediunidade e como lidar com ela. Segundo ele, existem diferentes tipos de mediunidade: auditiva, visionária, psicográfica, psicofônica, entre outras. Em casas espíritas têm as pessoas certas para ensinar a trabalhar e educar a mediunidade. Como acredito que a sua necessita ser trabalhada e educada, para que no futuro possa compreender suas visões e saber o que significam, bem como entender alguns segredos do baralho cigano, quando formos à cidade, vou levá-la à casa espírita onde estudei.

– Consuelo, você é a líder espiritual do nosso bando. Se alguém pode me ensinar a lidar com minhas visões espirituais e com os mortos, esse alguém é você, não é o povo da cidade – falou Shayera. – Quero aprender sobre mediunidade com você.

– Só aprendemos algo com quem realmente domina o conhecimento. Posso ensiná-la o que é do meu conhecimento, mas sobre mediunidade, embora eu tenha contato com os espíritos, não detenho conhecimento necessário. Por essa razão, vamos ter de recorrer aos espíritas, que estudam o assunto e os livros espíritas, codificados por Allan Kardec e que servem como base ao espiritismo.

– Não quero ir nem me envolver com outra religião que não seja a nossa. Embora saiba que você admira essa religião e segue essa filosofia, não quero me envolver com o espiritismo. Por favor, ensine-me apenas o quê você aprendeu.

– Já a estou ensinando o que aprendi com a antiga líder espiritual. Se lhe digo que em uma casa espírita você vai aprender a lidar com a mediunidade, é porque tenho certeza de que aprenderá, pois, no passado, antes de me tornar aprendiz, estudei em uma casa espírita, e isso me ajudou a ser uma boa líder espiritual, assim, acredito que fará bem para você também. A líder espiritual, além de ter conhecimento sobre questões espirituais do povo cigano, também necessita ter conhecimento de outras religiões. Com os espíritas, aprendi que devo deixar de lado o egoísmo e o orgulho, e, conforme minhas possibilidades, tentar ser uma boa pessoa para mim e para o próximo, colocando em prática o "Fora da caridade não há salvação", um dos princípios do espiritismo. Sendo caridosa atraio boas energias, que são responsáveis por me aproximar dos bons espíritos, que, por meio dos bons conselhos e das inspirações, auxiliam minha jornada terrena.

– É por esse motivo que você é a boa alma do bando? Tornou-se bondosa porque aprendeu com os espíritas o "Fora da caridade não há salvação"?

– Aprendemos a ser bondosos e a praticar a caridade vendo outros agindo dessa forma. Na casa espírita, conheci uma pessoa assim, mas ainda estou longe de ser tão bondosa e caridosa como ela – explicou Consuelo. – Lá, aprendi a trabalhar e educar minha mediunidade e estudei um pouco sobre reforma íntima. Esse aprendizado e estudo me fizeram compreender que eu devo evitar desejar o mal aos outros, não devo cobiçar o que é dos outros, e semanalmente tenho de fazer o "Culto do Evangelho no Lar"[2], a fim

---

[2] Reunião semanal, sempre no mesmo horário, dos membros da família, em que se estuda os ensinamentos de Jesus, com base no livro *O Evangelho Segundo o Espiritismo*. A prática constante tem por objetivo a reflexão sobre a conduta diária e adequação dos atos dentro dos princípios cristãos, propiciando a higienização da atmosfera psíquica do lar (N. E.).

de receber proteção espiritual para mim e para quem eu intercedo durante as preces que realizo.

– Esse *Evangelho do Lar* é a oração que você faz todas as noites de terça-feira em sua barraca?

– É. Quando comecei, iniciei-o no centro do acampamento e convidei o nosso bando para fazer comigo, mas as pessoas me disseram que não era uma oração de Santa Sara Kali, e sim de outra religião e não queriam rezá-la. Sindel me proibiu de realizar o culto no centro do acampamento e passei a realizá-lo em minha barraca, o que faço até hoje. Agora que você é a aprendiz e pode entrar aqui, caso deseje, poderá participar.

– E como vou estudar nessa casa espírita se nosso povo está sempre viajando de cidade em cidade, e nunca paramos por muito tempo no mesmo local?

– O baralho cigano tem a resposta – respondeu a líder recolhendo as cartas que circulavam Shayera. – Amanhã, antes de o bando sair para mais uma semana de trabalho, tenho certeza de que Santa Sara Kali e Carmecita vão nos indicar como será seu estudo – amarrou o baralho no lenço e o guardou no bolso da saia.

– Chega de treinamento! Vamos fazer a oração de encerramento do treinamento e depois vou lhe dar dois livros espíritas para que leve à sua barraca e leia.

A jovem recebeu os exemplares e leu os títulos: *O Evangelho Segundo o Espiritismo* e *O Livro dos Espíritos*. Agradeceu à Consuelo e deixou a barraca.

Yago, que de longe cuidava da barraca, ao avistar a jovem, aproximou-se e perguntou:

– Como foi o treinamento?

– Foi bom. Tive algum progresso em uma visão espiritual, mas Consuelo me falou que necessito estudar sobre algo chamado mediunidade e me deu dois livros espíritas.

– Gostei desse *O Livro dos Espíritos*. Será que só você pode lê-lo ou eu também posso?

– Se é um livro, penso que também possa ler. Se desejar, depois lhe empresto.

– Prefiro que quando estiver lendo, faça em voz alta, assim guardarei na mente o que você ler, pois tenho mais facilidade de aprender quando escuto do que quando leio.

Shayera comentou que se ele queria tanto saber o que o livro dizia que iria começar a ler aquela noite, e ele poderia escutá-la. Pegou um lampião e se dirigiu até uma árvore. Yago a seguiu, e os dois se sentaram. Shayera começou a ler...

O rapaz contemplou Shayera com enlevo e se deu por agradecido de poder estar próximo dela, escutando-a ler. Contudo, aquela proximidade era como migalha para sua paixão.

Ele já conhecia os livros, porém não se sentiu nem um pouco culpado por não ter lhe contado. A tia já havia lhe emprestado. Enquanto admirava a beleza da jovem, rememorava o que já havia lido.

De longe, Shiara e Sinval os observavam. Ambos acreditavam que uma hora Shayera ou Yago se atirariam nos braços do outro e se deleitariam em prazeres carnais, apesar de Shayera ter jurado para Santa Sara Kali e para o baralho cigano que sempre seria pura. Ela era jovem e bonita, ele, um cigano jovem, bonito e perdidamente apaixonado, quando os desejos da carne lhes atormentasse, ela poderia ser capaz de dar um beijo em Yago!

Shayera leu durante quase duas horas. Tanto ela, quanto Yago, ficaram admirados com as respostas e perguntas de *O Livro dos Espíritos*, pois eram bem interessantes e ajudavam a entender certos assuntos que eles antes jamais haviam compreendido. Ela fechou o livro e falou para Yago que no dia seguinte continuaria lendo, durante a noite, após o treinamento. O cigano lhe disse que estaria no local para escutá-la.

Os dois se levantaram. Shayera pegou o lampião e Yago a acompanhou até a entrada da barraca, desejando-lhe boa noite. Depois, foi para sua barraca e ficou pensando o quanto fora agradável ter ficado tão próximo da mulher amada. Adormeceu feliz.

CAPÍTULO NOVE

O desmaio de Consuelo

Quando o sol incidiu sobre o acampamento, todos se reuniram em volta da barraca de Consuelo e ficaram aguardando. Ao aparecer, ela fez um sinal com a cabeça para Shayera, que rapidamente se aproximou e sentou-se no chão ao lado dela. Ambas fizeram a oração para Santa Sara Kali.

Depois, Consuelo retirou o baralho cigano do bolso e, abrindo o lenço que o envolvia, colocou-o no chão. Depois, depositou as cartas sobre o lenço e disse:

– O baralho nos indica que esta semana devemos continuar lendo a sorte do povo na mesma praça da semana passada, pois ganhamos muito dinheiro, e os comerciantes que têm lojas em volta comprarão nossos produtos. Os homens devem oferecer a esses comerciantes produtos diferentes dos já vendidos, e as mulheres tudo fazer para lerem a sorte de muita gente – fez uma pausa e, colocando novas cartas sobre o lenço, continuou: – As cartas revelam que vamos ficar um bom tempo nesta cidade. O conselho do nosso bando deve, junto às escolas e colégios, providenciar estudo para nossas crianças e jovens, pois a lei brasileira permite que nosso povo se matricule em suas escolas e colégios, em qualquer época do ano, desde que apresentemos a documentação solicitada. Yago, que no futuro será o líder, deverá se matricular em uma faculdade particular e iniciar um curso superior, pois como futuro líder será necessário ter um curso superior para melhor auxiliar o bando com os conhecimentos que vai adquirir no curso. Shayera, além de estudar em um colégio, também deverá ser matriculada em um curso que eu mesma vou providenciar – fez mais uma pausa e, colocando outras cartas no lenço, voltou a falar: – O baralho nos indica que, embora tenhamos de passar um bom tempo em Foz do Iguaçu, não somos obrigados a ficar lendo a sorte do povo apenas nesta cidade. Existem outras cidades circunvizinhas, e, quando já tivermos passado um bom tempo por aqui, vamos para esses locais e retornaremos à noite para o acampamento – juntou as cartas do baralho e o guardou no bolso da saia.

– Se o baralho cigano recomendou que Yago curse o ensino superior, eu também vou me matricular em uma universidade – disse Sinval. – Sendo membro do conselho, será interessante eu também ter um pouco de cultura, para melhor ajudar o bando como um de seus conselheiros. O que me diz, Consuelo?

– Se sua mãe e você tiverem dinheiro para pagar o curso, você poderá cursá-lo, pois como mencionou será interessante outro membro do conselho ter curso superior, pois Sindel, que também é conselheiro, é formado em Administração – falou Consuelo.

– Consuelo, você sabe que ninguém tem dinheiro guardado em sua barraca. Tudo que ganhamos pertence ao bando e é administrado por Sindel. Sabemos que temos um bom dinheiro guardado no banco de Rosário, na Argentina. Se Sindel vai usá-lo para pagar um curso superior para Yago, também poderá usá-lo para pagar um para o meu filho, que é um dos conselheiros – falou Rosa.

– Concordo. Se Sinval é um membro do conselho, papai pode usar o dinheiro que temos para pagar seu curso superior, igual fará com Yago – manifestou-se Shiara.

– Ok. Assunto encerrado. Vamos tomar café e trabalhar – determinou Sindel.

Enquanto tomavam café, Sinval contemplou Shiara e pensou que outra vez ela tinha se manifestado a favor dele. Será que o fazia porque gostava mesmo dele? Tentou descobrir se ela era apaixonada por ele poucos dias depois do juramento de Shayera, quando ela fora contra sua expulsão, mas não tinha descoberto nada que lhe apontasse isso. A única forma de saber seria indagando diretamente para ela mesma.

Depois do desjejum, todos prepararam as carroças e seguiram para o centro da cidade. Em pouco tempo, Shayera e Yago, Sinval e Shiara, Ciganinha e Juan começaram a dançar.

Enquanto dançava, Ciganinha tentou avistar Otávio entre os que apreciavam sua dança. Ao vê-lo, sorriu e passou a se insinuar. Ao terminar, Otávio trocou rápidas palavras com ela e seguiu para a Kombi. Depois foi para a padaria.

Shiara aproximou-se de Ciganinha e disse:

– Sinval e Juan descobriram que os pais do rapaz interessado em você são donos de uma padaria. Você pode dar um jeito de fazer com que ele consiga, gratuitamente, pães e outros alimentos da padaria para o nosso grupo.

– E que diabos eu ia querer com pão? Quero apenas o rapaz! Estou interessada nele, não em pão – falou Ciganinha. – Ele está apaixonado por mim e vou aproveitar para ser feliz nos braços dele.

– Apaixonado? Logo se vê que ainda é uma criança e nada entende de homens. Ele não está apaixonado, sua tola. Ele só quer se aproveitar. É isso que os homens da cidade fazem com as mulheres do nosso povo. Usam-nas e depois descartam-nas. Mas as ciganas de Sindel jamais permitem que algum homem da cidade se aproveite delas, são elas que os abandonam, como se fossem um objeto qualquer. Você não pode ser feliz nos braços de Otávio, porque desde criança seus pais prometeram-na para Juan, e é com ele que você vai se casar e ser feliz. Ciganinha, você tem de fazer Otávio de bobo. Enrolá-lo com sua lábia para que ele pense que quer namorá-lo. Assim, ele trará da padaria tudo o que pedir, pois quando um homem se apaixona por uma mulher é capaz de lamber os pés dela e segui-la igual um cachorrinho segue sua dona. Já conhece nossa tradição, a qual prega que toda cigana deve ser virgem até o dia do casamento, e você sabe que quem não age assim é punida com um castigo cruel! Se fizer algo que fere os princípios ciganos, será expulsa do bando a pauladas e pontapés; Santa Sara Kali vai lhe virar as costas e a maldição lançada em você por todas as mulheres do bando sempre vai impedi-la de ser feliz, de ter o homem que ama e muito vai lhe fazer sofrer. Quando morrer, sua alma irá para o inferno; você será torturada pelo diabo e escravizada pelos espíritos das trevas.

Ciganinha se benzeu e falou:

– Santa Sara Kali que me poupe de um destino tão cruel! Nossa tradição e lei não deveriam impedir uma cigana de se relacionar com o homem que desejar. As mulheres do nosso povo deveriam ser livres para se casar com o homem que amam. Não amo Juan e ele não me ama, por esse motivo não somos obrigados a nos casar, caso contrário, seremos infelizes.

– Seus pais e os de Juan não pensaram na infelicidade de vocês quando fizeram o acerto do casamento – disse Shiara. – Se agiram dessa forma, significa que você, sendo cigana, não é livre para fazer o que quer, e deve imitar o exemplo das outras ciganas e seguir nossa tradição ao se casar com o cigano para quem já foi prometida em casamento. O povo cigano continua existindo porque sempre seguiu a tradição e respeitou suas leis. Isso tudo é a nossa cultura e nós, ciganas, devemos mantê-la viva. Se você sabe que vai se casar com Juan, deve envolver Otávio e dele somente conseguir alimentos da padaria e qualquer outra coisa que possa beneficiar o bando.

– Não vou fazer isso, Shiara. Não sou interesseira feito você.

– Se não fizer, eu o farei. Afinal, sou muito mais bonita e já tenho certa experiência com os homens do povo da cidade. Logo esse Otávio vai comer na minha mão e eu vou retirar dele muitos pães e alimentos para nós – virou as costas para Ciganinha e se aproximou de um rapaz indagando se queria que sua sorte fosse lida.

Ciganinha decidiu ficar de olho em Shiara sempre que Otávio aparecesse, e, caso notasse Shiara se insinuando para ele, partiria para a briga e daria uma boa lição na menina. Pensou que quando surgisse uma oportunidade, iria pedir ajuda para Consuelo quanto àquele acerto do casamento.

Depois, aproximou-se de algumas adolescentes e incitou-as a ler as mãos. Duas ficaram interessadas e Ciganinha as levou até Carmen e Yolanda, sua mãe.

*****

Otávio e Rodrigo estavam trabalhando no caixa do supermercado de Ruth quando, de repente, a proprietária se aproximou e falou:
– Vamos fechar o supermercado. Acabei de receber um telefonema comunicando o falecimento da mãe do meu ex-esposo. Eu e Ronaldo estamos seguindo para a cidade onde o corpo será velado. Por favor, atendam apenas aos clientes que já estão dentro do supermercado, quando eles saírem fechem o mercado, por favor. Vamos ficar dois dias sem abrir.
Na saída, Otávio indagou a Rodrigo:
– O que vai fazer agora?
– Vou à escola de Raul. Hoje tem reunião. Quer ir comigo?
– Sim, mas depois você vai me acompanhar até a praça para ver as ciganas dançarem. Hoje vou pagar para uma delas ler sua mão. Você me prometeu... – lembrou Otávio.
– Você insiste nessa história de as ciganas lerem minha mão!
– Eu não vou de coletivo. Vendi os vales-transportes e guardei o dinheiro para quando for lançado o edital do concurso do Corpo de Bombeiros.
– Vou com você.
Ao chegarem à escola em que Raul estudava, dirigiram-se à sala de aula do garoto. Ambos se aproximaram de Raul, que os apresentou à professora, que lhes informou como Raul se comportava e entregou o boletim do garoto para Rodrigo, que, após observar as notas prometeu que conversaria com o irmão. Assim, os três deixaram a sala de aula. Na rua, Rodrigo falou para o irmão:
– Fiquei envergonhado quando a professora disse que você não se comporta bem dentro da sala de aula, conversa demais e seu rendimento escolar deixa a desejar. Como me explica estas notas vermelhas?

Raul abaixou a cabeça e nada disse.

– Eu me mato de trabalhar para nada faltar para você e Olivinha, e a única coisa que peço em troca é que você estude, mas, pelo visto, você não está fazendo isso.

– Você sabe que não gosto de estudar. Se pudesse, nem para a escola iria. Só vou porque você me obriga.

– Eu o obrigo porque você precisa estudar, Raul. Somos pobres e o estudo um dia poderá fazer a diferença em sua vida. Poderá lhe dar uma boa profissão e um bom dinheiro.

– Se o estudo pode ajudar a ter uma boa profissão porque não o ajudou? Você se matava de estudar e hoje trabalha como caixa de supermercado! Acho que o dinheiro que ganha não é assim tão bom, porque lá em casa sempre faltam algumas coisas – falou Raul. – Rodrigo, não gosto de estudar! Por que não entende e me obriga a ir à escola?

– Conversaremos sobre isso quando chegarmos em casa. Vamos buscar a Olivinha mais cedo na creche. Depois, vamos com Otávio em um local que ele deseja que eu vá. Quando chegarmos em casa, teremos uma conversa séria.

– Você promete que não vai brigar comigo por causa das notas?

– Sim. Vamos apenas conversar.

Ficaram em silêncio e seguiram em direção à creche. Otávio nada disse, preferiu não se manifestar.

Depois de pegar Olivinha, eles seguiram para a praça onde os ciganos ficavam. Lá, ficaram apreciando a música e a dança.

De repente, Olivinha soltou a mão de Rodrigo e, aproximando-se das ciganas que dançavam, começou a dançar como elas. As três ficaram admiradas ao observar que a garotinha dançava como se fosse uma cigana; seus movimentos eram perfeitos e bem parecidos com os movimentos que elas faziam. Sem saber como agir, as três pararam de dançar e ficaram apreciando a dança de Olivinha.

Os ciganos que batiam palmas cessaram as palmas, e os músicos continuaram tocando, pois estavam gostando de ver a garotinha dançar.

Raul começou a bater palmas e a dançar, fazendo um belo par com a irmã. Os dois dançavam em perfeita sintonia e tão idênticos à dança cigana que quem os via pensava que eram ciganos legítimos.

Muitas pessoas começaram a se aproximar. Algumas jogaram moedas e cédulas de dinheiro em direção aos dois. As ciganas que estavam sentadas se levantaram ao perceberem que estava sendo jogado dinheiro para o casal de dançarinos. Começaram a bater palmas para incentivar a dança das crianças, na esperança de que mais dinheiro fosse jogado e elas pudessem pegá-lo.

Consuelo deixou a tenda improvisada e se aproximou de Shayera para contemplar Olivinha e Raul. Rodrigo achou engraçado os irmãos dançando, pois ambos demonstravam o quanto estavam alegres e felizes. Era difícil vê-los alegres e felizes desde o desencarne do pai. Segurando nos braços dos dois, falou:

– Parem de dançar. Já foi suficiente. As pessoas estão jogando dinheiro para vocês por pensar que são ciganos, mas vocês não são. Deixem as verdadeiras ciganas dançarem e vamos embora – segurou na mão dos irmãos e avisou Otávio que iriam embora.

Consuelo, que não tinha visto o rosto de Rodrigo, pois quando o rapaz falou com os irmãos tinha ficado de costas para ela, gritou:

– Espere um minutinho rapaz, diga-me em que local seus irmãos aprenderam a dançar como os ciganos.

Rodrigo virou-se e, olhando para ela, não teve tempo de responder à pergunta, pois assim que ela o viu, desmaiou.

Shayera imediatamente se abaixou para socorrer Consuelo. Shiara e outras duas ciganas fizeram o mesmo.

Javier e Sindel correram para saber o que havia acontecido. Javier fixou Rodrigo e olhou para Sindel, que também o olhou, e, ao perceber os olhos azuis do rapaz, voltou a olhar para Javier. Ambos ficaram em silêncio.

As ciganas, ao notarem que todos estavam preocupados com Consuelo, recolheram do chão o dinheiro que tinha sido jogado para Olivinha e Raul.

Shayera e Carmen faziam de tudo para que Consuelo retornasse do desmaio. Carmen pediu para alguém ir à farmácia comprar álcool e algodão. Yago correu e foi buscar.

Rodrigo deixou os irmãos com Otávio e entrando apressado em um bar solicitou que lhe preparasse um copo de água com açúcar. Ao receber a água adocicada, dirigiu-se em direção à Consuelo e a encontrou já se recuperando do desmaio.

– Faça-a beber esta água adocicada que vai lhe fazer bem – disse Rodrigo.

– Afaste-se delas e não chegue perto de Consuelo – gritou Sinval. – Shayera, não dê nada para Consuelo beber, pois ninguém sabe o que ele colocou na água. – Aproximou-se de Rodrigo e, empurrando-o com violência, falou: – Afaste-se. Se ela desmaiou é porque você deve ter pacto com os espíritos das trevas e ser uma pessoa tão ruim que sua péssima energia sufocou a boa energia de Consuelo, levando-a ao desmaio. Afaste-se – empurrou Rodrigo novamente.

– Retire agora mesmo o que falou sobre Rodrigo. Se o conhecesse saberia que ele é uma boa pessoa, bem melhor do que muita gente desta cidade e do que muitos ciganos. Retire o que disse, e se empurrá-lo outra vez vou lhe mostrar como realmente se empurra alguém – disse Otávio, encarando Sinval de punhos fechados.

– Sinval, afaste-se, pois o loiro de olhos azuis não fez nada de ruim para Consuelo. Ele fez algo de bom, pois ao vê-la desmaiada saiu correndo em busca de água adocicada, e isso é sinal de que é uma pessoa do bem – disse Sindel. – Afaste-se dos dois rapazes, não quero que ninguém do meu bando inicie uma briga sem motivo.

Sinval se afastou e de longe ficou olhando desconfiado para Rodrigo e Otávio.

– A senhora se sente melhor? – perguntou Rodrigo para Consuelo. – Pode beber a água que não existe nada de ruim nela. Trata-se apenas de uma água adocicada que vai ajudá-la a se recompor das energias após o seu desmaio.

Shayera entregou o copo para Consuelo, que o pegou sem mencionar nada, mas sentindo uma alegria gostosa. Parecia ter reencontrado alguém querido que havia muito tempo perdera o contato.

Shayera devolveu o copo ao rapaz, que ficou imóvel fixando o rosto da bonita cigana, imaginando de onde a conhecia e indagando o motivo de seu coração estar batendo tão acelerado. Teve a certeza de estar se reencontrando com alguém especial, que talvez com ele já tivesse convivido em vida passada. Espírita, ele acreditava em tudo o que havia aprendido no espiritismo, por essa razão era ciente de que quem já vivera em vidas passadas ao lado de pessoas que lhe foram especiais, poderia voltar a se reencontrar em novas reencarnações.

Shayera se questionou de onde conhecia aquele olhar, pois a forma como o rapaz a fixou lhe fez acreditar que alguém olhara daquela forma para ela. Desviou o olhar e voltou a dar atenção a Consuelo.

– Shayera, por favor, peça a Sindel ou Yago para me levarem ao acampamento. Preciso descansar um pouco, não estou me sentindo muito bem – falou Consuelo.

– A senhora não gostaria de ir a um hospital? Tem um aqui perto e poderei conduzir a senhora e os outros ciganos até o local – disse Rodrigo.

– Prefiro ir para o nosso acampamento. Lá vou descansar um pouco, e isso vai me ajudar a recuperar minhas energias. Obrigada, você é um rapaz bondoso.

– Bondoso até demais, e bondade do povo da cidade para com o nosso povo é suspeito – falou Sinval. – Vá embora com os seus irmãos e seu amigo. Para mim, sua energia é muito ruim, e está fazendo mal à nossa líder espiritual.

– Sinval, quem é você para entender de energia? – perguntou Consuelo. – Quem entende de energias aqui sou eu. Se eu disse que a energia dele é boa é porque ele realmente deve ter um bom coração, pois, entre todas as pessoas da cidade que me viu desmaiar, foi o único que saiu correndo atrás de água adocicada e se preocupou com o meu estado de saúde, oferecendo-se até para me conduzir ao hospital. Devo ter passado mal em razão do forte calor que hoje está fazendo, não foi pela energia dele. Agora, pare de implicar e prepare nossa volta ao acampamento. Preciso descansar.

– Meu nome é Rodrigo, faço votos que a senhora melhore. Hoje à noite, quando for orar, pedirei para Deus enviar os bons espíritos até a senhora, a fim de lhe aplicarem um passe magnético com energias revigorantes. Estarei torcendo por sua recuperação – disse Rodrigo.

– Em minhas orações também pedirei para Deus, Santa Sara Kali e os espíritos protetores do nosso bando para ajudar você e seus irmãos – proferiu Consuelo, encantada com o que o rapaz lhe disse. Por meio de sua fala, logo o identificou como espírita e reconheceu que ele não hesitou em praticar o "Fora da caridade não há salvação".

– Leve-a para o acampamento e cuide bem dela, parece que ela confia em você – disse Rodrigo para Shayera.

Ela o olhou rapidamente e saiu caminhando em direção a Yago, pedindo-lhe algo. Este, aproximou-se de Consuelo e a pegou no colo, carregando-a até uma das carroças.

Assim, o bando partiu para o acampamento.

Rodrigo, os irmãos e Otávio seguiram para sua residência.

CAPÍTULO DEZ

Emboscada

No acampamento, após ter sido colocada em sua barraca, tomado água e se deitado, Consuelo viu que o encontro com Rodrigo provocou aquele desmaio porque pensou ter visto alguém que conhecera no passado e com quem jamais esperava encontrar. Será que o encontro com o rapaz era um alerta? Embora o encontro com Rodrigo lhe despertara uma alegria desconhecida, ficara temerosa do que poderia acontecer com ela e com o bando. Fechou os olhos e fez uma prece para Santa Sara Kali pedindo-lhe para que o espírito Carmecita aparecesse em sua barraca para conversar com ela e lhe dizer se o seu futuro lhe reservava algo de muito ruim que pudesse lhe prejudicar e causar danos ao bando.

Carmecita não apareceu e ela continuou rezando e implorando. Após alguns minutos, percebeu que Carmecita não iria aparecer. Assim, retirou o baralho cigano do bolso da saia decidida a consultar as cartas. A leitura das cinco primeiras revelou-lhe que voltaria a ter contato com Rodrigo. Nas demais, teve uma visão dos olhos azuis do rapaz envoltos em sombras. Preocupada, guardou o baralho no bolso e deixou a barraca. Procurou Sindel e Javier e chamou-os para conversar no riacho. Ao chegaram lá, pediu para Sindel apagar o cigarro, pois a fumaça fazia mal para Javier e para ela também, além de prejudicar sua saúde.

– Consultei o baralho cigano dentro da minha barraca e ele me mostrou os olhos azuis do rapaz, cuja visão lá na praça me fez desmaiar, envolvidos em sombras. Acredito que um grande perigo possa estar chegando ao nosso bando.

– Aquele rapaz me pareceu ser boa pessoa. Penso que ele não represente um perigo – falou Sindel.

– Não é ele que representa o perigo, pois as sombras envolviam seus olhos... o perigo são as sombras, ou seja, alguém que convive com ele e que de algum modo pode nos prejudicar – falou Consuelo.

– As duas pessoas que poderiam nos prejudicar não vivem mais nesta cidade nem nas cidades circunvizinhas à Foz do Iguaçu. Eu e seu irmão fizemos de tudo para que abandonassem a cidade, inclusive as acompanhamos no dia em que partiram... E isso foi há muito tempo. Por tudo isso, não imagino quem convive com o rapaz que pode representar perigo ao bando – disse Javier.

– Eu também não imagino, mas se o baralho me mostrou tal visão, precisamos ficar alertas. Caso percebamos que as sombras que envolvem os olhos do rapaz estão vindo em nossa direção, precisaremos saber como lidar com elas – disse Consuelo. – O fato de ele se aproximar de nós não representa nenhum perigo, pois vê-se que é boa pessoa.

Os três conversaram por mais dez minutos e depois retornaram ao acampamento. Sindel e Javier reuniram o bando na frente da barraca de Consuelo e a líder espiritual disse:

– Não vamos mais durante o restante dos dias desta semana ler a sorte do povo da cidade naquela praça em que estávamos. Os membros do conselho providenciarão escola e colégio para os jovens e as crianças. Vou providenciar um curso para Shayera, que vai ajudá-la como aprendiz de líder espiritual. Na próxima semana, voltaremos para a cidade e procuraremos outra praça. Que Santa Sara Kali abençoe os conselheiros do bando para que encontrem uma boa escola e um bom colégio, que não colocarão empecilhos para nossas crianças e jovens estudarem.

– Tia Consuelo, ontem, quando jogou as cartas do baralho cigano, a senhora nos disse que as cartas nos revelavam que devíamos continuar lendo a sorte do povo da cidade na mesma praça durante toda a semana, pois iríamos ganhar um bom dinheiro. Isso se confirmou, pois o dinheiro que jogaram para o casal de crianças foi muito bom. Se sempre vivemos de acordo com o que o baralho revela, como podemos virar as costas para ele, e, automaticamente, para Santa Sara Kali, que todos sabemos que fala por meio das cartas? Se fizermos isso, a maldição não cairá sobre o nosso bando? – perguntou Shiara.

Consuelo ficou em silêncio, pois, estudiosa dos livros da codificação espírita, sabia que nenhuma maldição acometeria o bando, porque ninguém é amaldiçoado simplesmente por não seguir à risca o que, em passado bem distante, uma líder espiritual inventou sobre o desrespeito ao baralho, a fim de ter certo controle sobre a vida dos ciganos do bando. Mas, desde pequenina foi ensinada a sempre respeitar o baralho e Santa Sara Kali e jamais ir contra eles, muito menos virar-lhes as costas. Aprendeu com a antiga líder espiritual tudo a respeito das maldições que podem acometer o povo cigano e como livrá-los da maioria das maldições. Santa Sara Kali, o baralho cigano e as maldições são da cultura deles, como líder espiritual, ela tinha de respeitar sua cultura; afinal, tinha feito um juramento de que sempre manteria viva a cultura do povo. Precisava pensar em algo para não ir contra o que as cartas revelaram.

– Se o baralho cigano nos mandou continuar na praça, nela continuaremos. No entanto, você, Shayera, Juan, Ciganinha e as crianças do bando precisam estudar. Yago e Sinval também precisam se matricular em uma faculdade; amanhã, não vamos trabalhar, assim podemos providenciar a escola, o colégio e a faculdade deles – completou Consuelo. – Shayera, siga-me para dentro de minha barraca. Vamos continuar com o treinamento – entrou na barraca e Shayera a acompanhou.

Shiara chamou Sinval e lhe disse:

– Achei muito estranho tia Consuelo ter desmaiado quando olhou para aquele rapaz loiro. E é estranha sua atitude de não querer ir trabalhar amanhã na praça. Algo me diz que ela ficou muito perturbada ao ter visto o rapaz. Descubra tudo sobre ele e depois me conte.

– O que ganharei? – perguntou Sinval. – Descobrir essas informações de um rapaz do povo da cidade não é tarefa fácil. Já lhe fiz alguns favores e não ganhei nada em troca. Sei que temos uma parceria, mas até agora somente você lucrou.

– O que você quer?

– Ter mais intimidade... – respondeu Sinval.

– Você sabe muito bem que uma cigana só tem intimidade com o esposo. Não fui prometida em casamento para você – disse Shiara. – Não quero intimidades com homens ciganos, meu sonho é ser a aprendiz de líder espiritual e descobrir os segredos do baralho cigano. Para isso, preciso ser pura.

– Para mim, a aprendiz e a líder espiritual serem puras é uma grande bobagem. Quando eu tiver o meu bando vou abolir essa tradição absurda, e caso você se torne a aprendiz poderá se casar comigo e ser a líder espiritual.

– Eu só não me tornarei a aprendiz de tia Consuelo se você se revelar um inútil e não me ajudar a conseguir o cargo que é de Shayera. Precisamos eliminá-la do nosso caminho e para isso necessito de você, que é um cigano forte, corajoso e não teme nada – esfregou-se nele. – Você quer se casar comigo e quer que eu seja sua líder espiritual porque é apaixonado por mim? – perguntou de forma sensual.

– Sou perdidamente apaixonado por você e quero tê-la só para mim. Sei que você também me quer como homem; por duas vezes saiu em minha defesa na frente de todo o bando: quando o seu pai quis me expulsar e quando eu manifestei o desejo de fazer um curso superior. Se me defendeu por duas vezes é porque me ama e quer ser minha esposa.

– Eu saí em sua defesa porque temos uma parceria, e se a temos devemos ajudar o outro quando ele necessitar. Foi o que fiz, não porque sou apaixonada por você, sendo assim, por que iria querer me casar com você? Embora seja jovem, forte, tenha um pouco de beleza física e seja um membro do conselho, não o amo e não quero me casar com você. Mas nada impede que um dia eu me apaixone perdidamente por você, da mesma forma que é apaixonado por mim. Uma mulher se apaixona por um homem quando ele é capaz de fazer qualquer coisa que ela lhe pede, pois isso demonstra que ele realmente a ama e com ela quer se casar. – Abraçou o rapaz de supetão e o beijou com volúpia. De repente, empurrou-o: – Se realmente é apaixonado por mim, retire Shayera do meu caminho e eu serei sua.

– Como vou tirá-la do seu caminho se ela foi escolhida por Carmecita e pelo baralho para ser a aprendiz?

– Ela só poderá continuar sendo a aprendiz se permanecer pura. Você é homem, forte e deve saber como fazer uma mulher perder a pureza. Arme uma emboscada e faça Shayera perder a pureza – aproximou-se dele e sussurrou em seu ouvido o tipo de emboscada, prometendo ajudá-lo para a culpa ser atribuída a Yago.

– Você é muito má – disse Sinval.

– Não sou má, apenas estou tentando conseguir o que quero. Caso consiga, você também vai se beneficiar quando eu for a aprendiz. Se quiser mesmo montar o seu bando vai precisar dos segredos do baralho para ajudá-lo a atingir seu sonho. Ao me tornar a aprendiz, tia Consuelo ensinará os segredos para mim. De posse deles, poderei usá-los em seu benefício. Tendo o seu próprio bando, será você quem escreverá a lei, e se nessa lei a líder espiritual não necessitar ser pura, eu me caso com você – voltou a abraçá-lo e beijá-lo. Depois disse: – Arme a emboscada. Retire Shayera do meu caminho e terá os seus dois sonhos realizados: o seu próprio bando e a mulher que ama.

– E se não der certo?

– Eu vou ajudá-lo, nada vai dar errado, mas, se der, existe outra forma de eliminar Shayera do caminho. Essa não dará errado e vai nos ajudar a ter o que queremos.

– Que forma? – indagou Sinval se aproximando dela e dando-lhe novo beijo.

Shiara correspondeu ao beijo e, passando as mãos pelo corpo do rapaz, disse:

– Mate-a e jogue o corpo dela no riacho.

– Você enlouqueceu, Shiara? – perguntou, empurrando-a assustado.

– Não, mas para conseguir o que quero faço qualquer coisa. Tem gente morrendo todo dia, uma morte a mais ou a menos não fará diferença. Com exceção de Yago e papai, todos os membros do bando devem cobiçar o baralho e seus segredos, inclusive você e eu. Se o tivermos trabalhando para nós, teremos tudo o que quisermos. Eu me torno a aprendiz e você, um cigano muito rico, líder de um bando e casado com a mulher que ama. Juntos, seremos os ciganos mais importantes que já existiu!

Sinval ficou pensando no que ela lhe disse e a cobiça lhe despertou o desejo de eliminar Shayera do caminho de Shiara. Sabia que quando Consuelo se tornou líder espiritual do bando, Sindel, que já tinha um pouco de dinheiro deixado pelo pai, passou a ter mais dinheiro e a comprar imóveis na Argentina, pois a irmã estava sempre lhe dizendo o que deveria fazer para ficar mais rico. Se ela, usando os segredos do baralho, tinha ajudado o irmão, Shiara, ao se casar com ele, também faria o mesmo. Contudo, matar alguém era algo que não faria, pois Consuelo sempre dizia que um assassino muito sofre quando vivo e, mais ainda, depois de morto. Não queria sofrer, então resolveu que o mais acertado era armar a emboscada.

– Não vou matar Shayera, porque não sou assassino, mas vou tirá-la do seu caminho. Farei uma emboscada. Mas quero sua palavra que quando você se tornar a aprendiz realmente vai usar os segredos do baralho para me ajudar a ter meu bando e se casará comigo. Só prepararei a emboscada após você empenhar sua palavra.

Shiara empenhou a palavra e, ajoelhando-se, juntou as mãos em forma de prece e olhado para o céu jurou em nome de Santa Sara Kali que prometia usar os segredos do baralho para Sinval poder realizar os seus dois sonhos. Levantando-se, beijou o rapaz e pediu para não demorar a armar a emboscada – deu-lhe outro beijo com volúpia e saiu caminhando e rebolando em direção à barraca dos pais, certa de que ele iria ajudá-la a retirar Shayera do seu caminho, mas nunca iria usar os segredos do baralho em benefício de Sinval, usaria a favor dela, a fim de montar seu próprio bando e, ao mesmo tempo, ser a líder do bando e a líder espiritual, tornando-se uma cigana muito importante e admirada por todos.

CAPÍTULO ONZE

Encontros

– Rodrigo, por que você e seus irmãos chegaram tão cedo? – indagou Calina assim que os viu entrar na residência acompanhados por Otávio. – Você deveria estar trabalhando, Raul estudando e Olivinha na creche.

– A mãe do ex-esposo da dona Ruth desencarnou e o supermercado ficará fechado por dois dias. Vou aproveitar para dar um pouco de atenção à Olivinha e ao Raul. Vou levá-los ao parquinho da praça do outro bairro para se divertirem um pouco, auxiliar Raul em suas atividades escolares e levá-los à sorveteria.

– Você não precisa dar-lhes atenção, os dois gozam de ótima saúde. Sua atenção tem de ser dada para sua mãe, que é uma mulher enferma e vive infeliz. Não permitirei que gaste o dinheiro dos meus remédios para comprar porcaria de sorvete para seus irmãos. Eles não precisam tomar sorvete; somos pobres e sorvete é para os ricos. Você já gastou parte do dinheiro com aquela porcaria de ingresso de jogo para o seu irmão. Se usar o restante, ficarei sem os medicamentos e poderei morrer. E a culpa será sua, que é um filho ingrato e nada faz para sua mãe.

– Eu já comprei os remédios da senhora e os coloquei na gaveta do seu guarda-roupa. O dinheiro que vou usar não nos fará falta. Vou passear com eles porque quero vê-los felizes.

— O pai de vocês morreu e todos deveriam respeitar o luto, não ficar se preocupando em ser feliz. Tenho certeza de que quando eu morrer e for viver com ele, você, que é um filho ingrato e sem coração, dará uma festa, em vez de ficar velando o meu corpo.

— Se Rodrigo não der essa festa, eu darei no lugar dele, porque se livrar da senhora, que é rabugenta e incapaz de reconhecer tudo o que ele faz pela senhora será motivo de grande alegria – disse Otávio. – Eu sou testemunha de que o Rodrigo respeitou o luto do pai. Mas depois de um mês, teve de seguir a vida e foi à luta em busca de emprego para poder manter as despesas desta casa e pagar os remédios caros que a senhora faz questão de tomar, em vez de criar vergonha na cara e sair dessa depressão, que já virou novela, porque tem cinco anos que a senhora vive deprimida e não faz nenhum esforço para melhorar. Tudo que a senhora faz é se trancar naquele quarto, assistir à televisão, chorar, ser rabugenta e reclamar com o Rodrigo, que é bom filho e bom irmão e não merece ser tratado da forma como a senhora o trata. Ele está correto em não viver o resto da vida triste e chorando só porque o pai morreu. Nem ele nem os irmãos, e já que a senhora não é capaz de proporcionar alegria aos seus filhos, ele vai proporcionar, porque ama os irmãos e só quer o bem deles. Por tudo isso, usará o dinheiro que ele ganha com o suor do trabalho dele e comprará sorvete para Olivinha e Raul, algo que a senhora é quem deveria comprar, porque os filhos são da senhora, não do Rodrigo, e quem devia comprar coisas gostosas para eles é a senhora, que os colocou no mundo.

— Você não é bem-vindo na minha casa. Eu já o expulsei várias vezes e mesmo assim você retorna para se intrometer em assuntos que não lhe dizem respeito. Rua! – gritou Calina, apontando a porta.

Otávio a ignorou e, sentando-se no sofá, pediu para Olivinha se sentar perto dele. Iria lhe contar uma historinha enquanto Rodrigo conversava com Raul. A menina perguntou:

— Rodrigo, amanhã você me leva para ver os ciganos e me deixa dançar?

— Ver ciganos onde, Rodrigo? Que ciganos? – quis saber Calina, fingindo não ter reparado que Otávio a ignorara.

– Os ciganos estavam em uma praça, mas não sei quem são – respondeu Rodrigo caminhando em direção ao quarto com o irmão.

Quando os dois entraram, Rodrigo fechou a porta. Sentaram-se na cama e Rodrigo, retirando o boletim escolar do bolso, falou:

– Você só tem duas notas azuis, as outras são vermelhas. Por qual motivo fica conversando em sala de aula quando deveria prestar atenção no que a professora explica e ensina?

– Eu já te falei que não gosto de estudar, tenho preguiça de ir à escola, mas você me obriga a fazer o que não gosto – falou Raul.

– Eu já te disse que se você não estudar, quando crescer acabará sem profissão. Imagine o quanto é ruim não saber fazer nada! Sem profissão, nunca vai poder convidar sua namorada para tomar um sorvete, levá-la ao cinema ou jantar em algum restaurante. Hoje em dia, para trabalhar é necessário ter um pouco de estudo. Assim, você tem de estudar enquanto é criança, porque se abandonar os estudos, depois será muito difícil retomá-los.

– Para ser gari da prefeitura precisa estudar?

– Sim, pois tem de fazer concurso público e passar na prova, e só se passa em prova estudando – explicou Rodrigo.

– Que chatice! Deveria existir uma profissão que não precisasse estudar para executá-la. Eu não tenho nenhuma alegria quando vou para a escola, e nada me motiva – reclamou Raul.

Rodrigo ficou olhando para o irmão pensando em como poderia ajudá-lo. Lembrou-se do quanto ele gostava de jogar videogame na casa de Otávio e disse:

– Se você começar a estudar eu vou comprar um videogame e deixá-lo se divertir todos os dias com ele.

– Você não tem dinheiro. Eu já lhe pedi para comprar um e você sempre fala que é muito caro e que seu dinheiro só dá para comprar alimentos, pagar as contas da casa e comprar remédios. Quer me enrolar só para eu estudar, mas não vou me interessar pelos estudos, porque não gosto.

– Vou comprar e parcelar em algumas prestações, porém só se me prometer que vai se interessar pelos estudos.

– Quando você vai comprar?

– Só quando você me apresentar seu próximo boletim escolar e as notas forem todas azuis. Dessa forma, você se anima a estudar, pois saberá que se conseguir boas notas terá o seu videogame, e se não estudar nunca terá um. Todas as tardes, quando eu chegar do supermercado, vamos estudar na mesa da cozinha. Você estudará o que a professora estiver lhe ensinando e eu estudarei para as provas do Concurso dos Bombeiros. Enquanto estiver estudando, vou ajudá-lo em suas dificuldades escolares. Combinado?

– Se só assim vou ganhar o videogame, está combinado – falou Raul.

– Amanhã já começaremos a estudar juntos – disse Rodrigo. – Agora, vamos voltar à sala e chamar Olivinha e Otávio para irmos à sorveteira.

Os dois deixaram o quarto e Rodrigo convidou a mãe para ir com eles tomar sorvete. Ela se enrolou na coberta e, deitando-se no sofá, disse ser fiel ao luto do esposo, e que sua depressão era prova dessa fidelidade. Eles se despediram e deixaram-na na residência.

*****

Na manhã de quinta-feira, Rodrigo levantou-se bem cedo. Preparou o café e acordou os irmãos. Pediu que escovassem os dentes e rapidamente se vestissem. Depois, serviu-lhes o café, pegou a mochila de Olivinha e levou-os à escola.

Ao chegar ao supermercado, encontrou-o com as portas fechadas e ficou aguardando. Logo Otávio chegou. Rosália também desceu e dando bom-dia para Rodrigo dirigiu-se ao colégio, que ficava em frente ao supermercado.

– Rodrigo, olhe quem está chegando ao colégio – apontou Otávio. – As ciganas que estavam dançando na praça e três ciganos. Mas não vejo Ciganinha entre eles. Vou perguntar-lhes se ela não vai estudar. Venha comigo! – chamou, já se dirigindo ao portão do colégio.

– Bom dia! Meu nome é Otávio e sempre vou à praça para vê-las dançarem. Vocês vão estudar aqui? – perguntou para Shayera e Shiara.

– Não, não vamos estudar neste colégio. Viemos fazer compras – respondeu Shiara. – Que pergunta idiota! Qualquer um sabe que se alguém está no portão de um colégio com cadernos e canetas nas mãos só pode ter vindo para estudar!

Sinval e Juan sorriram. Shayera e Yago nada disseram.

– Poderiam ter vindo dançar ou ler a mão dos estudantes, já que é isso que fazem; jamais imaginei que estudassem, pensava que ficavam sempre à toa: cantando, dançando e lendo mãos – falou Otávio. – Pelo menos duas ciganas dançam muito bem: a Ciganinha e essa outra – apontou para Shayera. – Já você, se tem algo que não sabe fazer é dançar.

Rosália e outras colegas de turma caíram na gargalhada. Yago, Shayera e Juan também sorriram. Sinval e Shiara não gostaram do que ouviram.

– Se você pelo menos entendesse de dança cigana, eu até poderia acreditar que não danço bem. Mas imbecil como é, a ponto de não perceber que Ciganinha só o enrola, pois é comprometida com Juan e com ele vai se casar, logo se percebe que não entende as mulheres ciganas – disse Shiara. – Ainda bem que Ciganinha vai estudar em outro colégio e não foi obrigada a ter esse triste encontro logo cedo. Pelo visto, terei um péssimo dia, pois mal ele começou e já encontro um paspalho na minha frente – virou-se para Juan. – Você, que vai se casar com Ciganinha, deveria dar uma boa lição nesse idiota, que fica correndo atrás de sua futura esposa. Se ela fosse prometida a outro cigano, tenho certeza de que ele já teria dado um jeito de esse imbecil não ficar de gracinha com ela.

– Todos do bando sabem que Ciganinha não me ama e não quer se casar comigo. Yago me ensinou que um cigano só deve se casar com a cigana que o ame, pois só assim ela o fará feliz e os dois viverão alegres no bando – falou Juan. – Eu acredito no que Yago me fala, e como também não a amo, juntos encontraremos uma forma de não sermos obrigados a nos casar.

– Yago a ensinou errado, pois todo cigano deve se casar com a cigana que lhe foi prometida. Se ele se casar por amor, nunca teremos crianças ciganas nascendo no acampamento – disse Sinval.

– Yago não é o cigano mais indicado para ensiná-la sobre casamento e amor, é só se recordar do que ele fez – olhou para Shayera. – Se eu fosse você já teria feito o sangue jorrar do nariz desse aí – olhou para Otávio – toda vez que ele tivesse se insinuado para Ciganinha.

– Mas você não é Juan. Nossas mulheres são bonitas, dançam bem e sempre despertaram interesse em muitos rapazes da cidade. Ciganinha, por ser jovem, bonita e dançar bem, tem todo o direito de ter um rapaz da cidade correndo atrás dela; e se ele gostar dela, deve correr atrás, porque todo homem tem de ir atrás da mulher que ama, não atrás da mulher que faz pouco caso dele – disse Yago olhando para a irmã. – Juan e Ciganinha estão certos em não querer se casar sem amor, vou apoiá-los. – Aproximou-se de Otávio e continuou: – Enquanto estivermos na cidade você pode ir à praça quantas vezes desejar para observar Ciganinha dançar e conversar com ela. Vá mesmo e aproveite, pois quando levantarmos acampamento e formos embora, você não terá como se encontrar com aquela que encanta seus olhos e deve fazer seu coração bater acelerado toda vez que a vê dançar. Durante esses encontros, respeite-a e não ouse fazer nada contra sua pureza, senão serei o primeiro a fazer o sangue jorrar pelo seu nariz. Mas acredito que não ousará, pois, se realmente gosta de Ciganinha, saberá ser respeitador. Ela está estudando em uma escola que fica no próximo bairro.

– Obrigado pela informação! – agradeceu Otávio.

– Não conheço muitos ciganos, mas você parece pensar e agir diferente do seu povo – disse Rodrigo. – O que falou em relação ao amor e o que disse para o meu amigo denotam que você é uma pessoa sábia. Continue com sua sabedoria, pois penso que ela vai ajudá-lo a viver bem sua presente reencarnação – fixou Yago, que olhando dentro dos olhos azuis de Rodrigo, sentiu estar na frente de um amigo e inimigo ao mesmo tempo, algo estranho...

Rodrigo chamou Otávio para irem trabalhar. O supermercado já estava abrindo as portas. Antes de sair, olhou rapidamente para Shayera, que sustentou o olhar por três segundos e depois olhou para o chão.

Rodrigo caminhou apressado para o supermercado. Otávio o seguiu.

Vendo-os se distanciar, Shiara acreditou ter feito a coisa certa para Otávio, assim lhe deu o troco por ele não ter sucumbido às suas investidas quando ela passou a assediá-lo.

Quando a sirene do colégio soou, Yago e Sinval entraram na caminhonete e voltaram para o acampamento. Juan, Shiara e Shayera entraram no colégio e se dirigiram à secretaria. Após saberem qual sala iriam estudar, encaminharam-se para lá.

A aula transcorreu normalmente. Durante o intervalo, Shiara ganhou dinheiro lendo a mão de algumas alunas, que, ao descobrirem que ela lia a sorte, ficaram interessadas em saber o que o futuro lhes reservava.

Quando a sirene soou anunciando o fim das aulas, Yago e Sinval estavam dentro da caminhonete esperando-os.

Rodrigo se ausentou do caixa e ficou na frente do supermercado observando a saída dos alunos. Ao avistar Shayera ficou olhando para ela, e a moça, como se pressentisse alguém observando-a, lançou o olhar na direção do supermercado e o avistou. Ele fez tchau para ela. Shayera, sem corresponder à saudação, subiu na carroceria da caminhonete e com os demais seguiu para o acampamento.

No dia seguinte, Sinval e Yago chegaram na frente do colégio quarenta minutos antes da saída dos alunos. Deixando Yago dentro da caminhonete, Sinval entrou no supermercado, pegou um carrinho e começou a fingir que estava fazendo compras. Colocou algumas mercadorias dentro do carrinho e iniciou uma conversa com dois funcionários. Memorizou bem as respostas para depois informar à Shiara o que tinha descoberto sobre Rodrigo. Abandonou o carrinho em um corredor e regressou para a caminhonete. Com Yago, ficou aguardando Shiara, Juan e Shayera.

*****

No sábado, às treze horas e quarenta minutos, Rodrigo se aproximou da mãe e disse:

– Estou indo com Olivinha e Raul para a casa espírita. A senhora não gostaria de ir?

– Sabe que não gosto de ir ao Centro Espírita. Não sei por que me convida para ir com vocês. Aquele lugar não tem nada de bom para nos oferecer. Quando seu pai morreu fui duas vezes e aquele povo, que diz ver os espíritos e conversar com eles, nunca me deu notícia de seu pai. Se não deram, é porque são mentirosos e não veem nem escutam os espíritos. Por que você vai todo sábado e arrasta seus irmãos se eles nunca lhe dão notícias do seu pai?

– Porque não vou à casa espírita em busca de notícias do papai. Vou porque o espiritismo é a minha religião e eu me sinto bem. Frequento para aprender o que a Doutrina Espírita ensina, e, na medida de minhas capacidades, tentar colocar o ensinamento em prática me esforçando para ser um bom cristão, capaz de praticar o "Fora da caridade não há salvação" – respondeu Rodrigo.

– Não sei que caridade pratica, pois não temos dinheiro nem para nós, quanto mais para doar aos pobres.

– A caridade não é praticada apenas comprando alimentos para os mais carentes. Ela é praticada de diversas formas. Ser tolerante com alguém que só reclama e vive depressivo e triste dentro de sua própria casa, é uma das caridades mais difíceis de praticar; mesmo assim, procuro colocá-la em prática. Estou indo.

Os três seguiram para o Centro Espírita. Lá, depois de cumprimentar algumas pessoas, Rodrigo conduziu os irmãos à sala de evangelização, onde, com outras crianças, eles aprenderiam algumas filosofias da Doutrina Espírita.

Depois, seguiu para a sala onde participava de um curso para médiuns. Cumprimentou os participantes e, sentando-se em uma cadeira, aguardou o início da aula.

Em outra sala, após ser informada que alguém desejava falar com ela, Yasmin foi até o local e, ao descobrir quem a estava aguardando, exclamou:

– Consuelo, minha amiga, quanto tempo! – abraçou carinhosamente a mulher.

Após o abraço, Consuelo apresentou Yago e Shayera. Yasmin os levou para a sala dela e, apontando para as cadeiras, pediu para se sentarem.

– Não sabia que estavam no Brasil. A última carta que você me enviou foi da Argentina. Eu enviei resposta à sua carta para a caixa postal da agência dos Correios de Rosário. Espero que tenha recebido.

– Eu recebi, mas não escrevi de volta porque decidimos vir para o Brasil e ficar algum tempo em Foz do Iguaçu. Enquanto estivermos nesta cidade aproveitarei para frequentar a casa espírita, assistir às palestras públicas e receber alguns passes. Além de ajudar nos serviços sociais que a casa oferece – falou Consuelo, que, virando-se para Yago e Shayera, disse: – Eu e Yasmin estudamos juntas quando eu fiz o curso de Direito na universidade pública de Maringá, uma cidade aqui do Paraná. Nos fins de semana, quando o bando estava em outras cidades ou outros países, Yasmin me convidava para vir para Foz do Iguaçu e eu ficava hospedada na casa dos pais dela. Com eles, frequentava esta casa espírita, e o espiritismo, que é uma religião fundamentada em uma fé raciocinada, ajudou-me a trabalhar e educar minha mediunidade e a compreender que sem praticar o "Fora da caridade não há salvação", dificilmente eu seria capaz de crescer moralmente. Shayera, a pessoa bondosa que eu observei praticando a caridade sem nenhum interesse foi o pai de Yasmin. Ele é um homem calmo, inteligente, humilde e caridoso, que me ensinou muita coisa sobre como os espíritos se manifestam e como devemos lidar com eles. Quando fiz o curso sobre mediunidade, foi o pai de Yasmin quem o ministrou. Ele continua dando o curso? – perguntou para Yasmin.

– Quem dá as aulas agora sou eu. Papai é o presidente e está se saindo muito bem no cargo.

Consuelo explicou o motivo de sua ida à casa espírita para Yasmin, e depois conversarem por dez minutos, Yasmin os convidou para irem à sala onde o curso era ministrado, pois uma nova aula teria início. Os quatro foram para a sala e Yasmin disse:

– Boa tarde, pessoal! Esta é Consuelo – apontou para a cigana – e estes são Yago e Shayera. Eles são ciganos do bando de Sindel.

Consuelo é amiga do meu tempo de juventude e há alguns anos não nos encontrávamos. Hoje ela me procurou e me fez um pedido. Após ouvi-la, resolvi atender ao seu pedido e permiti que Shayera frequente o curso que vocês iniciaram há duas semanas. Yago é uma espécie de guarda-costas de Shayera, que é aprendiz de Consuelo, líder espiritual do bando. Toda aprendiz tem de ter um protetor, isso faz parte da tradição a qual eles pertencem. Yago ficará nas dependências, mas não frequentará o curso. – Virando-se para Shayera, falou: – Fique à vontade, logo iniciaremos a aula.

Shayera, observando que ninguém estava sentado no fundo da sala, dirigiu-se ao local e sentou-se.

– Shayera, por favor, sente-se perto dos demais. Aí onde se sentou, talvez não escute minha voz enquanto eu estiver ministrando a aula. Tem uma carteira vazia perto de Rodrigo. Sente-se ao lado dele.

– Prefiro ficar sentada aqui. Tenho uma boa audição e se daqui escutei seu pedido para mudar de assento, quando a senhora estiver ministrando a aula também vou escutá-la. Os ciganos não gostam de se misturar com o povo da cidade.

– Compreendo. Vou me ausentar rapidinho para levar Consuelo até a presença dos meus pais e deixá-la à vontade na casa espírita com Yago. Logo volto para iniciarmos a aula – disse Yasmin, deixando a sala e sendo seguida por Consuelo e Yago.

****

Durante a aula, Rodrigo virou a cabeça e olhou para Shayera sem nada dizer. A cigana fechou a cara e imediatamente olhou em outra direção.

Durante o intervalo de dez minutos, depois de ter tomado água, Rodrigo se aproximou de Shayera, que estava sentada ao lado de Yago no pátio da casa espírita, e falou:

– Shayera, se você desejar posso emprestar-lhe minhas anotações dos outros dois sábados. Assim você fica sabendo o que Yasmin já nos ensinou antes de você iniciar o curso.

Yago respondeu:

– Não precisa se preocupar em passar suas anotações para ela. Yasmin falou que fará um resumo do que já ensinou no curso. Você está fazendo o curso porque vê e conversa com os espíritos? – perguntou Yago.

– Minha mediunidade ainda não despertou, por esse motivo, ainda não sei se serei médium vidente ou de psicofonia – respondeu Rodrigo. – Yasmin sugeriu que eu fizesse o curso porque já sou médium passista e doutrinador.

– O que é um médium passista e doutrinador? – quis saber Yago.

– Um médium passista é aquele que aplica passes, que é o ato de passar as mãos por cima da cabeça da pessoa e parte do seu corpo, a fim de lhe transmitir boas energias. Doutrinador é aquele que, por intermédio da psicofonia de um médium, conversa com os espíritos e tenta ajudá-los ou convencê-los a não prejudicar os encarnados – explicou Rodrigo.

– Parece ser algo interessante – disse Yago. – Uma vez, tia Consuelo me disse que existem espíritos das trevas que perseguem os vivos, sugando suas energias e lhes causando grande mal, e que para nos livrarmos deles temos de ser boas pessoas encarnadas, rezar por eles e praticar o que ela chama de "Fora da caridade não há salvação". Ela aprendeu isso com vocês que são espíritas e vive praticando em nosso bando; ela é a boa alma que Deus e Santa Sara Kali enviaram para ajudar-nos. Você, que é espírita, também pratica essa caridade e é uma boa alma para o povo da cidade? – perguntou olhando dentro dos olhos de Rodrigo e voltando a ter impressão de estar na frente de um amigo e de um inimigo.

– Se sua tia consegue praticar o que aprendeu com os espíritas e é a boa alma do bando, ela deve ser um espírito evoluído que reencarnou em missão – respondeu Rodrigo. – Não sou uma boa alma como sua tia, sou apenas um espírito reencarnado pagando débitos de vidas passadas. Por esse motivo, nem sempre sou capaz de praticar a caridade para comigo mesmo nem para com as demais pessoas. Tenho muitas falhas que ainda precisam ser corrigidas, e para isso ainda tenho de enfrentar muitas lições; se souber aproveitá-las, os ensinamentos vão me ajudar em meu crescimento moral. Enquanto isso não acontecer, não serei boa alma.

– Você fala parecido com a tia Consuelo. Embora todos do bando saibam que ela é a nossa boa alma, ela sempre comenta ter reencarnado para pagar débitos de vidas passadas. Eu acho legal essa forma que vocês pensam e vivem. Tento, na medida de minhas possibilidades, colocar em prática o que vejo minha tia praticando, mas não é nada fácil, porque assim como você, não sou uma boa alma.

– Se você já é ciente de que ainda não é uma boa alma, continue praticando os bons exemplos de sua tia, pois de prática em prática, um dia eles farão parte de você, que terá conseguido se tornar uma segunda boa alma para o bando. Já o conheci no dia em que sua tia desmaiou e nos encontramos no portão do colégio que Shayera estuda, mas não fomos apresentados. Meu nome é Rodrigo – estendeu a mão direita.

Yago apertou a mão que lhe foi estendida dizendo que seu nome era Yago e pertencia ao bando de Sindel. A impressão que o rapaz lhe passava de ser um amigo e inimigo voltou a se apoderar dele. Ao puxar a mão, achou que Rodrigo era uma boa pessoa, era espírita como a tia e pensava e parecia viver como ela, não poderia ser um inimigo. Ia conversar com a tia para que ela lhe explicasse o motivo de sentir tal impressão, pois tinha aprendido que, embora não gostemos de alguém, quando nos encontramos com a pessoa, não podemos virar-lhe as costas, pois isso não seria atitude de bom cristão.

– Qual é a sua mediunidade, Shayera? – inquiriu Rodrigo fazendo Yago interromper a sequência de pensamentos. – Shayera, observo que esta é a terceira vez que temos encontros casuais nesta semana. Primeiro, foi quando Consuelo desmaiou. Depois, na frente do colégio, e agora, aqui na casa espírita. Talvez a vida deseje nos dizer alguma coisa com esses encontros e está tentando nos aproximar para sermos amigos.

– Uma cigana só faz amizades com o seu povo, e Shayera já tem amigos – proferiu Yago. – Penso que não é a vida que os está aproximando, pois já reparei que é você que sempre tenta puxar conversa com ela, ou seja, é você que deseja se aproximar dela e se tornar seu amigo, mas se ela nunca responde às suas perguntas nem fala com você, talvez essa seja a forma que ela encontrou para fazê-lo perceber que não deseja sua amizade. Se Shayera não quer ser sua amiga, por favor, procure não se aproximar dela, pois desde que saiu correndo para buscar água adocicada para tia Consuelo e se ofereceu para conduzi-la ao hospital, você me pareceu uma boa pessoa. Respeite Shayera, assim podemos continuar conversando.

Rodrigo notou que Yago era da sua altura, porém mais forte. Sendo guarda-costas da jovem, vivia ao lado dela para impedir que os rapazes da cidade se aproximassem. Não querendo se indispor, disse:

– Compreendo, vou procurar não me aproximar de quem não deseja minha amizade, mas espero ter novas conversas com você, pois apreciei nosso bate-papo – apontou em direção da sala do curso. – Yasmin entrou na sala, o intervalo acabou. Preciso retornar – saiu caminhando.

– Shayera, se ele puxar conversa, ignore-o e não lhe dê atenção. Parece que ele está interessado em você – disse Yago. – Caso insista, avise-me que lhe dou uma lição.

– Vocês estavam conversando como se fossem velhos amigos! Acha que vou acreditar nisso? Yago, você é um bom cigano, uma boa alma, igual sua tia; embora seja o meu protetor não fará nada contra Rodrigo só porque ele tentou falar comigo. Achei-o um bom rapaz quando ajudou a socorrer Consuelo – fez uma pausa e, levantando-se, falou: – Embora queira ser meu amigo e seja um bom rapaz, para mim ele nem existe, pois sou aprendiz de líder espiritual e no dia do juramento prometi para Santa Sara Kali e para o baralho cigano que jamais conversaria ou me relacionaria com um homem da cidade. Envolver-me com um rapaz do povo é algo que certamente jamais o farei. Agora, tenho de voltar para a sala de aula.

Lá, Rodrigo olhou uma vez para trás e esboçou um sorrisinho para Shayera, que, embora achou a coisa mais linda, fechou a cara e olhou para outra direção. Rodrigo recordou-se da fala de Yago e não olhou mais para trás.

Shayera o contemplava pelas costas se indagando o motivo de Santa Sara Kali, naquela semana, ter permitido que ela tivesse alguns encontros com Rodrigo. A santa dos ciganos só poderia estar testando sua lealdade ao juramento, pois desde a primeira vez que viu o rapaz sentiu algo diferente. Depois que o encontrou no portão do colégio, não parou mais de pensar nele e imaginar como seria ser abraçada e beijada pelo jovem. De repente, pediu para que Santa Sara Kali expulsasse aqueles pensamentos da sua mente e não permitisse novos encontros com Rodrigo, e a ajudasse a não pensar mais nele. Assim, voltou a prestar atenção no que Yasmin explicava.

Quando a aula acabou, Shayera saiu apressada. Yago, ao vê-la, aproximou-se e disse-lhe que a tia a aguardava em um salão onde iriam escutar uma palestra. Ambos seguiram para lá.

Transcorridos quinze minutos, o pai de Yasmin entrou no salão. Fez uma prece e informou que a palestra seria proferida por Rodrigo e pela jovem, que falariam sobre "O trabalho dos jovens na casa espírita". Deixou-os à vontade e se sentou ao lado da esposa e da filha.

Enquanto Rodrigo falava, Shayera não desgrudava os olhos dele. Questionava-se porque Santa Sara Kali tinha ignorado sua oração. Devia ser porque realmente estava testando sua fidelidade ao juramento. Contudo, ela venceria o teste e daria um jeito de parar de pensar em Rodrigo e desejar coisas que não lhe eram permitidas.

Abriu um folheto e começou a lê-lo, ignorando o que estava sendo dito por Rodrigo e pela jovem durante a palestra. De vez em quando, retirava o olhar do folheto e olhava para Rodrigo. Ao concluir a leitura, ficou sem saber o que fazer e voltou a olhar para Rodrigo. Observava-o ministrando a palestra e pensava que só olhar para ele não a fazia ser infiel ao juramento.

Depois da palestra, os ciganos seguiram para a sala de passe, e, após terem recebido um passe magnético, deixaram a casa espírita e seguiram para o acampamento.

CAPÍTULO DOZE

Uma cigana amaldiçoada

Sem que Rodrigo e Otávio percebessem, Calina prestou atenção à conversa que os dois mantinham sobre os ciganos que tinham se mudado de uma praça e se instalado em outra. Era feriado e o chato do Otávio tinha ido à residência para conversar com Rodrigo. Quando ele mencionou que Ciganinha pertencia ao bando de Sindel, Calina logo viu que só poderia ser o mesmo cigano que conhecera no passado. Levantou-se do sofá, seguiu para o quarto e trancou-se.

Tirando uma caixa de dentro do guarda-roupa e sentando-se na cama, abriu-a e começou a contemplar o conteúdo. Depois de refletir, decidiu que estava na hora de retomar sua vida, pois estava cansada de viver daquele modo. Fechou os olhos e fez uma prece para Santa Sara Kali, pedindo que a ajudasse na hora em que estivesse tendo uma séria conversa com alguns ciganos que conhecera no passado. Depois, fechou a caixa e a escondeu no mesmo lugar.

A mulher, morena clara e estatura mediana, tomou um banho, vestiu uma calça jeans e uma blusa branca, calçou um tênis, passou batom e perfumou-se. Pegou sua bolsa e deixou o quarto. Ao passar pela sala, disse para o filho:

– Estou saindo e não sei a que horas volto – dirigiu-se à porta da rua e apressada seguiu para o ponto de ônibus.

– O que aconteceu com sua mãe? Ela estava arrumada e perfumada e saiu sem lhe dizer para onde ia? Será que arrumou um amante? – perguntou Otávio.

Rodrigo sorriu e disse:

– Mamãe só tinha olhos para papai. Desde o dia em que ele partiu, ela entrou em depressão, não acredito que tenha arrumado um amante. Mas estranhei ela sair toda arrumada dizendo não ter horário para retornar. Talvez, depois de tanto ouvir meus conselhos e de você implicar com ela, tenha decidido voltar a viver. Torcerei para que seja isso que tenha acontecido.

– Para mim aí tem coisa. Sua mãe estava no sofá toda descabelada e enrolada naquela coberta parecendo uma morta e, de repente, sai da sala e aparece toda produzida! Quando mulher age assim, pode apostar que é por causa de homem. Pode ser o psiquiatra dela.

– Você implica mesmo com ela... Mas eu não acredito que ela tenha ido se encontrar com um amante, talvez tenha decidido sair da depressão que se arrasta por esses longos cinco anos. Embora não tenha dito para onde foi, fiquei alegre em observar que ela estava arrumada e saiu para dar uma volta. Espero que retorne alegre e feliz e não pense mais em viver do jeito que estava vivendo.

– Acho que você está esperando demais. Mas tomara que retorne da forma que você deseja.

Os dois mudaram de assunto e voltaram a falar dos ciganos.

*****

No ponto de ônibus, assim que o coletivo parou, Calina entrou no transporte público e sentou-se. Ao avistar os ciganos em uma praça, desceu no próximo ponto e seguiu até lá. Ficou observando o movimento das ciganas, e ao reconhecer algumas, aproximou-se de uma delas e falou:

– Leia minha mão e me diga o que o futuro me reserva – estendeu a mão.

Yalía a fixou, e, de repente, cuspiu perto dos pés de Calina, virou as costas e gritou:

– Vá embora! Você é uma cigana amaldiçoada. Nenhuma de nós pode ler sua mão. Suma daqui!

As outras se juntaram à Yalía, cuspiram na direção de Calina e virando as costas gritaram para que ela fosse embora e nunca mais se aproximasse delas, pois era uma cigana amaldiçoada e deveria manter distância do bando, caso contrário, a maldição lançada sobre ela poderia recair sobre os membros do bando.

Ciganinha, Shiara e Shayera, que não conheciam Calina, não entenderam o motivo de ela ser uma cigana amaldiçoada e imitaram as mulheres do bando.

Consuelo, ausentando-se da tenda improvisada, aproximou-se e perguntou o que estava acontecendo.

– Olá, Consuelo! Quanto tempo! Você se recorda de mim? – perguntou Calina fixando a líder espiritual.

Consuelo ficou sem ação quando reconheceu Calina, pois jamais a esperava encontrar naquela cidade. Vendo-a na sua frente, olhou para o irmão e para Javier e nada disse para Calina.

Sindel e Javier rapidamente se aproximaram de Consuelo e perguntaram o que Calina queria.

– Quero ter uma conversa em particular com você e Consuelo sobre um assunto importante e delicado – falou Calina. – Sendo assim, não gostaria de comentá-lo na frente de todos.

– Eu e minha irmã não podemos ter nenhum contato com você, pois é uma cigana amaldiçoada – disse Sindel. – Há muito tempo você deixou de pertencer ao bando, por essa razão não tem nenhum direito de solicitar uma conversa em particular com a líder espiritual e com o líder do bando. Vá embora!

– Você, Consuelo e Javier sabem muito bem o motivo de eu ter sido amaldiçoada pelo bando. Mas já estou cansada de ser uma cigana amaldiçoada e viver infeliz – disse Calina. – Vão conversar comigo ou querem que eu conte bem alto qual o assunto que me trouxe até vocês? – perguntou fixando Sindel e Consuelo.

– Embora você seja uma cigana amaldiçoada, ainda é uma cigana, que um dia pertenceu ao nosso bando. Se tem um assunto delicado e importante para conversar com o líder do bando e comigo, após tantos anos sem nos encontrarmos, farei uma prece pedindo para Santa Sara Kali permitir que eu, Sindel e Javier conversemos com você e nos livre de sermos contaminados com a mesma maldição que no passado lhe foi lançada.

– Não podemos conversar com Calina. Quando um membro é expulso e amaldiçoado pelo bando, ele simplesmente morre. Para mim, ela está morta e enterrada, e sendo o líder do bando eu proíbo qualquer um de conversar com ela, inclusive você, Consuelo – disse Sindel.

– Quem tem de proibir uma cigana amaldiçoada de conversar com algum membro do bando é a líder espiritual, não o líder – disse Consuelo. – Eu sou a líder e vou conversar com ela, pois acredito que o assunto seja delicado e importante. Não vou virar as costas para ela. Se você e Javier não querem conversar, eu conversarei na minha tenda – estendeu os braços sobre Calina e fez uma prece em alta voz pedindo para Santa Sara Kali e os espíritos protetores, em nome de Deus, retirarem de Calina as energias negativas da maldição e as energias ruins que ela carregava com ela, afastando de perto dela qualquer espírito das trevas que a impedisse de ser feliz e ter paz de espírito.

Carmecita, que havia chegado volitando, utilizou as boas energias da prece de Consuelo, feita com sinceridade, e aplicou um passe magnético em Calina, passando-lhe grande quantidade de energias benéficas, que iriam ajudá-la a ser sincera em sua fala quando estivesse conversando com Consuelo.

– Yago, vou conversar com Calina em minha tenda e gostaria que você ficasse nas imediações para impedir qualquer pessoa de se aproximar. Caso contrário, a mesma maldição que foi lançada em Calina ficará com aquele que ousar se aproximar para escutar a conversa.

Calina foi levada até a tenda e Sindel e Javier disseram que iriam com elas, pois não deixariam uma cigana amaldiçoada ficar sozinha com a líder espiritual.

As ciganas do bando ficaram curiosas. Contudo, não ousaram escutar a conversa porque tinham pavor de, ao desencarnarem irem para o inferno, serem torturadas e depois escravizadas pelos espíritos das trevas. Benzendo-se, voltaram aos seus afazeres.

Dentro da tenda, Sindel falou para Calina:
– Você não deveria estar vivendo nesta cidade muito menos ter nos procurado. Tínhamos um acordo e você jurou ser fiel a ele. Por que não ficou com o seu homem no Paraguai, conforme disseram que fariam? A quantia em dinheiro que receberam lhes garantia uma vida sossegada.
– Eu tentei honrar o acordo. Mas não se esqueça de que fui amaldiçoada por todo o bando. A maldição começou a me prejudicar logo depois que você e Javier nos deixaram no Paraguai. Dois dias depois de vocês terem partido, eu e Jackson fomos assaltados e os ladrões levaram todo o dinheiro que nos deram. Sem dinheiro, era impossível vivermos no Paraguai. Jackson decidiu retornar para Foz do Iguaçu, onde ele conhecia algumas pessoas. Deram-lhe um emprego e, mesmo com muitas dificuldades, conseguimos quitar as prestações da casa que compramos, viver nesta cidade e criar a recém-nascida e os outros dois filhos que tivemos – disse Calina fazendo uma pausa e continuando:
– Eu amava Jackson e vivia feliz ao seu lado, mas ele nunca me amou. Durante o tempo em que vivemos juntos, muitas coisas ruins aconteceram. Contudo, há cinco anos Jackson partiu desta vida e eu perdi a alegria de viver. Não foi fácil ficar sem ele. Nos primeiros dias, queria morrer para minha alma e ir atrás dele no mundo dos mortos. Só não me matei porque o filho mais velho de Jackson me impediu e me levou a um psiquiatra, que me receitou alguns remédios que me deixavam dopada e eu dormia bastante. Passei a chorar muito e a viver sempre triste... entrei em depressão, pois queria o meu homem comigo e não podia tê-lo. A depressão se agravou. Há dias, soube que alguns ciganos estavam na cidade e somente hoje tive conhecimento que eram do bando de Sindel, por essa razão resolvi procurá-los e pedir para me aceitarem de volta. Quero retomar a vida que tinha antes de ter deixado o bando. Não quero mais ser uma cigana amaldiçoada, mas voltar a viver com vocês e ser feliz.
– Você foi expulsa pelo bando e não poderá retornar. Não a queremos conosco – falou Javier.

– Fui expulsa e amaldiçoada, mas, antes disso acontecer, fizemos um acordo. Se não me ajudarem, contarei o teor do acordo e talvez você três também sejam expulsos e amaldiçoados pelo conselho – ameaçou Calina.

– Você nos disse que tem três filhos. O que será deles se você voltar a viver no bando? – indagou Consuelo.

– Ela não vai voltar a viver conosco, pois jamais ocorreu de um membro que tenha sido expulso ter voltado a conviver com o bando – disse Javier. – Como presidente do conselho, sou contra. Ela errou e tem de pagar pelo erro, que não deve ser perdoado.

– Concordo com o que Javier falou. Sendo líder do bando e um dos conselheiros também serei contra o retorno de Calina em nosso meio. O que ela fez não tem perdão – disse Sindel.

– O que fizemos para Deus por meio de nossos maus exemplos em vidas passadas não deveria ter perdão, mesmo assim, Deus, que é um pai infinitamente bondoso e misericordioso, concede-nos a benção da reencarnação – falou Consuelo. – Toda pessoa que erra merece a oportunidade de consertar seu erro. Nesta vida, eu, você e Javier já fizemos muitas coisas erradas. Se tivéssemos sido castigados, nenhum de nós estaria no bando. Teríamos sido expulsos e amaldiçoados assim que o bando, por exemplo, descobrisse o acerto que fizemos com Calina e Jackson. Jesus Cristo, que foi o espírito mais evoluído que já reencarnou na Terra, quando foi crucificado perdoou os seus algozes, que o mandaram para a cruz sem ele ter cometido nenhum crime. Se ele era inocente e perdoou, porque eu, você e Javier, que somos pecadores e cheios de defeitos não tentamos perdoar Calina?

Os dois se entreolharam e nada disseram. Tendo conhecimento de que Consuelo era a boa alma do bando e acreditava piamente no que o espiritismo pregava, o que ela lhes falou foi bastante forte, e embora não concordassem com a volta de Calina ficaram em silêncio.

Consuelo disse que como líder espiritual iria consultar o baralho cigano para saber o que as cartas indicavam. Retirou-o do bolso e fez uma rápida prece, consultando as cartas.

– O baralho não é contra o conselho do bando analisar o pedido de Calina. Sindel e Javier, se o baralho, que sempre esteve no bando e controlou o destino e a vida dos seus membros, nada tem contra o conselho analisar o pedido de Calina, nós, que somos conselheiros, devemos nos reunir com os outros e os demais membros do bando e em reunião levar o assunto para apreciação e voto – disse Consuelo.

Sindel e Javier disseram que acatariam o que o baralho tinha lhes indicado.

– Calina, se seu pedido for aceito, o que pensa fazer em relação aos seus três filhos? – indagou Consuelo.

– O meu filho mais velho vai cuidar dos dois irmãos. Ele é um rapaz muito bom e bastante responsável. Gosta demais dos irmãos e desde o dia em que Jackson morreu e eu entrei em depressão, meu filho, com quinze anos, assumiu sozinho as despesas da casa e cuida direitinho dos irmãos. Eles ficarão em boas mãos, pois meu filho é espírita e vive dizendo que temos de praticar o "Fora da caridade não há salvação", que ele aprendeu no espiritismo. Desde que passou a frequentar essa religião, faz de tudo para ser caridoso com as pessoas e com os irmãos – falou Calina. – Voltarei a viver no bando despreocupada com o destino dos meus dois filhos menores, pois, com o irmão mais velho, estarão em melhor companhia do que se estivessem comigo.

– Levando em consideração o que nos disse, volte amanhã por volta das dez horas e lhe dou a resposta – disse Consuelo. – Empenho minha palavra de líder espiritual que estarei aqui nessa praça para informá-la sobre a decisão de todos.

– Você não pode empenhar sua palavra para uma cigana amaldiçoada – falou Sindel.

– Para mim, ela não é uma cigana amaldiçoada. É um ex-membro do bando, que ao ter educado tão bem o filho mais velho, é prova de que a maldição não a impediu, nem Jackson, de serem bons pais para os filhos – abriu os braços e a abraçando, falou: – Parabéns por ter sido uma boa mãe! Que Deus e Santa Sara Kali a abençoe e também abençoe seus filhos – desvencilhou-se dela dizendo que a aguardaria no dia seguinte.

Com os olhos marejados de lágrimas, Calina disse:

– Consuelo, você continua a boa alma que conheci quando convivemos juntas no bando. Tornou-se a melhor líder espiritual que este bando já teve. Obrigada pela forma como me recebeu e acolheu. Amanhã estarei aqui no horário combinado – deixou a tenda e saiu caminhando apressada.

Dentro da tenda, Sindel falou:

– Não deveria ter dito tudo isso nem a abraçado.

Javier e Sindel saíram apressados e resolveram seguir Calina. Aproximaram-se de um táxi e depois de conversarem com o taxista entraram no automóvel e ficaram aguardando. Quando Calina entrou no coletivo, os dois pediram que o homem seguisse o ônibus.

Shiara perguntou para a mãe:

– Quem é aquela cigana, e por que foi amaldiçoada?

– Ela se chama Calina e era do nosso bando. Há alguns anos, ela e Consuelo eram as duas fortes candidatas a aprendiz de líder espiritual. Calina venceu o ritual e fez o mesmo juramento que Shayera: manter-se pura e jamais se envolver com nenhum homem, mas se apaixonou perdidamente por um rapaz do povo da cidade e deixou de ser pura sem que ninguém soubesse. De repente, coisas ruins começaram a acontecer com o bando e tudo dava errado. Era como se uma maldição tivesse sido lançada sobre nós, e ninguém sabia o motivo de estarmos sendo punidos por Deus e pela Santa Sara Kali. Até que a líder espiritual da época descobriu o romance de Calina e ela foi julgada pelo conselho do bando e condenada à expulsão e à maldição. Todos a amaldiçoaram e cuspiram nela, que foi expulsa a pauladas e pontapés – explicou Yalía. – Depois disso, sua tia Consuelo se tornou aprendiz.

– Shayera, você deve ter escutado mamãe explicar por qual motivo Calina foi expulsa do bando e amaldiçoada – disse Shiara olhando para a aprendiz. – Se eu fosse você jamais esqueceria o motivo, pois sendo aprendiz, caso siga o exemplo de Calina já sabe o que a espera: expulsão, maldição, pauladas, pontapés e o inferno.

Shayera virou as costas para Shiara, dando a entender que pouco se importava com o que ela tinha dito. Recordou-se de Rodrigo e da forma como o rapaz a olhava. Pelo seu olhar, ele parecia querer se aproximar dela. Embora também desejasse se aproximar dele, sabia que isso era algo que jamais deveria fazer, pois o juramento à Santa Sara Kali e ao baralho cigano era muito mais importante do que uma aproximação com Rodrigo, um abraço e um beijo dele. Não queria ser amaldiçoada nem ir para o inferno. Benzeu-se e, dirigindo-se à tenda de Consuelo, pediu mais informações sobre Calina.

CAPÍTULO TREZE

Notícia ruim

Rodrigo pulou da cama ao escutar o barulho do despertador e dirigiu-se ao banheiro. Escovou os dentes, lavou o rosto e foi para a cozinha para preparar o café. Lá, encontrou a mãe cantando e colocando o café na mesa.

– Bom dia, Rodrigo! Espero que tenha dormido bem. Tive uma excelente noite de sono – falou Calina. – Já preparei o café. Desperte seus irmãos. Depois que saírem, farei uma boa faxina na casa. Hoje acordei bem disposta e com a sensação de que este dia será especial e vai me presentear com uma boa notícia, que me fará muito feliz.

– Espero que a senhora realmente receba uma boa notícia e seja feliz. É bom vê-la retomar a vida. Ontem, a senhora saiu toda arrumada e perfumada e voltou um pouco alegre. À noite, fez um jantar caprichado e deu um pouco de atenção para Olivinha e Raul. Hoje acordou alegre, bem disposta, cantando e até fez o café. Estou feliz com sua mudança. Deixe-me abraçá-la e parabenizá-la por, finalmente, estar se esforçando para sair da depressão – aproximou-se da mãe e a abraçou com grande carinho. Osculou sua fronte e disse que a amava e tudo o que mais desejava era que ela fosse muito feliz.

Calina segurou as mãos dele e falou:

– Rodrigo, você sempre foi uma boa pessoa, um bom filho e um excelente irmão para seus irmãos. Desde que seu pai morreu e eu fiquei doente, você cuidou direitinho deles, e nada deixou que lhes faltasse. Por tudo isso, quero que me prometa que vai continuar cuidando deles com amor e carinho. Você promete? – pediu fixando o rapaz.

– Claro. Eles e a senhora são a única família que tenho. Eu os amo e quero vê-los felizes. Continuarei fazendo tudo o que estiver ao meu alcance para nada lhes faltar. Mas por que está me pedindo isso?

– Deu-me vontade de lhe pedir isso. Fico contente com sua promessa. Sendo uma boa pessoa, e amando os seus irmãos, não esperaria outra coisa de você – disse Calina soltando as mãos dele e o olhando dentro dos olhos. – Gostaria de lhe pedir perdão por nunca ter sido uma boa mãe para você. Sempre amei e dei mais carinho para os seus irmãos, pois Jackson sempre amou mais você do que os outros. Achando isso errado, só fazia para você o que julgava ser minha obrigação. Devia ter tratado você diferente e o amado da mesma forma que amei seus irmãos; afinal, você sempre foi muito bom comigo: educado, obediente e sempre me ajudou quando eu precisei, porém nunca fui capaz de reconhecer e não lhe dei o meu amor; quero que me perdoe.

– Desde que os meus irmãos nasceram percebi que o tratamento com eles era bem diferente do que a senhora tinha comigo. Conforme eles cresciam, notava o quanto os amava e tudo fazia por eles. Sempre perguntava para o papai porque a senhora não me amava e não gostava de mim e ele sempre desconversava ou me dizia coisas que eu sabia que apenas serviam para me fazer parar de chorar. Assim eu vivi, chorando escondido da senhora sempre que me tratava mal e sofrendo em silêncio. – Uma lágrima rolou pela face, e a secando com os dedos da mão direita, continuou: – Embora não me amasse, continuei amando a senhora e procurando ser um bom filho, pois imaginava que se já a amando e sendo um bom filho a senhora não gostava de mim, se agisse diferente, a senhora iria me tratar muito pior. Um dia, na padaria de Otávio, sentei-me em uma cadeira e chorei baixinho. Rosália e o pai perguntaram o que havia acontecido e eu nada respondi. Uma mulher entrou e depois de ser atendida, ao perceber que eu chorava, aproximou-se da mesa e conversou comigo. A voz dela era calma e enquanto falava me afagava os cabelos. Com gentileza, perguntou-me se poderia fazer algo para me ajudar. De repente, ela começou a falar sobre convivência familiar e dizer que dentro da família nem sempre os familiares se amam e têm boas relações de amizade, comentando que as relações difíceis poderiam ter sido motivadas em função de outro tipo de vivência que se teve ao lado dessas pessoas em vidas passadas. Isso acalmou meu coração e despertou meu interesse. Indaguei onde poderia estudar sobre o assunto. Ela se apresentou como Yasmin e disse ser espírita kardecista, explicando-me um pouco sobre a Doutrina Espírita. Depois de me passar o endereço da casa espírita, fui visitá-la, disposto a conhecer melhor a religião. Com os estudos das obras codificadas de Allan Kardec, estudos de outros livros espíritas e de cursos que participei, aprendi sobre os laços de família, vidas passadas e reencarnação, e compreendi que a senhora não era obrigada a me amar e me tratar da mesma forma que tratava meus irmãos, pois a forma como cuidava de mim era o que a senhora podia me ofertar. Não devia desejar que ofertasse outra coisa, por essa razão, parei de almejar que me tratasse com carinho.

– Você aprendeu essas coisas no espiritismo? – indagou Calina, admirada com a explicação tão correta para uma situação tão delicada.

– Foi no espiritismo que aprendi tudo isso. Também entendi que é comum, mães e pais amarem os filhos de maneiras diferentes. A qualidade do amor, da preocupação e do devotamento dispensados às pessoas têm que ver com a convivência em vidas passadas e com o bom relacionamento, laços de amizades e amor fraterno que tiveram. Talvez isso não aconteça com todos os filhos da mesma maneira. Depois que compreendi isso, nunca mais chorei pelo fato de a senhora amar mais Raul e Olivinha. Continuei enxergando-a como a boa mãe que Deus colocou em meu caminho. Vendo-a dessa forma, sempre a perdoei por não me amar como ama meus irmãos. A única coisa que desejo é que realmente retome sua vida e volte a cuidar de Olivinha e Raul da mesma forma que antes de papai desencarnar a senhora cuidava. Eles ainda são crianças e necessitam muito do seu amor e sua atenção. – Olhou para a mãe com carinho e notando que uma lágrima descia pela face dela, continuou: – Preciso acordar Raul e Olivinha. Caso contrário, chegaremos atrasados na creche, na escola de Raul e no meu emprego – disse isso e saiu.

Calina secou a lágrima e pensou em tudo o que Rodrigo lhe dissera; concluiu que o espiritismo o ajudara a continuar sendo a boa pessoa que sempre fora.

Rodrigo despertou os irmãos. Aguardou que se arrumassem e os conduziu à cozinha. Ambos estranharam e viram a mãe ali, tratando-os com carinho. Ela lhes serviu o café e ficou conversando com eles. Quando todos se levantaram e se preparavam para deixar a casa, Calina deu um beijo em cada um e pediu aos menores para obedecerem Rodrigo e o respeitarem.

Fechando a porta, iniciou a faxina. Algo lhe dizia que quando fosse à praça jamais voltaria para sua casa. Iria voltar a viver com os ciganos e ser feliz no meio deles. Por essa razão, deixaria a casa bem limpa e prepararia um almoço bem caprichado, a fim de o almoço e a faxina serem sua despedida.

Depois de acabar seus afazeres, tomou um banho, vestiu-se e perfumou-se. Pegou a bolsa e deixou a residência rumo ao ponto de ônibus.

Os espíritos Carmecita, o ancião e o rapaz, chegaram volitando e acompanharam-na.

Sindel e Javier, que vigiavam a casa e não estavam vestidos como ciganos, dirigiram-se para o ponto de ônibus e assustando Calina quando os viu.

– O que fazem aqui? Como me encontraram? O que querem comigo? – indagou Calina afastando-se deles.

– Ontem a seguimos e descobrimos onde você mora e quem são seus filhos – disse Sindel. – Viemos buscá-la para levá-la ao acampamento, pois durante a reunião do conselho e dos membros, sua presença foi exigida. Consuelo advogou a seu favor; alguns membros são favoráveis ao seu pedido, outros não. Querem que você mesma faça o pedido ao conselho na frente de todos. Nossa caminhonete está estacionada ali – apontou para o veículo. – Venha!

Calina, alarmada, gritou:

– Não vou com vocês a lugar nenhum. Sei que vieram me matar, não vieram para me levar ao acampamento. Não estão vestidos como ciganos e estou vendo na cintura de Sindel um punhal. Ambos estão com medo de que eu conte ao bando o que sei. Não serei morta, pois jamais entrarei na caminhonete – deu um passo para trás decidida a sair correndo e iniciar a corrida, mas bateu de frente num coletivo que se aproximou.

O impacto com o ônibus foi muito forte; ao cair, o motorista se assustou e só conseguiu frear o ônibus depois que um dos pneus passou por cima da cabeça dela.

Carmecita, o ancião e o rapaz, usando os conhecimentos espirituais desligaram-na do corpo físico e partiram em direção ao hospital da cidade espiritual em que viviam.

O motorista e alguns passageiros desceram do veículo e quando avistaram Javier e Sindel olhando para o corpo sem vida de Calina, perguntaram o que tinha acontecido.

– Não sabemos o que aconteceu – respondeu Sindel. – Estávamos aguardando o coletivo que nos levaria para o bairro e, de repente, essa mulher, que também estava aguardando, saiu correndo e o acidente aconteceu.

– Alguém pode telefonar para a polícia? – gritou o motorista, que, notando que ninguém tinha se mexido, dirigiu-se a um telefone público e fez a ligação.

Outras pessoas foram se aproximando e indagando aos passageiros o que tinha acontecido. Sindel e Javier saíram de fininho e rapidamente desapareceram. Enquanto caminhavam, Sindel disse para Javier:

– Graças a Deus e a Santa Sara Kali não precisamos sujar nossas mãos com sangue para impedir a chegada de Calina ao acampamento. Caso contrário, o espírito dela poderia ficar nos atormentando pelo resto de nossa vida, querendo vingança e nos fazendo grande mal, conforme Consuelo nos disse que acontece quando alguém é assassinado e, no mundo dos espíritos, revolta-se contra quem o matou, voltando para a Terra para perturbar os assassinos. Vamos esperar passar alguns minutos. Depois, aproximamo-nos da caminhonete, entramos e seguimos para o acampamento.

Javier concordou. Após trinta minutos, seguiram para o acampamento. No meio do caminho, retiraram a roupa que usavam e vestiram-se de ciganos, jogando fora as que estavam vestidos.

Quando chegaram ao acampamento, informaram aos outros conselheiros e ao bando sobre o acidente de Calina. Consuelo, desconfiada, perguntou se realmente tinha acontecido um acidente e eles repetiram o que havia acontecido.

– Se Calina desencarnou antes de ter chegado ao acampamento, vamos encerrar a reunião e fazer uma prece pelo espírito dela – disse Consuelo. – Como ela já tinha pertencido ao nosso bando, embora tenha sido amaldiçoada e expulsa, seu espírito merece receber nossas preces.

– O que o espírito dela merece receber já deve estar recebendo no inferno pelas mãos do demônio e dos espíritos das trevas – falou Yalía. – Não vou rezar pela alma de uma cigana amaldiçoada. Ela que sofra eternamente no inferno. Foi bom ter morrido, pois não iríamos atender ao pedido que você fez em nome dela. Se Javier e Sindel a tivessem trazido para o acampamento iríamos expulsá-la novamente a pontapés e pauladas.

– Apoio Yalía – manifestou-se Sinval. – A amaldiçoada está morta, por essa razão vamos encerrar a reunião e seguir nossa vida, esquecendo esse pedido absurdo que Consuelo nos fez. Embora seja a nossa líder espiritual e alguns a considerem uma boa alma, Consuelo nem parece que é cigana, pois de vez em quando nos faz pedidos que ferem a tradição e a cultura do nosso povo. Quem é expulso e amaldiçoado jamais deve retornar ao bando. Embora a líder espiritual use os segredos do baralho cigano para libertar o amaldiçoado da maldição que carrega, a lei diz que ele não deve retornar ao bando e nós perdemos nosso tempo com essa reunião absurda, porque se já sabíamos o que a lei determina e nunca fomos contra ela, foi perda de tempo termos nos reunido. Não vou rezar por essa amaldiçoada – saiu caminhando para sua barraca.

– Sinval e mamãe são verdadeiros membros do bando ao decidirem não rezar pelo espírito daquela cigana – disse Shiara. – Estou imitando Sinval e seguindo para a minha barraca, pois minha oração esse espírito nunca terá.

Yalía seguiu a filha e ambas entraram na barraca. A maioria dos membros entrou em suas barracas. Apenas Shayera, Carmen, Ciganinha, Yago, Juan e Javier rezaram com Consuelo em intenção do espírito de Calina.

– Ontem, eu e Sindel descobrimos que os filhos pequenos de Calina são aquelas duas crianças que dançaram na praça em que estávamos e atraíram a atenção do povo da cidade. O filho mais velho é o rapaz que lhe ofereceu água adocicada e se preocupou com seu estado de saúde depois do desmaio – disse Javier.

– Agora que sei quem são os filhos de Calina, tentarei ajudá-los de longe. Mesmo não tendo vivido conosco, eles têm sangue cigano nas veias e é nosso dever cuidar do nosso povo. Sou muito grata por ter me repassado a informação. Você é um bom amigo!

– E você é uma boa líder espiritual! Jamais se esqueça disso e continue com os seus conhecimentos sobre o mundo dos espíritos e seus bons exemplos de vida.

– Tentarei continuar sendo quem sempre fui. Vou para a minha barraca rezar pedindo para Carmecita ajudar o espírito de Calina no outro lado da vida.

*****

Rodrigo conversava com Otávio enquanto aguardava algum cliente do supermercado se aproximar do caixa. Aquele dia estava bem tranquilo e poucas pessoas faziam compras.

Ronaldo se aproximou dos dois com um jornal na mão e, olhando para Rodrigo, disse:

– Vim lhe trazer uma notícia ruim. Acabei de ler neste jornal – balançou o impresso na frente de Rodrigo – que o governo cancelou o concurso do Corpo de Bombeiros e não existe previsão de quando será autorizado. Pode conferir a matéria que saiu sobre o concurso. Pelo visto, você vai continuar sendo caixa de supermercado pelo resto de sua vida – sorriu e retornou para a sala em que sempre ficava à toa jogando videogame.

– Não sei o que você fez para o Ronaldo, mas ele não gosta de você – disse Otávio. – Reparou com que alegria ele veio lhe trazer essa notícia?

– Desde que comecei a trabalhar no supermercado percebi que ele não simpatiza comigo, mas como sei que ninguém agrada a todas as pessoas, não me incomodo com isso. Enquanto ele faz questão de me tratar mal, eu sou sempre educado e cortês com ele. E continuarei sendo, pois é dessa forma que demonstro que isso não faz nenhuma diferença em minha vida.

– Bom para você pensar dessa forma e tratá-lo diferente da forma como ele o trata. Se ele agisse comigo como age com você, eu o trataria da mesma forma. Como você consegue agir assim?

– O espiritismo nos ensina que não devemos nos indispor com quem não demonstra simpatia conosco, devemos tratar a pessoa bem e lhe estender a mão quando esta estiver necessitada. Agindo assim, conseguiremos nesta existência física, ressarcir os débitos de vidas passadas para com a pessoa, e não mais necessitaremos reencarnar próximo a ela.

– A filosofia de vida do espiritismo parece ser bem interessante. Fico feliz em saber que essa sua religião tem o ajudado a ser uma boa pessoa – falou Otávio.

– O espiritismo apenas nos aponta o caminho de como sermos bons espíritos encarnados. O que acredito que as outras religiões também apontem. Tento ser uma boa pessoa porque aprendi no espiritismo que o que eu doar para a vida, ela vai me dar de volta. Portanto, se eu tentar viver como um bom cristão e conforme minhas possibilidades tentar colocar em prática a paciência e a caridade, um dia a vida colocará em meu caminho pessoas que verdadeiramente são bons cristãos, pacientes e humildes, e com essas pessoas eu muito aprenderei. Quando temos bons mestres, conseguimos aprender o que a vida quer nos ensinar. E esse aprendizado será responsável por nos tornar verdadeiros seguidores do Cristo.

– Com certeza, o espiritismo tem lhe preparado para enfrentar a vida e o ajudado a continuar sendo a boa pessoa que você sempre foi – disse Ruth, que escutava a conversa sem que Rodrigo e Otávio desconfiassem. – Um dia vou com você na casa espírita e espero aprender o que você aprende. Mas, mudando um pouco de assunto, o que você vai fazer agora que o concurso foi cancelado? Estava estudando tanto para o concurso... e sempre nos disse que sendo bombeiro militar, além de ajudar a salvar vidas iria receber um bom salário, que o auxiliaria nas despesas de sua casa e a comprar algumas coisas que seus irmãos precisam!

– Dona Ruth, estava planejando caso não fosse aprovado no concurso tentar fazer um curso superior na faculdade particular aqui da cidade.

– E com que dinheiro você pensa pagar a faculdade? Que eu saiba o que ganha aqui no supermercado mal dá para comprar comida para seus irmãos e sua mãe – falou Ronaldo, que novamente tinha se aproximado deles.

– A faculdade oferece algumas bolsas de estudo para pessoas carentes. Eu já estou estudando bastante para passar na prova – respondeu Rodrigo.

– Não vai conseguir a bolsa – disse Ronaldo. – Essa faculdade particular não deve querer pobres estudando no meio dos ricos. Se eu fosse você nem tentava, porque quem ganhará as bolsas serão os filhos e parentes dos donos da faculdade – fixou o rapaz. – E para mim, pouco importa o que vai fazer com a sua miserável vida. Eu vim lhe trazer outra notícia ruim. A mãe do Otávio telefonou e disse que sua mãe sofreu um acidente perto da casa de vocês e morreu. Meus pêsames! – virou as costas e foi para a sala jogar videogame.

Lágrimas desceram pela face de Rodrigo. Ele as limpou com os dedos das mãos e falou:

– Dona Ruth, preciso ir com urgência para minha casa – saiu caminhando apressado.

– Espere, Rodrigo! Vou com você – falou Ruth.

– Eu também – disse Otávio.

Ruth deu algumas instruções aos caixas do supermercado e a Ronaldo. Depois, seguiu com Rodrigo e Otávio até o estacionamento do supermercado.

CAPÍTULO QUATORZE

Ajuda inesperada

Consuelo aproximou-se de uma banca de jornal e ao ler as manchetes de um jornal local, comprou o impresso e o levou até a tenda improvisada na praça. Leu a matéria sobre o acidente de Calina e o local onde o corpo seria velado e sepultado. Decidiu comparecer ao velório. Guardou o jornal e, aproximando-se de Shayera e Yago, contou-lhes quem eram os filhos de Calina e os convidou para acompanhá-la ao velório.

Sinval, que escutava sem que eles percebessem, aproximou-se de Shiara e informou o que havia escutado. Os dois decidiram ir ao cemitério para descobrir o que a líder espiritual iria fazer no velório de uma cigana amaldiçoada.

Consuelo se aproximou de Sindel e informou-o que iria ao velório com o sobrinho e a aprendiz. Sinval e Shiara usaram o dinheiro que a jovem já tinha ganhado com a leitura de mãos e, entrando em outro táxi, seguiram atrás do veículo que conduzia a tia.

No cemitério, Consuelo, Yago e Shayera encontraram poucas pessoas velando o corpo de Calina.

Ao avistarem Rodrigo confortando os irmãos, que choravam olhando para o corpo sem vida da mãe, os três se aproximaram e Consuelo disse para Rodrigo:

– Eu e sua mãe fomos amigas durante um bom tempo. Estou aqui para lhe oferecer os meus pêsames – abraçou o rapaz e depois Olivinha e Raul.

Yago deu os pêsames para Rodrigo. Shayera olhou o rapaz e lentamente abaixou a cabeça com expressão tristonha sem nada lhe dizer. Rodrigo entendeu que aquela era a forma que ela lhe dava os pêsames.

– Mamãe tinha poucas amigas. É bom saber que uma delas veio lhe prestar a última homenagem – falou Rodrigo. – Fico grato pela vinda de vocês. Não sabia que mamãe tinha amigos entre os ciganos.

– Yago e Shayera não conheceram sua mãe, mas no passado eu e ela fomos grandes amigas. Estudamos na mesma escola. Vou me sentar e rezar em silêncio pelo descanso do espírito dela – sentou-se próximo a Otávio e Ruth, que conversavam entre si, e fechando os olhos começou a fazer uma prece.

Shayera e Yago ficaram em pé ao lado de Consuelo. Esta, após a prece, vez ou outra olhava para Rodrigo ainda admirada pela semelhança física do rapaz com o pai.

Amigos de Rodrigo da casa espírita chegaram e deram os pêsames a ele e aos dois irmãos.

Yasmin abriu o exemplar de O Evangelho Segundo o Espiritismo e leu "por alguém que acaba de morrer". Depois, ficaram aguardando o horário de o corpo ser sepultado.

Rodrigo levantou porque a irmãzinha lhe disse que queria ir ao banheiro. Ele a acompanhou até o local e a aguardou do lado de fora. Raul os acompanhou e ficou segurando a mão do irmão.

– Tia Ruth, precisamos fazer uma vaquinha entre os funcionários e clientes do supermercado para ajudar Rodrigo a quitar as despesas do funeral da mãe – falou Otávio. – Os serviços da funerária e os gastos com o cemitério foram altos. Depois de muito negociar, Rodrigo conseguiu dividir em doze prestações. Mas não sei onde ele vai arrumar o dinheiro, o que ganha no supermercado e na churrascaria só dá para pagar as despesas da casa e fazer compras no supermercado. Rodrigo me disse que vai passar apuros para alimentar os dois irmãos, mas tudo fará para que eles não passem fome. Eu lhe dei parte do meu salário, mas sei que não vai ajudar muito. Rodrigo está pensando em vender a casa para quitar as despesas da funerária e do cemitério, e usar o restante para comprar uma casinha num bairro mais pobre. Não gostaria que ele vendesse a casa onde passou a infância e foi feliz ao lado do pai e dos irmãos. Precisamos fazer alguma coisa para ajudá-lo.

– Vamos fazer a vaquinha que você sugeriu – disse Ruth. – Permitirei que ele faça suas compras no supermercado e as pague apenas quando lhe for possível.

– Vou fazer uma vaquinha lá na casa espírita – disse Yasmin, que escutou a conversa. – Também tentarei providenciar algumas cestas de alimentos para ele e os irmãos.

Consuelo, Shayera e Yago, que também tinham escutado a conversa, entreolharam-se. A líder falou para Otávio:

– Você parece conhecer bem o filho mais velho de Calina, e parece ser bem amigo dele; sua preocupação em relação à situação financeira dele demonstra o quanto aprecia essa amizade.

– Tenho Rodrigo não somente como amigo, mas como o irmão que não tive. A gente se conhece desde que eu tinha cinco anos, e até hoje nunca encontrei alguém tão humano e batalhador como ele. Rodrigo é uma boa alma reencarnada, pois o que ele fez depois que o pai morreu, poucos jovens fariam – contou Otávio.

– O que ele fez? – perguntou Consuelo.

– O pai desencarnou duas semanas após ele completar quinze anos. A mãe entrou em depressão e só vivia deitada, enrolada em uma coberta e chorando pela casa por não aceitar. Rodrigo deixou de estudar de dia e se matriculou à noite. Começou a trabalhar no supermercado durante a semana e no fim de semana, à noite, trabalha em uma churrascaria. Cuida sozinho dos irmãos e faz todo o serviço da casa. A mãe não o ajudava, só vivia se entupindo de remédios caros e reclamando da vida e dele, que sempre foi um bom filho. Com muito sacrifício, ele conseguia comprar os remédios para ela e bancar as despesas da casa. Eu também me matriculei à noite, pois fiquei preocupado com sua segurança. Muito aprendo com ele, pois nunca reclama de ser pobre e, embora o salário do supermercado não seja muito, ele se diz abençoado por ter emprego, enquanto muitos estão desempregados. Ele é um ótimo irmão para Raul e Olivinha; além de não deixar faltar o essencial, educa os irmãos ensinando-os a serem boas pessoas e a praticarem o que ele chama de "Fora da caridade não há salvação" – concluiu Otávio.

– Nunca pensei que existisse alguém assim no povo da cidade. Pela sua fala, seu amigo realmente é uma boa alma reencarnada – disse Yago.

Rodrigo retornou com os irmãos e eles mudaram de assunto. Consuelo chamou Yago e Shayera para fora e, após trocar algumas palavras com os dois, deixaram o cemitério. Entraram em um táxi e informaram ao motorista como chegar ao acampamento cigano.

Sinval e Shiara, acreditando que tinham ido embora, resolveram ficar um pouco mais para tentar descobrir algo de Calina e dos filhos que lhes pudesse ser útil.

No acampamento cigano, Consuelo pagou a corrida ao taxista, entrou em sua barraca e dela saiu com uma sacola fechada. A líder espiritual, Shayera e Yago entraram na caminhonete que estava estacionada e retornaram ao cemitério.

Sinval e Shiara, que ainda estavam no cemitério, assim que os viram entrar, esconderam-se e, de longe, ficaram observando-os.

Consuelo, Yago e Shayera seguiram para o túmulo onde o corpo de Calina estava sendo sepultado. Quando a cerimônia acabou, Consuelo aguardou algumas pessoas irem embora e, aproximando-se de Rodrigo, entregou-lhe a sacola fechada e disse:

– Para ajudá-lo nas despesas dos serviços fúnebres de sua mãe. Como antes lhe informei nós duas éramos amigas – despediu-se e sem dar tempo de Rodrigo lhe dizer algo, aproximou-se de Yago e Shayera, e os três retornaram à caminhonete, deixando o local.

Sinval e Shiara se aproximaram um pouco mais de Rodrigo e ficaram observando o rapaz, curiosos para saber o que existia na sacola que Consuelo lhe entregara.

Rodrigo abriu a sacola e deparou com uma boa quantia em dinheiro. Mostrou para Otávio e Ruth e disse:

– Por que aquela cigana me deu dinheiro mencionando ser uma ajuda para as despesas dos serviços fúnebres? A quantia que me deu, certamente, quitará muito mais que isso. Não compreendi, embora tenha dito que no passado foi amiga da mamãe, ela não tinha como saber sobre minhas dificuldades.

– Ela e os outros dois ciganos devem ter escutado quando eu comentei com tia Ruth sobre o quanto seria difícil você pagar o que deve para a funerária e o cemitério. Se essa ajuda quitar o que você deve, fico feliz, pois não vai necessitar vender sua casa.

Rodrigo o abraçou e agradeceu por ele ser seu amigo e ter comentado com Ruth sobre suas dificuldades financeiras, sabia que havia sido seu comentário que proporcionara a ajuda da cigana. Precisava agradecê-la quando a encontrasse de novo.

– Você realmente deve agradecê-la, pois os ciganos não costumam doar dinheiro para ninguém. Eles fazem de tudo para pegar o dinheiro de outras pessoas – disse Otávio.

– Ela deve ser a boa alma do bando cigano que Yago comentou – falou Rodrigo. – Que Deus e os bons espíritos a abençoem e a ajudem a continuar caridosa para com o próximo.

Rodrigo, os irmãos e Otávio entraram no carro de Ruth que os conduziu até a residência deles. Sinval e Shiara deixaram o cemitério e, ao chegarem à praça, perceberam que o bando já havia ido para o acampamento. Entraram em um táxi e foram embora. Chegando, Shiara pediu ao pai para pagar o taxista, inventando uma desculpa qualquer.

Depois, Shiara chamou Sinval e ambos se dirigiram para um local que apenas os dois conheciam.

– Foi muito estranho tia Consuelo ter dado o nosso dinheiro para o filho da cigana amaldiçoada. Ela deve ter tido um motivo muito forte para fazer isso. Precisamos descobrir, pois se conhecermos algum segredo do passado da líder espiritual, poderemos utilizá-lo para chantageá-la e obrigá-la a demitir Shayera do cargo de aprendiz e me aceitar no cargo.

— Acho difícil descobrir algum segredo de Consuelo; sabemos que ela é a boa alma do bando. Sempre foi muito honesta e seus atos são vigiados de perto pelos membros do bando, que esperam qualquer vacilo para poderem se apoderar do baralho cigano, fugirem com ele e usá-lo em benefício deles, algo que Consuelo não faz. A boa alma sempre usou o baralho para ajudar o bando – falou Sinval. – Sendo assim, não vai descobrir nada e nunca poderá chantageá-la. E, sem chantagem, precisará de mim para ajudá-la a retirar Shayera de seu caminho. A emboscada não deu certo por sua culpa.

— Você é mesmo um inútil. Não sei para que servem seus músculos se não sabe usá-los, e porque nasceu com cérebro se não sabe pensar – disse Shiara.

— Você é muito diabólica. Deseja tanto os segredos do baralho que para tê-los é capaz de me pedir para matar Yago, assim como me pediu para assassinar Shayera. Mas não pretendo matar ninguém só porque você cobiça os segredos do baralho.

— Não seja hipócrita! Eu sei que você cobiça o baralho muito mais do que eu, e sei que nunca gostou de Yago, e que se pudesse já o teria tirado de seu caminho para poder ser o cigano que papai indicaria como futuro líder do bando. Sei que sempre foi apaixonado por mim. Diferente de você, tenho cérebro e observo bem as pessoas. Só me casarei com você quando eliminar Shayera do meu caminho, e o cargo dela passar a ser meu. Você me ama? – perguntou, aproximando-se do cigano para atiçar-lhe os desejos carnais.

— Amo-a – murmurou Sinval.

— Então fará qualquer coisa que eu lhe pedir? – beijou Sinval.

— Sim – sussurrou o cigano.

— Fará qualquer coisa para se apoderar do baralho? – deu outro beijo em Sinval e o abraçou.

— Farei.

— Elimine Shayera do meu caminho e se precisar matá-la para eu poder ser a aprendiz, faça isso – disse Shiara, fazendo Sinval se deitar no chão ao seu lado. Se fizer o que lhe pedi, entrego-me a você. Promete que fará o que lhe pedi?

– Prometo! Dou minha palavra que matarei Shayera para você se tornar a aprendiz e descobrir os segredos do baralho, a fim de usá-los em meu benefício.

– Quando cumprir sua promessa e honrar sua palavra de cigano, poderá me tirar a pureza. Quando eu for a aprendiz, vou colocar os segredos do baralho em suas mãos – jogou um beijo para ele e saiu correndo.

Caminhou em direção ao acampamento certa de que Sinval iria atender ao seu pedido, pois um cigano sempre cumpria com a palavra.

*****

No acampamento cigano, depois do jantar, Consuelo chamou o sobrinho para conversarem na barraca dele. Quando se acomodaram, ela disse:

– Yago, estou pensando em ser a ajuda inesperada para os filhos de Calina quando eles estiverem necessitando que alguém pratique com eles o "Fora da caridade não há salvação". Se eu lhe pedir algo você atenderá ao meu pedido?

– Se eu for capaz, com certeza, atenderei ao seu pedido.

– Calina foi um membro do nosso bando e não podemos permitir que os filhos dela, que carregam o nosso sangue cigano, passem dificuldades financeiras. Se eu souber que eles estão precisando de alguma coisa, poderei ser a ajuda inesperada. Mas, para isso, alguém terá de me informar sobre as condições deles. Você vai estudar na faculdade particular da cidade e lá ficará por um bom tempo. Poderá usar parte do tempo restante para vigiar os passos de Rodrigo sem que ele desconfie e descobrir quando ele e os irmãos estão precisando de algo. Esse é o meu pedido; espero contar com você para ajudarmos aquela boa alma reencarnada.

– Depois de ter escutado o amigo dele no cemitério, também acredito que ele seja uma boa alma para os irmãos, igual a senhora é uma boa alma para o nosso bando. Mas sempre que encontro o Rodrigo tenho a impressão de estar na frente de um amigo e um inimigo. É estranho. Também não gosto da forma como ele olha para Shayera e ela, às vezes, corresponde. Percebo um brilho diferente no olhar dos dois. Mesmo que ela não pode falar com ele, parece que gosta quando é admirada. Fico muito triste, pois gostaria que os olhos dela brilhassem quando olhasse para mim, não para outro homem. Em razão dessas coisas, penso que essa será a primeira vez em que não poderei atender a um pedido seu.

– Yago, a aprendiz é uma cigana jovem, muito bonita e dança bem. Shayera sempre vai atrair olhares dos rapazes, que poderão se interessar por ela, o que não significa que ela vai corresponder. Ela fez um juramento e acredito que será fiel, pois ela deve ter um sonho que só vai se realizar se ela se tornar a líder espiritual do bando. Um sonho, que ao ser realizado, deverá ajudar outra pessoa. Se Carmecita a escolheu como aprendiz é sinal de que Shayera não pensa em usar os segredos do baralho cigano em benefício de si mesma, mas para ser caridosa para com o seu próximo. Rodrigo demonstrar interesse por Shayera não é algo tão ruim, pois trata-se de um bom rapaz, uma boa alma reencarnada, que vai respeitá-la e jamais fará algo que lhe cause sofrimentos, muito menos tentará alguma coisa contra a pureza dela. Ao encontrar Rodrigo e sentir a impressão de estar na frente de um amigo e inimigo, essa impressão pode ser explicada pela filosofia espírita. Talvez em vidas passadas você e Rodrigo tenham sido bons amigos, e algum episódio desagradável possa ter acontecido e ocasionado o rompimento dessa amizade. Penso que a vida está tentando aproximá-los para retomarem a amizade, e como ambos são boas almas, vão se entender, pois ter um amigo verdadeiro a seu lado vale muito mais do que qualquer rompimento que possa querer atrapalhar uma amizade sadia. Aproveite a aproximação que a vida está lhe apresentando e quando se encontrar com Rodrigo não leve em consideração a forma como ele olha para Shayera, mas sim o fato de ele ser uma boa alma, que pode se tornar seu amigo, pois ninguém vive sem amigos, nem mesmo um cigano. Eu sou cigana, Yasmin é da cidade, mas somos muito amigas.

– A senhora é muito sábia. O que me explicou baseada na filosofia espírita faz sentido. Atenderei ao seu pedido, mas sendo um homem apaixonado por Shayera não sei se essa paixão me fará enxergar Rodrigo como uma boa alma, quando me encontrar com ele e observar que ele a corteja. Caso consiga enxergá-lo como uma boa alma, tudo farei para que sejamos amigos; caso contrário, darei uma lição nele.

– Se Rodrigo cortejar Shayera você deverá aprender a lidar com isso, e não dar uma lição nele. Como você mesmo disse, seu dever como protetor é zelar pela segurança de Shayera, não dar lições nos rapazes da cidade.

– Procurarei seguir o que a senhora recomendou – disse o sobrinho.

Os dois continuaram conversando na barraca e acertando os detalhes de como fariam para que a ajuda inesperada chegasse até Rodrigo.

CAPÍTULO QUINZE

O pandeiro

Transcorridos alguns dias, Yago estacionou a caminhonete no supermercado; lá dentro, encheu dois carrinhos com diversas mercadorias. Conduziu-se até o caixa de Rodrigo, cumprimentou-o e após pagar a compra conduziu os carrinhos até o veículo, descarregando as mercadorias. Entrou no veículo e ficou aguardando.

Quando o cigano viu Rodrigo e Otávio deixando o supermercado, pediu:

– Entrem na caminhonete que darei uma carona aos dois. Assim, aproveito para deixar na casa de Rodrigo as compras que tia Consuelo mandou fazer.

– Por que os ciganos estão me doando essas compras? – indagou Rodrigo. – Eu apenas fui gentil com sua tia quando ela desmaiou ao lhe oferecer a água adocicada e me oferecer para levá-la ao hospital. Não fiz isso querendo nada em troca. Não compreendo o motivo de ela ter me dado o dinheiro no cemitério e agora estar enviando essas compras. Por que quer me ajudar, só porque era amiga de minha mãe?

– Tia Consuelo é uma boa alma que vive na Terra. Por ter sido amiga de sua mãe, ela o está ajudando. Ore para Deus e para os bons espíritos ampararem-no e a seus irmãos que, após ficarem órfãos, não contam com ninguém que os socorra quando necessitarem de alguma coisa – falou Yago. – Entre na caminhonete e aceite as compras que lhe foram enviadas de bom coração. Se eu disser para tia Consuelo que você não as aceitou, ela ficará triste, e não desejo levar uma tristeza para alguém que ao se compadecer do seu próximo apenas desejou prestar uma caridade.

– Sua tia, realmente deve ser a alma boa do seu bando. Suas ações para comigo e meus irmãos a fazem também ser uma boa alma para nós – disse Rodrigo, entrando na caminhonete com Yago e Otávio, que não comentou nada, apenas achou estranho a cigana outra vez estar ajudando o amigo.

Quando Yago estacionou a caminhonete na frente da casa de Rodrigo e os três rapazes desceram do veículo, Otávio agradeceu a carona e seguiu para a padaria do pai. Rodrigo disse:

– Vou buscar meu irmão na padaria a fim de ele me ajudar a carregar as compras.

Raul cumprimentou o cigano e com o irmão ambos começaram a carregar as compras para dentro da residência. Yago os ajudou.

Todos se sentaram no sofá da sala e Raul perguntou:

– Yago, mamãe sempre contava histórias do povo cigano para mim e Olivinha. É verdade que eles vivem viajando de cidade em cidade e até para outros países?

– É, os ciganos não ficam muito tempo no mesmo lugar – respondeu Yago. – Nosso bando costuma acampar em algumas cidades da Argentina e do Uruguai. Esta é a primeira vez que venho para o Brasil, mas papai falou que antes de minha irmã nascer o nosso bando costumava acampar em cidades brasileiras. Foz do Iguaçu é uma boa cidade, e as Cataratas são muito lindas.

– As Cataratas do Iguaçu são uma maravilha da natureza! – exclamou Rodrigo. – Tem tempo que não as visito, pois a entrada é paga, e dinheiro é algo que desde o desencarne de meu pai está um tanto sumido aqui de casa. Tento economizar o máximo possível para conseguir manter as despesas da casa.

Yago deu uma rápida olhada pela casa e constatou que estava limpa e organizada; embora os móveis fossem velhos, estavam conservados.

– Mamãe me disse que no acampamento os ciganos vivem em festa. Sempre cantando, dançando e alegres, até quando trabalham. É verdade que vocês vivem sempre à toa só cantando e dançando?

– Não sabia que cantar, dançar e ser alegre é viver à toa, mas lá no acampamento o nosso bando procura viver feliz. A alegria é uma característica do povo cigano. Quando estamos trabalhando na fabricação dos produtos que comercializamos, cantamos e os fabricamos com alegria, a fim de que a música e a alegria impeçam que tenhamos preguiça. Após o trabalho, quando vemos os produtos fabricados, os músicos tocam seus instrumentos, os homens batem palmas e as mulheres dançam. Os homens entram na dança e a alegria invade todo o acampamento.

– Isso que é vida! – exclamou Raul. – Eu queria ter nascido no bando de vocês e ser cigano para viver à toa e não precisar estudar.

– Nesse caso, você não seria um bom cigano. Lá, todas as crianças, adolescentes e jovens vão para a escola. Tia Consuelo, que é a líder espiritual do bando, faz questão que todos os membros do bando estudem. Estudar é algo que ajuda a todos, inclusive aos ciganos – falou Yago.

– Essa vida boa de vocês não é assim tão boa, pois tem algo ruim que atrapalha – disse Raul fazendo Rodrigo sorrir.

– Raul não gosta de estudar e todos os dias tenho de me sentar com ele e ajudá-lo nas tarefas escolares para incentivá-lo a estudar – falou Rodrigo.

– Rodrigo é um chato e me obriga estudar, mesmo sabendo que eu não gosto.

– Seu irmão não é um chato, ele é um ótimo irmão. Se todos os dias o ajuda em suas atividades escolares e incentiva a estudar, é sinal de que gosta muito de você e só quer o seu bem – disse Yago.
– Eu também não gostava de estudar, mas quando tinha sua idade minha tia e meu pai sempre me disseram que eu precisava estudar, a fim de o estudo me fazer ficar esperto e eu me tornar um cigano inteligente para ajudar os outros.

– E o estudo o deixou esperto e inteligente? – quis saber Raul.

– Sim. Na escola, aprendi coisas que me ajudaram a ser um cigano inteligente e esperto, como utilizar melhor o tempo e como escolher algumas matérias-primas para melhorar a qualidade dos produtos que o bando fabrica. Vou continuar estudando, farei um curso superior na faculdade particular desta cidade.

– Estudar para ficar inteligente e esperto parece ser legal. Eu gostei – falou Raul. – Acho que vou começar a estudar um pouco mais. Sabe que tenho uma roupa de cigano que minha mãe fez para mim? Vou mostrá-la, depois você me diz se ela é igual às roupas que vocês usam lá no bando de vocês. Venha comigo! A roupa está no meu quarto – puxou Yago pela mão.

– Sua roupa é igual às roupas dos garotos ciganos do bando – disse Yago, saindo do quarto e comentando que precisava retornar.

Rodrigo o acompanhou até a caminhonete e disse:

– Agradeça a sua tia pelo envio das compras do supermercado e o dinheiro doado no cemitério. Diga-lhe que todos os dias rezarei para Deus e para os bons espíritos concederem-lhe muita paz, luz e bênçãos, a fim de ela continuar sendo uma boa alma reencarnada. Que Deus e os bons espíritos o ajudem a continuar imitando os bons exemplos dela, pois ter feito as compras no supermercado e as trazido até minha residência, incentivado Raul a estudar um pouco mais, demonstra que também é uma boa alma. Em minhas preces rezarei para Deus ajudá-lo a conquistar seus objetivos e ser feliz. Estou muito grato pela ajuda – abraçou fraternalmente o cigano. Yago ficou comovido, pois fora o pai nenhum outro homem o tinha abraçado daquela forma. E com exceção da tia, ninguém jamais tinha falado que rezaria por ele.

O cigano enfiou a mão no bolso da calça e retirou duas notas de dinheiro:

– Eu iria usar para comprar algo que acabei descobrindo não ser mais necessário. Utilize-o para visitar as Cataratas do Iguaçu, pois recordei que você mencionou que não as visita há tempo! Ou, se preferir, use para alguma outra despesa – entrou na caminhonete e, ligando o veículo, retornou ao acampamento.

Rodrigo ficou olhando a caminhonete se distanciar, pensando na atitude do cigano e na permanência dele em sua residência, dando-se conta de que talvez tivesse reencontrado um amigo de vida passada, cuja amizade seria interessante ser cultivada na presente existência física. Entrou em casa e ficou conversando com o irmão.

Passados cerca de vinte minutos, Yasmin e alguns jovens da mocidade espírita chegaram à residência com cinco cestas de alimentos e um pouco de dinheiro que tinham arrecadado.

Rodrigo agradeceu-lhes a caridade e fez uma prece para os bons espíritos que ajudavam a casa espírita, em nome de Deus, abençoarem Yasmin, os companheiros da casa espírita e todos os que o ajudaram.

Após a prece, Yasmin e os jovens partiram.

*****

Os dias foram se passando e Rodrigo, que antes do desencarne da mãe já cuidava dos dois irmãos, passou a lhes dar mais atenção e a fazer o que estava ao seu alcance para vê-los alegres e felizes.

No dia em que recebeu o novo boletim escolar de Raul e verificou que todas as notas estavam azuis, levou o irmão a uma loja e comprou o videogame prometido. Raul ficou alegre e agradeceu o irmão por ter cumprindo a promessa que lhe fizera, prometendo que continuaria se interessando pelos estudos.

Rodrigo comprou uma boneca para Olivinha. A irmãzinha lhe agradeceu beijando-o e dizendo que havia muito tempo queria aquela boneca.

Observando os irmãos alegres e se divertindo com os presentes, Rodrigo acreditou ter feito a coisa certa ao cortar algumas despesas da casa para pagar as prestações do videogame e da boneca.

****

Chegou o dia das provas de seleção para as duas bolsas de estudo que a faculdade iria conceder. Após a realização da prova, na saída do prédio, ele encontrou Yago e Sinval.

– Você estuda aqui? – indagou Yago.

– Pretendo estudar – respondeu Rodrigo. – Acabei de realizar as provas que selecionarão as duas pessoas que receberão bolsas de estudo. Se me sair bem, talvez consiga uma bolsa. Sou pobre e só conseguirei estudar se ganhar uma das bolsas.

– Boa-sorte! – desejou Yago.

– Obrigado!

Yago entrou no prédio e Sinval o seguiu sem falar nada.

Na tarde do dia seguinte, ao concluir seu expediente no supermercado e, após buscar Olivinha na creche e Raul na padaria, seguiram com Otávio para a praça onde os ciganos estavam. Otávio, por viver correndo atrás de Ciganinha sempre sabia em que local da cidade as ciganas estavam lendo a sorte.

Ao chegarem à praça, encontraram os ciganos já se preparando para irem embora. Rodrigo, ao avistar Consuelo, aproximou-se com os irmãos e disse:

– Eu e meus irmãos queremos pessoalmente agradecer a senhora por ter estendido as mãos em nossa direção e nos auxiliar quando mais necessitávamos. O auxílio chegou em boa hora, e todas as noites durante minhas orações peço a Deus para abençoar e ajudar a senhora a continuar sendo uma boa alma para o seu bando e para o próximo. Somos muito gratos.

– Obrigado! – agradeceu Raul.

– Obrigada! A senhora é uma cigana muito boazinha – disse Olivinha.

Consuelo ficou emocionada, pois jamais esperaria que os três a procurassem para agradecer-lhe, visto Yago já ter lhe dito que o rapaz tinha lhe enviado os agradecimentos.

– Não precisam me agradecer. Apenas fiz o que meu coração me pediu. Fico feliz em saber que a minha ajuda lhes foi útil – completou Consuelo.

– Se algum dia a senhora precisar de mim é só pedir para Yago me procurar, pois ele sabe onde resido e onde trabalho. Prometo vir imediatamente até a senhora e ajudá-la, caso a ajuda esteja em minhas mãos – proferiu Rodrigo.

– Se eu necessitar de algo que apenas alguém do povo da cidade possa fazer, vou me recordar de você.

– Rodrigo, vou falar com Yago. Ele está ali – disse Raul apontando para o cigano e caminhando até ele.

– Vou falar com aquela cigana que tem o pandeiro e pedir para ela me ensinar a dançar com o pandeiro – disse Olivinha correndo na direção de Shayera.

A menininha, ao se aproximar de Shayera, perguntou:

– Por que você não está dançando com o pandeiro? Eu queria ver você dançando com ele para pedir que me ensinasse, pois nunca dancei com um.

– Nós já estamos indo embora para o acampamento, é por essa razão que não estou dançando – falou Shayera. – Outro dia eu a ensino.

– Por que você não me ensina agora? Não sei se meu irmão vai me trazer aqui de novo! Desde aquele dia que eu e o Raul dançamos, eu lhe peço para me trazer, mas ele nunca traz, pois está sempre ocupado. Por favor, ensine-me agora. Por favor! – pediu Olivinha puxando o pandeiro da mão de Shayera.

A cigana ficou sem saber o que fazer, pois nunca ninguém tinha lhe pedido tal coisa, muito menos tirado o pandeiro dela. Olhou para Consuelo pedindo ajuda.

Consuelo se aproximou e falou em alta voz:

– Vamos ficar alguns minutos a mais na praça para Shayera atender ao pedido da irmãzinha de Rodrigo. Se ela dançou tão bonitinho naquele dia e nos alegrou com sua dança, hoje vamos lhe dar a chance de observar como Shayera dança com o pandeiro. Música e palmas! – gritou para alguns ciganos.

Os dois músicos do bando começaram a tocar seus instrumentos musicais. Yago, Juan, Sindel e Raul começaram a bater palmas.

Shayera pediu o pandeiro para Olivinha e começou a dançar. A garotinha acompanhava as acrobacias que Shayera realizava com o pandeiro sem pestanejar. Após dez minutos, a cigana chamou a menininha para dançar com ela e foi ensinando-lhe algumas acrobacias.

No fim, Shayera prometeu ensinar-lhe mais alguns passos em outro dia, mencionando que ela necessitava de um pandeiro. Olivinha se aproximou de Rodrigo e pediu:

– Você compra um pandeiro para mim?

– Não posso, não temos dinheiro. Depois que eu conseguir pagar as prestações da boneca e do videogame, compro-lhe o pandeiro.

– Vai demorar. Não quero esperar tanto para aprender a dançar com o pandeiro. Acho muito bonito quando Shayera dança com o dela, e quero aprender a dançar do jeito que ela dança – disse Olivinha.

– Eu lhe dou um pandeiro – falou Yago. – O que Shayera usa fui eu quem fez. Prometo lhe fazer um.

– Cruze os dedos e beije a cruz. É assim que se promete. Rodrigo me ensinou, e quando ele promete e beija a cruz ele cumpre – disse a menininha.

Yago, Shayera e Consuelo sorriram pela sua esperteza. Yago fez como ela pediu.

– Quando ganhar o pandeiro, venha aqui na praça que eu a ensino a dançar com ele – falou Shayera.

– Você é uma cigana boazinha igual a que deu dinheiro e compras do supermercado para o Rodrigo – disse Olivinha abraçando Shayera. Desvencilhando-se, foi até Rodrigo e perguntou:

– Você vai me trazer na praça para eu aprender a dançar com o pandeiro?

– Sim. Agora, precisamos ir embora, já agradecemos Consuelo pelo bem que nos fez.

O rapaz aproximou-se de Shayera e lhe agradeceu por ter dado a aula de dança com o pandeiro para a irmãzinha. A jovem rapidamente desviou o olhar e nada disse.

Rodrigo se despediu de Consuelo. Chamou os irmãos e Otávio, que desde que chegara ficara conversando com Ciganinha.

Os ciganos subiram nas carroças e seguiram para o acampamento. No local, Sindel se aproximou da irmã e disse:

– Não sabia que tinha dado dinheiro e alimentos para os filhos de Calina. Por que fez isso?

– Para se ser caridoso não é necessário consultar ninguém, basta apenas seguir o que de bom o seu coração lhe manda praticar – disse Consuelo. – A caridade praticada para com os filhos de Calina poderá contar a seu favor caso seu espírito, ao despertar do outro lado da vida, descubra como desencarnou e acredite que de alguma forma você e Javier foram os responsáveis. Se quiser se vingar, poderá ficar ao lado de vocês, sugando as suas energias e, por meio de sugestões, induzi-los a fazer o mal para si próprios ou sugestionar outra pessoa para prejudicar vocês. Se isso acontecer e ela souber sobre a caridade que o bando está praticando para os filhos dela, Carmecita e os bons espíritos podem ajudá-la a compreender que a caridade praticada é uma forma de você e Javier pedirem perdão pela forma que a abordaram.

Sindel abraçou a irmã e respondeu:

– Você é uma excelente líder espiritual, pois o que me disse demonstra que além de conhecer a forma como os espíritos devem viver do outro lado da vida, realmente se preocupa com os membros do bando. Quero que saiba que você é uma boa alma ao nosso bando; não conseguimos visualizar outra líder espiritual executando tantos bons exemplos! Deus e Santa Sara Kali foram muitos misericordiosos ao permitirem que sua boa alma reencarnasse entre nós. Você é muito importante, e após o treinamento da aprendiz, meu desejo é que você continue vivendo conosco – abraçou-a e depois seguiu para sua barraca.

Consuelo ficou sensibilizada com o abraço e com o que o irmão lhe falara.

****

A líder espiritual, avistando o sobrinho envolvido na confecção do pandeiro que daria para Olivinha, pensou que ele procurava colocar em prática o que ela sempre lhe ensinou. Yago também era uma boa alma, que a vida estava dando um jeito de aproximar de outra boa alma que vivia na cidade. O pandeiro era uma tentativa de aproximação que a vida colocava no caminho do sobrinho e de Rodrigo, para demonstrar que eles jamais deveriam ter sido separados. Juntos, eles teriam a chance de praticar o "Fora da caridade não há salvação" entre os ciganos e os que não eram ciganos.

Consuelo entrou em sua barraca e fez uma prece pedindo a Deus para abençoar o sobrinho e Rodrigo, que os ajudasse a ser amigos, e que a amizade os incentivasse a estender as mãos um na direção do outro e na de quem delas necessitassem. Fez uma nova prece direcionada a Calina e solicitou aos bons espíritos que a ajudassem quando despertasse na cidade espiritual e a informassem de que ela tudo faria para ajudar seus filhos a não passarem necessidades.

Carmecita, o ancião, que se chamava Alonso, e o rapaz, que se chamava Yuri, acompanhando os últimos acontecimentos, decidiram repassar para Calina o que Consuelo havia solicitado. Carmecita aproximou-se da líder espiritual e sussurrou:

– Que o bondoso Deus lhe dê forças e muita luz para que continue sendo essa boa alma reencarnada para o bando cigano e para todos que cruzarem seu caminho. Que você permaneça praticando a caridade e rezando por todos. – Com Alonso e Yuri, partiu rumo à cidade espiritual em que viviam.

*****

Passados três dias, ao entardecer, Yago buzinou na frente da casa de Rodrigo e saiu do veículo. Quando ele apareceu na porta, o cigano lhe disse ter trazido o presente de Olivinha. Rodrigo o convidou para entrar e chamou a irmãzinha.

– Conforme te prometi, trouxe seu presente – disse Yago entregando o pandeiro à menina.

Olivinha deu uma conferida no instrumento musical e falou:

– O pandeiro é bem bonito! Obrigada, tio Yago! – abraçou o cigano e com o pandeiro começou a dançar pela sala. – Aproximou-se do irmão e pediu:

– Amanhã você me leva na praça para Shayera me ensinar a dançar com o pandeiro?

– Sim, mas não vamos ficar por muito tempo, pois amanhã trabalho na churrascaria, e meu tempo será corrido.

Toda alegre, ela voltou a dançar.

– Sua irmãzinha gosta mesmo de nossas danças. Ela dança igual a uma cigana. É bonito ver uma criança que não é cigana dançar como as nossas dançarinas – disse Yago.

– Quando ela e Raul eram pequenos, mamãe começou a ensiná-los as danças ciganas e algumas músicas. Deve ser por essa razão que os dois gostam da cultura do seu povo – falou Rodrigo. – Estou muito grato por ter dado o pandeiro para Olivinha; ela ficou muito feliz. Você e sua tia são ciganos bondosos! – exclamou.

– O resultado da prova que você realizou na faculdade já saiu? – inquiriu Yago.

– Sairá dentro de alguns dias. Estou torcendo para conseguir uma das bolsas de estudo.

– Boa sorte! – desejou o cigano. – Eu me matriculei em um dos cursos da faculdade e em breve estudarei lá. Se você conseguir a bolsa de estudo, talvez a gente se encontre na faculdade. Até logo! Preciso voltar ao acampamento.

Rodrigo agradeceu novamente o presente e acompanhou o cigano até a caminhonete. Entrando no veículo, ele regressou ao local em que o bando estava acampado.

No dia seguinte, Rodrigo levou Olivinha à praça para ter nova aula de dança com o pandeiro. Depois, o rapaz agradeceu Shayera por estar ensinando sua irmã. Ele fixou o olhar na aprendiz e esboçou um sorrisinho. A jovem, por segundos, também o olhou, mas, desviando o olhar, disse para Olivinha:

– Outro dia eu te ensino mais como se dança com o pandeiro. Agora, preciso trabalhar e ajudar Consuelo em sua tenda.

****

Nas outras duas vezes que levou a irmãzinha para aprender a dançar com Shayera, Rodrigo agradeceu a aprendiz e a olhou de forma significativa, esboçando aquele sorrisinho tão peculiar. Shayera nunca lhe disse nada e, embora o olhar e o sorrisinho lhe provocassem o desejo de conversar e ser abraçada e beijada por ele, depois de sustentar o olhar, o desviava e se ausentava.

De longe, Yago observava os dois e sentia ciúmes de Rodrigo. Percebia que Shayera não demonstrava indignação, sustentava seu olhar e só depois dava as costas para o rapaz. Sentia vontade de tirar satisfação com Rodrigo, mas era impedido pela tia, que procurava sempre se manter por perto quando o rapaz levava a irmãzinha para aprender a dançar. Ela lhe pedia que olhasse o rapaz como um bom irmão, que estava fazendo o bem para Olivinha. Dessa forma, sua mente e seus olhos não o fariam enxergar Rodrigo apenas como um rapaz que demonstrava interesse por Shayera, mas uma boa alma, que estava praticando uma caridade.

Rodrigo não entendia as atitudes de Shayera; precisava descobrir, almejava conquistar a simpatia e a amizade dela e talvez ter algo mais que sua amizade: o coração da jovem.

CAPÍTULO DEZESSEIS

Faculdade

Ruth se aproximou de Rodrigo e lhe disse que alguém da faculdade tinha telefonado e solicitado que comparecesse à instituição para efetuar sua matrícula, pois tinha ganhado uma das bolsas de estudo solicitada.

Rodrigo ficou feliz e Ruth permitiu que ele se ausentasse para realizar a matrícula.

Ao chegar à faculdade, soube que a bolsa dava-lhe a matrícula grátis e 75% de desconto no valor das mensalidades. Ele teria de arcar com os outros 25%.

– Não tenho condições, não farei a matrícula; tenho certeza de que não terei o dinheiro quando for obrigado a quitar o compromisso assumido – falou Rodrigo.

– Nesse caso, a bolsa de estudo vai para outro candidato que participou da seleção – disse o vice-reitor. – É uma pena que você não possa estudar em nossa faculdade, suas notas foram superiores às dos demais concorrentes. Você seria um bom discente. Não tem ninguém que possa bancar esse valor para você?

– Infelizmente, não. Eu e meus irmãos ficamos órfãos após o desencarne dos nossos pais. Eu trabalho em um supermercado e faço um extra nos fins de semana em uma churrascaria, mas o que ganho já está comprometido com as despesas da casa e a alimentação de meus irmãos. Gostaria muito de frequentar o curso, pois ao me formar, tenciono encontrar um emprego onde o salário seja melhor. Se não posso arcar com os 25% da mensalidade é porque a vida está me dizendo que este não é o momento adequado para iniciar o curso. Agradeço-lhe a atenção. Preciso retornar ao meu emprego – despediu-se e se dirigiu à porta.

O bom espírito Carmecita, que acompanhava a conversa, sussurrou algo no ouvido do vice-reitor. O homem, ao perceber Rodrigo com a mão no trinco da porta, falou:

– Espere um minuto. Sugiro que faça a matrícula e frequente o curso por um mês. Nesse prazo você tenta encontrar um meio para conseguir os 25% da mensalidade do curso. Caso não consiga, voltamos a conversar e eu estudo outra forma de você quitar esse valor.

– Já vou avisando-o que o senhor terá de encontrar essa outra forma, pois eu realmente não terei como pagar.

Assim, o jovem efetuou a matrícula.

Ao retornar ao supermercado, ele contou o que aconteceu na faculdade. Ruth disse:

– Desde que você começou a trabalhar neste supermercado, aos quinze anos, eu percebi o quanto é esforçado e o quanto é bom funcionário. Você trabalha com alegria e muitos dos meus clientes gostam de passar as mercadorias deles em seu caixa. Sempre que precisei de você esteve à disposição. Nunca faltou e se relaciona bem com todos os funcionários. Eu o admiro por seu esforço, por trabalhar com alegria, por ser um bom funcionário e educar sozinho seus irmãos, sem permitir que falte o essencial a eles – disse Ruth. – Em razão disso, o supermercado vai arcar com os 25% do valor da mensalidade do seu curso superior. Pode estudar sem se preocupar.

Rodrigo a abraçou como um filho abraça a mãe, e disse:

– Não tenho palavras para lhe agradecer. A senhora, desde que comecei a trabalhar em seu supermercado, tem sido minha segunda mãe. Que Deus a abençoe e retribua em dobro o que está fazendo. Em minhas orações, todos os dias, rezarei pela senhora, por seu filho e para o supermercado alçar altos voos.

Ruth ficou emocionada e retornou à sala onde trabalhava na contabilidade do supermercado. Olhou para o filho que, em vez de ajudá-la ficava entretido com o videogame. Desejou que Ronaldo fosse como Rodrigo, mas ele não se interessava por nada, por mais que ela o incentivasse a fazer um curso superior, a se interessar pelo trabalho no supermercado, fazer um regime, Ronaldo se recusava e era incapaz de aprender qualquer coisa. Ia continuar rezando para que o filho um dia acordasse para a vida e fosse capaz de sair da ociosidade em que vivia.

*****

No primeiro dia de aula, assim que Rodrigo entrou na sala avistou entre os alunos Yago e Sinval. Cumprimentou-os e, sentando-se em uma carteira antes da deles, ficou atento a tudo o que os professores falavam. Depois, participou da calourada organizada pelos veteranos do curso. Mais tarde, dirigiu-se à biblioteca e pegou alguns livros que os professores mencionaram que utilizariam durante as aulas. Por fim, dirigiu-se para casa.

Chegando lá, encontrou Otávio assistindo a um filme na televisão. Após guardar os livros e o caderno, retornou para a sala e Otávio lhe disse:

– Seus irmãos já estão dormindo. Eu fiz a tarefa escolar com o Raul, porque ele comentou que você o ajudava. Há quarenta minutos fiz café e trouxe alguns pães com fatias de queijo e presunto e um bolo da padaria. Está tudo na mesa da cozinha. Eu já estudei à noite e sei que, ao chegar em casa, após as aulas, sentimos fome – levantou-se do sofá. – Preciso ir, pois a minha cama está me esperando. Amanhã temos de levantar cedo para mais um dia de trabalho.

Rodrigo o abraçou e disse:

– Você não é apenas um amigo, é um irmão para mim. Não sei como lhe agradecer por ter se oferecido para ficar aqui em casa cuidando dos meus irmãos enquanto eu estudo. Só Deus poderá pagar o que, em nome de nossa amizade, você já fez por mim. Obrigado, Otávio!

– Não tem nada que agradecer. Você também já fez muita coisa por mim. Ao cultivarmos uma boa amizade, estamos sempre dispostos a ajudar o outro quando necessita de auxílio – falou Otávio. – Se não tivesse preguiça de estudar, também iria fazer um curso superior, mas o trabalho no supermercado acaba comigo e tudo o que quero quando chego em casa é descansar; nem ânimo para ajudar meus pais e a Rosália eu tenho, quanto mais para estudar. Você é um guerreiro por conseguir fazer o que eu não consigo. Continue assim. Até amanhã!

Rodrigo se dirigiu à cozinha e se alimentou. Depois, lavou a louça e foi escovar os dentes. Fez uma prece pedindo para Deus abençoar Otávio e sua família, Ruth e o supermercado, e continuar o abençoando e aos seus irmãos.

*****

Os dias e as semanas passaram e os professores do curso de Administração logo perceberam que Rodrigo era um aluno bem esforçado e estudioso. Era um dos raros alunos da faculdade que lia todos os textos solicitados. Estava sempre fazendo perguntas inteligentes e respondendo às que os professores faziam à turma. Além disso, estava sempre na biblioteca pesquisando assuntos relacionados aos estudos em sala de aula.

Envolvido com o trabalho no supermercado, o extra na churrascaria, o curso na faculdade, de mediunidade na casa espírita, e as atividades do grupo mediúnico e da mocidade espírita, Rodrigo nunca mais pôde levar Olivinha na praça para Shayera ensiná-la a dançar com o pandeiro. Sempre que a irmãzinha lhe pedia, ele respondia que Shayera já tinha lhe dado algumas aulas. Olivinha não gostava da resposta, mas notou que o irmão não mais a levaria na praça, assim parou de pedir.

Rodrigo sentiu-se aliviado, pois já estava cansado de ser ignorado por Shayera, que fazia de conta que ele não existia quando o encontrava no curso de mediunidade. Embora desejasse muito se aproximar, não iria lhe impor sua presença se ela não o queria por perto; iria se esforçar para deixar de pensar nela e se concentrar apenas em seus compromissos.

Ao realizar as primeiras provas do curso, conseguiu excelentes notas em todas as disciplinas e ficou feliz ao verificar que sua dedicação estava surtindo efeito. Observando que Yago segurava as provas sem muita alegria, imaginou que o cigano talvez não tivesse se saído muito bem nas avaliações. Como já tinha percebido que ele e Sinval não faziam nenhuma pergunta aos professores nem interagiam com os outros alunos, falou:

– Yago, quase não tenho tempo para estudar, mas todo dia chego uma hora antes do início das aulas e estudo na biblioteca. Embora seja apenas uma hora, consigo aprender muita coisa. Se quiser se juntar comigo na biblioteca, durante essa hora, podemos estudar juntos. Talvez seja mais fácil aprendermos o que os professores ensinam.

– Obrigado pelo convite. Farei isso, tenho muita dificuldade em algumas disciplinas, e já notei que você se sai bem em todas – falou Yago. – Sinval, quer se juntar a nós durante essa hora de estudo na biblioteca? Como usamos a caminhonete para virmos à faculdade se vou chegar mais cedo, você também chegará.

– Prefiro estudar sozinho. Enquanto você estuda com seu amigo, estudarei sozinho em outra parte da biblioteca.

– Compreendo. Faça como desejar.

****

Yago passou a estudar com Rodrigo. Quando uma nova semana de provas se aproximou, Rodrigo convidou o cigano para intensificar os estudos na residência dele. Yago aceitou e combinou de pegá-lo no supermercado no fim do expediente.

Estudar juntos proporcionou uma boa aproximação entre eles, e a amizade foi se intensificando. Yago, percebeu que o amigo realmente era uma boa alma e em algumas atitudes lembrava sua tia. O cigano gostava da alegria e da boa energia da casa do Rodrigo. Quando não estavam estudando e Rodrigo se envolvia nas atividades domésticas da casa, conversava com Olivinha e Raul, falando da cultura do povo cigano, cantando algumas músicas ciganas e dançando na sala com os dois, pois Raul queria aprender mais coisas.

Quando a semana de provas na faculdade se iniciou, Yago percebeu que ter estudado com Rodrigo fez grande diferença. Ao receber o resultado das provas, constatou todas as notas azuis e agradeceu a Rodrigo, deixando-o ciente de que o empenho dos dois durante as horas de estudo tivera resultado positivo.

Sinval, que não tinha se saído bem nas provas, não gostou de ver a felicidade de Yago. Como não queria estudar com Rodrigo, decidiu cobrar dos professores o atendimento extra para alunos com dificuldades. Queria superar as notas deles nas próximas avaliações. Como um dos conselheiros do bando, Sinval convenceu os outros a aprovarem a compra de uma nova caminhonete para ir à faculdade, visto ter perdido a carona que Yago lhe dava, em razão de estar estudando com Rodrigo.

Depois da semana de prova, Yago voltou a estudar com Rodrigo apenas durante uma hora na biblioteca da faculdade, mas começou a sentir falta da convivência na casa do rapaz e da alegria e boa energia do local. Dessa forma, decidiu estudar um dia da semana na casa de Rodrigo. Ao descobrir que depois das aulas Rodrigo voltava a pé para sua residência, Yago começou a lhe dar carona.

A vida corrida de Rodrigo o fez descobrir que quase não estava tendo tempo para se dedicar à educação dos irmãos nem aproveitar algumas horas para juntos terem uma boa convivência. Embora necessitasse do dinheiro que ganhava trabalhando como garçom nos fins de semana, decidiu abrir mão desse dinheiro para poder dar atenção aos irmãos. Procurou Carlos e a esposa e lhes explicou a situação, agradecendo-lhes pela oportunidade que haviam lhe dado.

Carlos e Filomena lamentaram e disseram-lhe que quando necessitasse poderia procurá-los. Livre do trabalho na churrascaria, nos fins de semana Rodrigo se sentava com os irmãos e se envolvia com brincadeiras e outras atividades que passaram a realizar juntos. Quando sobrava um tempo, aproveitava para estudar, pois sendo um bolsista na faculdade precisava continuar apresentando boas notas.

CAPÍTULO **DEZESSETE**

O choro de Shayera

Sentada longe dos alunos do curso de mediunidade, Shayera observava Rodrigo sem que ele desconfiasse. Por mais que desejasse não pensar nele, os pensamentos a traíam. Soube que Rodrigo era uma boa alma para os irmãos, um rapaz religioso, honesto, amigo e fiel aos compromissos assumidos, e tudo isso só aumentou o desejo de descobrir por que seu coração ficava acelerado sempre que o avistava. Queria descobrir quem era Rodrigo e como conseguia educar os irmãos, trabalhar no supermercado, estudar e realizar as atividades da casa espírita, sem deixar nenhuma das tarefas a desejar.

A jovem suspirou, estava arrependida de ter feito aquele juramento que a impedia de falar e se relacionar com qualquer rapaz do povo da cidade. Se não o tivesse feito poderia conversar, andar de mãos dadas, ter a atenção dele somente para ela, ser abraçada e beijada. Mas jamais poderia agir assim. Teria de se manter pura para melhor servir a Santa Sara Kali e ao baralho cigano. Tinha ideia fixa de obter conhecimento para retirar o pai do local de dor e trevas em que deveria estar por ter se suicidado. Foi para isso que se tornara aprendiz, e precisava atingir seu objetivo e parar de pensar em Rodrigo.

– Shayera, estamos esperando se manifestar – disse Yasmin.

— Você me perguntou alguma coisa? — indagou, interrompendo a sequência de pensamentos. — Se perguntou, não escutei.

— Hoje você está bem distante da aula. Aconteceu algo em seu acampamento que a deixou preocupada?

— Não, está tudo bem — respondeu, olhando rapidamente para Rodrigo e pensando ser ela que não estava bem por estar tão próxima do rapaz que fazia seu coração bater mais acelerado.

— Acredito que depois desses meses de curso você já está preparada para participar dos exercícios mediúnicos com os outros alunos — falou Yasmin. — Esses exercícios serão após as aulas. Você pode participar?

— Consuelo me disse que devo aprender tudo o que me ajudar a educar e trabalhar minha mediunidade. Se os exercícios fazem parte do curso ficarei, mas necessito avisar Yago que hoje sairei mais tarde, assim evito que ele fique preocupado.

Ela se ausentou da sala e regressou depois de cinco minutos.

Quando a aula foi concluída, Yasmin autorizou os alunos a irem ao banheiro ou tomar água. Alguns deixaram a sala.

Yasmin começou explicando como seriam os exercícios mediúnicos e informou que Rodrigo iria auxiliá-la durante os exercícios. As janelas e a porta da sala foram fechadas e uma lâmpada azul-clara foi acessa. A orientadora leu uma passagem de *O Evangelho Segundo o Espiritismo* e a explicou. Depois, ligou um aparelho de som e uma música clássica se fez ouvir.

Depois da prece e por meio dela pediu permissão ao mentor espiritual da casa espírita para ela e Rodrigo ministrarem o passe magnético. Após, Yasmin pediu aos alunos para relaxarem os membros e expulsaram da mente qualquer pensamento que os estivesse preocupando.

Quando percebeu que todos estavam relaxados, pediu-lhes para se concentrarem apenas no som da música, na voz dela e na de Rodrigo, e seguirem as instruções.

Ela e Rodrigo se aproximaram por detrás das cadeiras e sussurraram algo nos ouvidos dos alunos. Rodrigo, ao ficar atrás de Shayera, notou que ela estava um pouco tensa e disse:

– Procure relaxar e esquecer tudo à sua volta, inclusive seus braços, pernas e demais membros do corpo, pois pouco serão utilizados durante os exercícios. Esqueça do corpo e inspire lentamente o ar por três vezes. Solte-o lentamente. Relaxe, Shayera. Relaxe e se concentre apenas no mundo espiritual e nas boas energias que os bons espíritos espalharam no local. Concentre-se e relaxe! Expulse de sua mente o que não é ideal neste momento e conecte-se com os bons espíritos que estão à sua volta e que vão ajudá-la durante os exercícios. Você é capaz de se concentrar e se conectar com esses espíritos. Concentre-se e relaxe. Relaxe, Shayera! Relaxe! – sussurrou em seu ouvido direito. Com delicadeza, pousou as mãos nos ombros de Shayera e lhe pediu para se concentrar e relaxar, pois confiava que ela seria capaz e logo estaria sintonizada com os espíritos amigos. Fez uma rápida prece e pediu aos espíritos amigos para auxiliarem-na nos exercícios mediúnicos.

Shayera sentiu o coração bater mais acelerado ao perceber as mãos de Rodrigo pousadas em seus ombros e escutar sua voz. As mãos dele eram quentes e a sua voz a estava fazendo sentir algo que jamais sentira. Queria descobrir se o abraço e o beijo do rapaz eram tão quentes quanto suas mãos. Pensou que deveria se concentrar nos exercícios mediúnicos e não se desviar e desejar algo impróprio para o momento, mas não estava conseguindo. Não tinha mais dúvida, estava perdidamente apaixonada pelo rapaz, mas tinha de ser fiel ao juramento de aprendiz. Levantou-se de supetão e saiu correndo da sala.

Ao chegar ao pátio, atirou-se nos braços do protetor e, chorando, pediu-lhe para levá-la ao acampamento.

Yasmin e Rodrigo foram atrás dela.

– O que aconteceu que a fez chorar, Shayera? – indagou Yago. – Eu sou seu protetor, preciso saber se alguém lhe fez mal.

– Ninguém me fez mal algum. Apenas quero ir embora e nunca mais colocar os pés nessa casa espírita. Yago, por favor, leve-me para o acampamento. Quero ir embora.

Yasmin e Rodrigo perguntaram se algo tinha acontecido durante os exercícios mediúnicos que a fizeram ficar naquele estado. Shayera não respondeu e voltou a pedir para Yago levá-la ao acampamento.

O protetor a levou até a caminhonete. Quando ela entrou no veículo, o cigano se aproximou de Rodrigo e lhe perguntou sobre o que havia acontecido.

– Nenhum de nós entendemos o que ocorreu com Shayera. Estávamos concentrados nos exercícios mediúnicos quando ela se levantou e saiu correndo.

– Rodrigo, algo aconteceu para deixá-la tão abalada. Ela me disse que nunca mais quer colocar os pés aqui.

Rodrigo e Yasmin se entreolharam.

– Esses ciganos levam a cultura deles a sério demais. Yago, por ser o protetor de Shayera, quer saber o que lhe aconteceu para poder executar o que o seu papel de protetor o obriga – disse Yasmin. – Vamos retornar à sala e continuar com os exercícios mediúnicos. Se algo grave aconteceu com ela, depois saberemos.

Os dois regressaram e com os outros alunos continuaram os exercícios mediúnicos.

*****

Quando a caminhonete chegou ao acampamento, Shayera desceu e ao avistar Consuelo conversando com Carmen correu em sua direção e a abraçou chorando:

– Por favor, Consuelo, não me peça mais para frequentar o curso de mediunidade na casa espírita. Não posso retornar àquele local, não posso.

– Não pode mais voltar à casa espírita? O que aconteceu? – perguntou Consuelo ofertando seu ombro e passando delicadamente as mãos sobre seus cabelos.

Shayera não teve coragem de dizer o motivo na frente de outras pessoas do bando e saiu correndo em direção ao riacho.

Yago correu atrás dela, preocupado com o que ela iria fazer e disposto a tudo para ajudá-la a se livrar da dor que a fazia sofrer e chorar.

– Vamos atrás dela para saber o que aconteceu – gritou Shiara. – Ela é a futura líder espiritual, e se algo a fez sofrer todo o bando tem de ficar sabendo. Sinval, corra atrás dos dois! – ordenou olhando para o cigano.

– Ninguém vai correr atrás dos dois, nem deles se aproximar – falou Consuelo. – Se algo aconteceu quem tem de ficar sabendo sou eu. Vou até ela e não quero que ninguém venha atrás de mim.

Shiara chamou Sinval para conversarem e lhe disse que tinham de dar um jeito de descobrir o que havia acontecido.

****

No riacho, Consuelo encontrou Shayera deitada no chão com a cabeça apoiada no colo de Yago, que lhe pedia para se acalmar, parar de chorar e contar o que havia acontecido. Contudo, ela não o atendia. A líder se aproximou e, sentando-se ao lado deles, falou:

– Yago, deixe Shayera chorar até que o choro lave sua alma e expulse do seu coração parte da dor que a está fazendo sofrer. Depois, ela vai se acalmar e será capaz de me contar o que aconteceu – delicadamente, retirou a cabeça da aprendiz do colo do protetor, e a colocando em seu colo, disse ao sobrinho:

– Ficarei aqui e cuidarei dela até que se acalme e consiga conversar comigo. Junte-se a Sindel e impeça qualquer um de se aproximar do riacho.

– Nada me fará sair de perto de Shayera, nem mesmo um pedido da senhora – falou Yago. – Sou seu protetor e tenho de saber o que aconteceu com ela que a fez sofrer, pois jurei que tudo faria para livrá-la dos perigos e impedir que algo a fizesse sofrer. Um juramento para um cigano é sagrado, e eu honrarei o meu enquanto estiver vivo.

– Nesse caso, vá até o acampamento e verifique se ninguém nos seguiu. Depois, retorne e fique conosco – disse Consuelo.

Yago levantou-se e foi verificar. Consuelo aproveitou e pediu à aprendiz que lhe contasse o que a tinha feito chorar. Shayera teve medo de confessar sua paixão por Rodrigo e isso a impedir de continuar sendo a aprendiz. Assim, retirou a cabeça do colo de Consuelo e sentou-se, optando ficar em silêncio.

Carmecita, que acompanhava Shayera desde quando os exercícios mediúnicos se iniciaram, aproximou-se e lhe aplicou um passe magnético, espalhando boas energias que a ajudaram a parar de chorar e se acalmar.

– Sou sua mestra e devemos confiar uma na outra. Antes de se tornar minha aprendiz eu já confiava em você. Espero que confie em mim e abra o seu coração, pois só poderei ajudar se souber o motivo do seu choro e pedido para não mais frequentar o curso.

– O meu choro e sofrimento foram causados por Rodrigo. Ele me tocou dentro da sala do curso e foi doloroso e muito me fez sofrer.

– Rodrigo pagará caro por ter tocado em você e lhe fazer chorar e sofrer – disse Yago, que retornou, escutou e saiu em disparada.

– Espere, Yago! – chamou Shayera. – Espere! Eu ainda não contei para Consuelo o motivo do toque de Rodrigo ter me feito sofrer.

O cigano não esperou, entrou na caminhonete e dirigiu em alta velocidade.

– Temos de impedi-lo de brigar com o Rodrigo – disse Shayera, que com Consuelo havia corrido atrás dele.

Consuelo se aproximou de Sindel e pediu para conduzi-las até a casa espírita. O líder pegou a chave da outra caminhonete e entrando no veículo, os três seguiram ao destino.

Ao chegarem, não encontraram Yago nem Rodrigo. Souberam que Rodrigo tinha ido para sua casa, mas somente Yago sabia onde ele morava. Sindel lembrou-se que havia descoberto onde Calina morava, mas preferiu ficar em silêncio. Consuelo não se recordou. No acampamento, ficaram aguardando o retorno de Yago para saber o que ele tinha feito.

*****

Yago, ao chegar à casa espírita e descobrir que Rodrigo tinha ido para sua casa partiu para lá. Assim que estacionou a caminhonete, desceu do veículo e bateu na porta.

Raul abriu a porta e o mandou entrar.
– Onde está o seu irmão? – indagou Yago.
– No quarto se arrumando. Você quer falar com ele?
Yago não respondeu e como já sabia qual era o quarto de Rodrigo foi até o aposento e bateu na porta. Rodrigo a abriu e o vendo inquiriu se tinha descoberto o que tinha motivado o choro de Shayera.
– Você – respondeu Yago, dando um soco no rosto do rapaz e passando a esmurrá-lo com violência e rapidez.
Rodrigo tentou revidar, mas Yago era forte e um bom lutador.
– Nunca mais toque em Shayera. Jamais a faça sofrer novamente. Se tocá-la outra vez eu mato você – voltou a dar socos no rapaz.
Otávio, avisado por Raul, entrou no quarto e vendo o amigo caído no chão e Yago sentado nele, esmurrando-o com violência, atirou-se sobre Yago. Embora o cigano fosse forte e bom lutador, Otávio também sabia lutar e lhe deu muitos socos, dominando-o com uma chave de braço. Yago se esforçou para se libertar.
– Se não se acalmar, quebrarei seu braço – disse Otávio. – Por que está agredindo Rodrigo? Pensei que fossem amigos.
– Eu também, mas estava enganado. Rodrigo não é a boa alma que eu pensei. Ele fez Shayera chorar e sofrer. Sendo o protetor da aprendiz é minha obrigação dar uma lição em quem a maltratou – disse Yago. – A partir de hoje, terei Rodrigo como inimigo – reuniu todas as suas forças e conseguindo se libertar deu forte empurrão em Otávio e saiu correndo.
Otávio auxiliou Rodrigo a se levantar e notando que ele estava com o olho direito fechado, muito inchado e roxo, e o nariz escorrendo sangue, disse:
– Vou levá-lo ao hospital. Você está muito ferido e precisa de cuidados médicos. Devia ter aprendido a lutar quando eu o convidei para fazermos aulas de luta na academia.
Rodrigo não disse nada e seguiu com o amigo; seu olho direito doía muito. Ambos seguiram para o hospital. Rodrigo se perguntava o que teria feito para Shayera para motivar a ira de Yago, mas não descobriu a resposta.

CAPÍTULO DEZOITO

Uma conversa difícil

No acampamento cigano, Shayera inquiriu Yago sobre aonde tinha ido e o que havia feito.

– Rodrigo nunca mais vai fazê-la sofrer. Após ter recebido uma boa lição não encostará um dedo em você, pois o deixei ciente depois de espancá-lo sem piedade, de que será um homem morto se novamente a fizer chorar e sofrer.

– Após conviver com Rodrigo, você me disse que ele era uma boa alma, apreciava conversar com ele e frequentar sua residência, pois gostava da alegria e energia da casa dele – disse Consuelo. – Você falou que ele te estendeu as mãos convidando-o para estudar com ele algumas disciplinas que você tinha dificuldade, e o estudo o ajudou. Comentou que o admirava por conseguir sozinho educar os irmãos, estudar e trabalhar, sem se queixar que estava cansado de fazer várias coisas ao mesmo tempo. Confessou que fora Juan, finalmente tinha um amigo em quem podia confiar. Agora está nos dizendo que foi atrás desse amigo e o espancou sem piedade, sem saber se ele merecia o espancamento?

– Ele mereceu apanhar, pois fez Shayera chorar e sofrer. É meu dever não deixar impune quem prejudicou a aprendiz da líder espiritual.

– Duas pessoas, quando amigas, por meio de uma boa conversa devem fazer de tudo para evitar uma briga. Antes de agredir seu amigo, você perguntou o que ele tinha feito para Shayera? – indagou Consuelo.

– Não. Quando ele me indagou se eu tinha descoberto o que havia feito Shayera chorar e sofrer respondi que tinha sido ele e o agredi.

– Você agiu errado, pois espancou um inocente – falou Shayera. – Rodrigo, por meio dos seus atos, não me causou nenhum sofrimento. Ele nem sabe o que me fez chorar e sofrer.

– Mas eu escutei você dizer para tia Consuelo que ele lhe tocou dentro da sala do curso e o toque a fez chorar e sofrer. Se ele fez isso não é inocente.

– Após ter escutado isso, você não esperou para saber o porquê de o toque dele ter me feito chorar e sofrer. Saiu correndo, mesmo eu lhe pedindo para esperar. Agrediu-o injustamente.

– Se a agressão foi injusta, por qual motivo você chorava? – perguntou Yago.

– Vou responder a essa pergunta para Consuelo. Sendo meu protetor e apaixonado por mim, creio que a conversa poderá fazê-lo sofrer, e eu não desejo que você a escute – disse Shayera.

Consuelo logo se deu conta de que a única conversa vinda de Shayera que faria Yago sofrer seria ela confessar que estava apaixonada por Rodrigo. Isso faria o sobrinho sofrer, porque ele a amava e tinha abdicado de se casar com outra cigana para ser fiel ao amor que já sentia pela aprendiz.

– Yago, se Shayera comentou que é uma conversa difícil e deseja que você não a escute, vá para sua barraca, reze e peça a Deus para ajudá-lo a ir até seu amigo e pedir perdão por tê-lo espancado injustamente – sugeriu Consuelo.

– Quero escutar a conversa. Sou um homem, sei lidar com o sofrimento. Só assim poderei pedir-lhe perdão – falou Yago. – Vou escutar a conversa e nada me fará deixar de ouvir o que Shayera vai contar.

– Depois de escutar, não se esqueça de que foi você que optou ouvir – disse Consuelo. – Vamos para o riacho, lá poderemos conversar sem que ninguém nos perturbe e escute a conversa.

Os três se sentaram perto do riacho e, após uma rápida prece pedindo a Deus e a Santa Sara Kali para lhe dar coragem para iniciar a conversa, Shayera contemplou a água do riacho e disse:

– No dia em que fiz o juramento de aprendiz e prometi à Santa Sara Kali e ao baralho cigano que sempre seria pura e não me deitaria com nenhum cigano, nem conversaria, nem me relacionaria com nenhum homem da cidade, eu tinha certeza de que após recusar a linda declaração de amor de Yago, por não amá-lo e por muito desejar ser a aprendiz, jamais iria me apaixonar por nenhum homem. Mas o meu coração me traiu e desde o dia em que Consuelo desmaiou na praça e eu conheci Rodrigo nunca mais parei de pensar nele. Sempre que o encontrava e ele me olhava com aquele brilho diferente no olhar, esboçando um sorrisinho, eu desejava ser tocada, abraçada e beijada por ele. – Olhou rapidamente para Yago e, voltando a fixar a água, continuou: – Esse desejo passou a me atormentar; por mais que tentasse evitar pensar em Rodrigo, ele não saía dos meus pensamentos. Comecei a sofrer por estar impedida de conversar com ele, por quem meu coração anseia. Sei que se quebrar o juramento, além de ser expulsa do bando e amaldiçoada, causarei uma destruição no bando, que é a minha família, e não desejo isso. Quando Rodrigo educadamente se dirigia a mim, eu o ignorava, mas, na verdade, o que mais queria era me atirar em seus braços. O juramento e o sofrimento me alertaram de que eu precisava urgentemente retirar Rodrigo do meu pensamento e do meu coração, mas não esqueci e continuei pensando nele. Rezei para Santa Sara Kali, porém ela não me escutou. Sozinha, passei a desejar me encontrar com o Rodrigo e continuar recebendo dele aquele sorrisinho. Passei a me interessar por tudo o que estivesse relacionado a ele. Toda vez que ia ao colégio, torcia para ele estar na porta do supermercado, assim eu o veria e ficaria feliz. Hoje, na casa espírita...

Ela contou tudo o que havia acontecido durante os exercícios mediúnicos na casa espírita. Yago escutava tudo com os olhos marejados de lágrimas; queria que a mulher que ele amava tivesse se apaixonado por ele, não por Rodrigo.

– Contudo, não quebrarei o juramento por nada, pois tudo o que mais quero é continuar com o treinamento de aprendiz e um dia me tornar a líder espiritual. Não vou permitir que essa paixão me atrapalhe – uma lágrima desceu pela face. – Por favor, Consuelo, retire-me do curso de mediunidade e me matricule em outro curso – pediu Shayera segurando as mãos da líder espiritual. – Preciso sufocar essa paixão. Sei que não me encontrando com Rodrigo, terei forças para ser fiel ao meu juramento de aprendiz. Por favor, atenda ao meu pedido.

– Shayera, se ser aprendiz da líder espiritual fosse fácil, Santa Sara Kali e o baralho cigano não a teriam escolhido. Se escolheram-na e essa prova surgiu em seu caminho durante o seu treinamento não é porque a santa e o baralho querem testar sua fidelidade ao juramento, mas sim porque você escolheu essa prova antes de reencarnar. É a vida lhe dizendo que já pode enfrentá-la, independente da forma como acontecerá esse enfrentamento. Penso que fugir não é a solução, pois, se está apaixonada por ele, vai carregá-lo em seu coração e em seu pensamento estando próxima ou não dele. Se realmente deseja ser fiel ao juramento e ser a líder espiritual, não será sua paixão que vai impedi-la de alcançar seu sonho. Aprendi que fugir de um sentimento não é a melhor forma de lidar com ele, pois a fuga pode torná-lo mais forte.

– Você é uma pessoa sábia e se estivesse em meu lugar faria o que me disse, pois é muito forte e sempre soube enfrentar o que lhe acontecia com serenidade, mas eu não sou igual a você, e sei que se voltar a encontrar com Rodrigo poderei ser infiel ao juramento e me atirar nos braços dele. Por tudo isso, vou fugir e com a fuga continuar correndo atrás do que realmente quero: ser a líder espiritual.

– Por que se tornar a nova líder espiritual é tão importante para você? – indagou Consuelo.

A aprendiz ficou em silêncio, pois temeu dizer por que almejava os segredos do baralho cigano e a mestra não concordar com suas reais intenções.

– Se não respondeu à minha pergunta e Carmecita e Santa Sara Kali a escolheram como aprendiz é porque estão cientes do que a motiva se tornar a líder espiritual e acreditam que você se tornará uma boa líder. Vou falar com Yasmin e a deixarei ciente do seu desligamento. Quando voltar das férias escolares vou matriculá-la em um colégio distante do supermercado onde Rodrigo trabalha. Durante as férias, vamos para uma cidade circunvizinha de Foz do Iguaçu. Assim que as aulas se iniciarem, retornaremos para cá.

– Obrigada, Consuelo! Sabia que você iria me compreender – falou Shayera.

– Só espero que Yago também tenha compreendido, pois imagino o quanto essa conversa difícil deve ter sido dolorosa para ele – disse Consuelo olhando para o sobrinho.

– Foi a conversa mais difícil de toda minha vida, não é fácil um homem escutar a mulher que ele ama confessar que é apaixonada por outro.

– Foi por isso que eu não queria que a escutasse. Prometo continuar firme com o treinamento de aprendiz e lutar com todas as minhas forças para sufocar a paixão que sinto.

– Nunca prometa o que não sabe se poderá cumprir – disse Consuelo. – Ninguém controla o coração, muito menos esquece uma paixão da noite para o dia. Esta conversa morre aqui e nós vamos fazer um acordo de que jamais tocaremos nesse assunto.

– Antes, quero dizer algo para Shayera – falou Yago fixando a jovem e segurando suas mãos. – Conte comigo para chorar em silêncio quando a paixão torturá-la e quando seu coração sentir-se dilacerado. Prometo que nada lhe direi, apenas serei solidário à sua dor e rezarei para que Deus e Santa Sara Kali lhe deem forças para não sucumbir à dor.

Shayera o abraçou e disse:

– Suas palavras demonstram que realmente me ama. Sinto muito não amá-lo e ter me apaixonado pelo Rodrigo. Sei que seu amor o faz desejar apenas o meu bem, por esse motivo não vou recusar sua ajuda.

Consuelo pensou que o sobrinho realmente compreendia o que era amar, pois só quem ama era capaz de uma atitude tão nobre ao descobrir que a mulher amada se apaixonara por outro homem.

– Vamos fazer o acordo – pediu Consuelo.

Os três fizeram o acordo, prometendo nunca tocarem no assunto da paixão de Shayera. Depois, a líder espiritual olhou para o sobrinho e disse:

– Agora, acredito que você tenha descoberto que agrediu injustamente seu amigo. Retorne à casa de Rodrigo e lhe peça perdão.

– Isso seria o correto, mas não tenho coragem de lhe dizer que apanhou sem ter merecido. Ele poderá ignorar meu pedido e me mandar embora de sua casa, o que seria uma humilhação. E se tem algo que um cigano não aceita é ser humilhado pelo povo da cidade.

– Rodrigo é uma boa alma, um bom seguidor da Doutrina Espírita, e é seu amigo. Vai lhe perdoar quando você assumir o seu erro, pois as boas almas são cientes de que os erros fazem parte da caminhada terrena, assim como sabem que reconhecer esses erros e tentar podá-los é o primeiro passo em direção à reforma moral – disse Consuelo. – Vá até ele e peça perdão, pois eu sempre o ensinei que quando erramos devemos fazer o que estiver ao nosso alcance para consertar o erro.

– Se eu estivesse no lugar do Rodrigo não iria perdoar-lhe, embora seja uma boa alma, tenho certeza de que está me vendo como um inimigo. Embora eu lamente o que fiz, sempre o verei como um rival, pois ele conquistou o coração da mulher que eu amo, algo que eu não fui capaz. Não quero mais sua amizade, pois não serei capaz de ser amigo de alguém que eu sempre invejarei.

– Rodrigo não teve culpa de Shayera se apaixonar por ele. Se ele também estiver apaixonado por ela deve estar sofrendo muito. E se existe uma dor que muito faz sofrer e dilacera o coração é amar e ser desprezado pela pessoa que se ama. Aproveite a oportunidade que a vida está lhe concedendo e reconcilie-se com seu amigo.

– Não vou lhe pedir perdão. Espero nunca mais necessitar dele para nada, prefiro me prejudicar. Tia Consuelo e Shayera, por favor, nunca mais falem no nome de Rodrigo perto de mim, quero esquecer que ele existe. Vamos retornar para o acampamento e continuar nossa vida.

Consuelo ficou triste, mas não podia obrigar Yago a fazer o que ele não queria. Rezou em silêncio enquanto regressavam para o acampamento, rogando a Deus que o ajudasse a esquecer que Rodrigo era seu rival e permitisse que ele um dia pedisse perdão ao rapaz, pois sabia que o sobrinho era boa pessoa e que costumava admitir seus erros e repará-los.

No acampamento, ela conversou com Sindel e lhe disse o que havia combinado com Shayera. No dia seguinte, procurou Yasmin na casa espírita e a informou que Shayera não desejava mais frequentar o curso. Yasmin lhe deu cópias do material e pediu que a amiga não ficasse muito tempo sem dar notícias. Abraçaram-se e Consuelo regressou ao acampamento.

****

As férias do meio do ano chegaram. O bando partiu para São Miguel do Iguaçu, uma cidadezinha não muito distante de Foz do Iguaçu, permanecendo lá por três semanas. Depois, retornou para Foz do Iguaçu. As crianças e os jovens foram matriculados em uma escola de um bairro distante.

CAPÍTULO DEZENOVE

Uma prova de amizade

Rodrigo estranhou que depois das férias, Sinval compareceu às aulas sem Yago. No intervalo de uma das aulas, ele se aproximou de Sinval e indagou:

– Sinval, por acaso, você sabe o motivo de Yago estar faltando às aulas?

– O que acontece com Yago não me diz respeito, pois não perco meu tempo reparando na vida dos outros. Você deveria fazer o mesmo, pois se ele não tem vindo às aulas o problema é dele – respondeu Sinval afastando-se de Rodrigo.

Rodrigo retornou à sua carteira e, fechando os olhos, fez uma prece pedindo para Deus ajudar Yago caso estivesse doente ou enfrentando alguma dificuldade, pois não havia guardado mágoa do amigo.

Depois de alguns dias, Yago entrou na sala de aula e ele, aproximando-se do cigano, falou:

– Graças a Deus você apareceu. Estava preocupado com sua ausência. Está tudo bem com você?

Yago o ignorou e sentou-se distante dele. Ficou pensando que ele realmente era uma boa alma, pois essa havia sido a primeira coisa que lhe tinha dito após ter sido espancado: estava preocupado com suas ausências e tinha rezado por ele. Arrependeu-se de tê-lo agredido, mas não teve coragem de lhe pedir perdão.

No intervalo, Rodrigo tentou conversar com Yago, mas, ao ser novamente ignorado, sentou-se em sua carteira se perguntando o que realmente estaria acontecendo. Gostaria de saber o motivo da agressão, mas se Yago não queria conversar, iria deixá-lo em paz e se concentrar em seus estudos.

De sua carteira, Yago olhava para Rodrigo questionando o que Shayera teria visto nele. Ambos eram altos, jovens, tinham olhos azuis, eram responsáveis e fisicamente bonitos. Rodrigo era uma boa pessoa, mas ele também o era. O outro cuidava bem dos irmãos, e ele fazia o mesmo por ela e os membros do bando. Por tudo isso, não entendia o que Shayera tinha visto em Rodrigo, que nele não fora capaz de enxergar.

O professor que iria ministrar a última aula entrou na sala e logo se dirigiu a Yago:

– O semestre mal começou e você já faltou às minhas aulas. Se continuar faltando sem justificativas, será reprovado por falta. Espero que tenha trazido o trabalho que deve ser entregue hoje e que foi solicitado no primeiro dia de aula do semestre. Pedi para o outro cigano avisar-lhe, pois deveria ser feito em dupla, e é uma das avaliações do semestre. Hoje é o dia da entrega do trabalho. Você fez dupla com Sinval?

– Eu fiz o trabalho com outra pessoa – disse Sinval olhando para Yago com a expressão de quem pensou: "você se deu mal".

– Se fez o trabalho com outro aluno é sinal de que você não o fez, não é Yago. Sua nota será zero, pois não receberei o trabalho em outra data – falou o professor Roniel.

– Professor Roniel, o senhor já ministrou uma disciplina para a nossa turma. Eu e os companheiros de curso sabemos que no semestre passado ele não faltou a nenhuma aula. Ele não é um discente relapso e preguiçoso – disse Rodrigo. – Faltou às aulas no início do semestre porque estava passando por problemas pessoais, o que não o impediu de ter feito o trabalho comigo, pois, ao notar sua ausência, fui à sua procura e lhe informei sobre o trabalho. Aqui está o trabalho – entregou-o ao professor.

Roniel recebeu o trabalho e notando o nome de Yago escrito na capa disse ao cigano:

– Seu nome consta do trabalho, e se Rodrigo, que é um dos melhores discentes da turma, é responsável e honesto e disse que vocês formaram uma dupla, eu acredito. Pelo visto, você tem um amigo entre os alunos.

– Professor Roniel, Rodrigo mentiu ao mencionar que Yago fez dupla com ele – falou Sinval. – Yago não compareceu às aulas porque não quis. Ficou à toa no acampamento. Nunca vi Rodrigo em nosso acampamento fazendo trabalho com Yago; não acho justo os alunos terem feito o trabalho e Yago ganhar nota sem ter feito nada.

– É verdade o que Sinval disse? – perguntou Roniel para Rodrigo.

– Não precisei ir ao acampamento cigano, nem sei onde estão – falou Rodrigo. – Fui até a praça onde trabalham e pedi para uma delas avisar Yago e me procurar. Ele, que sabe onde eu moro, foi à minha residência e lá fizemos o trabalho. Sou amigo de Yago, por isso tudo fiz para alertá-lo sobre o trabalho.

– Yago, amigos assim são raros. Veja, Sinval, que vive no acampamento não lhe informou. Já Rodrigo, tudo fez para juntos fazerem o trabalho e você não sair prejudicado em sua nota. Você é um privilegiado por ter um amigo desses! Conserve essa amizade – disse Roniel. – Vou recolher os demais trabalhos e iniciar a aula.

Sinval encheu-se de raiva; aquela era sua chance de ter se saído melhor do que Yago. Na primeira oportunidade que tivesse, daria um jeito de dar o troco em Rodrigo e desmoralizá-lo na frente dos professores e demais alunos.

Yago contemplou Rodrigo e ficou sem ação. Jamais esperaria que o rapaz fosse lhe dar aquela prova de amizade. O rapaz era mesmo uma boa alma. No fim da aula iria lhe pedir perdão.

Mas Rodrigo ausentou-se da sala e foi à biblioteca devolver os livros que tinha utilizado para fazer o trabalho de Roniel. Yago, que não tinha visto para onde ele tinha ido, saiu apressado decidido a pedir-lhe perdão no dia seguinte. Contudo, antes de chegar à caminhonete foi atropelado por uma moto, que o atingiu, fazendo-o cair.

Rodrigo, que deixava o prédio da faculdade com outros dois rapazes, correu até Yago. Vendo-o estirado perguntou o que havia acontecido.

– Acho que quebrei minha perna. Está doendo muito – levou a mão ao local.

– Precisa ir ao hospital – disse Rodrigo. – Você sabe dirigir carros ou só pilotar motos em alta velocidade no estacionamento da faculdade, onde o limite de velocidade é 20 km/h? – perguntou Rodrigo ao motoqueiro.

– Minha carteira de habilitação me permite dirigir motos e carros – respondeu o rapaz nervoso.

– Neste caso, é bom se acalmar e me ajudar a conduzir Yago na caminhonete dele até um hospital, pois não tenho habilitação. Yago, onde está a chave do seu veículo?

Yago enfiou a mão no bolso da calça e entregou a chave a Rodrigo, que deu ao motoqueiro. Os dois colocaram Yago na caminhonete e seguiram para um hospital público. Enquanto Yago era atendido no pronto-socorro por um ortopedista, o motoqueiro entregou a chave para Rodrigo dizendo que precisava ir embora, pois era casado e a esposa devia estar preocupada.

Rodrigo ficou pensando como faria para levar Yago até o acampamento. Lembrou-se de Otávio e entrou em contato com ele.

*****

No acampamento cigano, Sindel e Consuelo estavam preocupados ao constatar que estava ficando tarde e Yago não tinha retornado da faculdade. Antes das férias, ele sempre chegava por volta das vinte e três horas. Já era meia-noite e meia e ele não tinha chegado.

Consuelo consultou o baralho cigano e disse ao irmão:

– Reúna os homens e vá atrás de Yago. Parece que ele sofreu um acidente e está impossibilitado de retornar ao acampamento.

– Foi grave? – indagou Sindel aflito.

– As cartas não revelaram o teor do acidente, apenas indicaram que Yago não pode dirigir a caminhonete. Reúna os homens e vá atrás dele, estou muito preocupada.

Sindel, que tinha grande amor pelo filho, ficou muito preocupado e rapidamente acordou todos do acampamento e ordenou que alguns ciganos subissem na caminhonete para irem atrás de Yago.

Nesse instante, viram uma Kombi chegando. Assim que ela estacionou todos se aproximaram do veículo.

– Desculpe incomodá-los. Meu nome é Rodrigo e sou companheiro de curso de Yago. Ele sofreu um acidente no estacionamento da faculdade e, depois de levá-lo ao hospital público, resolvemos trazê-lo até aqui. Ele fraturou a perna direita e machucou a outra. Terá de ficar sem andar por alguns dias. Se alguém me disser onde posso deixá-lo, eu e meu amigo o carregaremos até lá. Depois, vamos embora e não lhes incomodaremos mais.

– Eu o ajudo a conduzir meu filho até a barraca – disse Sindel.

Todos os outros os seguiram e ficaram na entrada da barraca. Shiara lembrou que Rodrigo era filho de Calina. Aproximando-se, gritou:

– Vá embora! Você jamais deveria ter colocado os pés no nosso acampamento e se aproximado de nós. É filho de Calina, que foi expulsa e amaldiçoada pelo nosso bando. É amaldiçoado como sua mãe. Suma daqui! – cuspiu perto dos pés do rapaz e apontou para fora do acampamento.

– Cale-se, Shiara! – ordenou Consuelo. – Quem foi amaldiçoada foi Calina, não seus filhos. Rodrigo não é uma pessoa amaldiçoada, mas sim uma boa alma que se compadeceu de Yago e o auxiliou em sua dor, algo que Sinval, que é do nosso bando, não fez. No dia em que eu desmaiei, vocês estavam ao meu lado, mas foi Rodrigo que me ofertou água adocicada e se ofereceu para me levar ao hospital. Quem age dessa forma é abençoado por Deus. O que ele acabou de fazer, lhe dá o direito de ficar em nosso acampamento o tempo que desejar, pois ele e seu irmão são bons amigos, e nosso acampamento sempre acolhe os amigos do povo cigano. Devemos ser gratos ao que ele fez e não expulsá-lo.

– Consuelo está coberta de razão no que disse – falou Sindel. – Rodrigo, não tenho palavras para lhe agradecer pelo que fez. Demonstra que é amigo de Yago e aprecia sua amizade. Você é e sempre será bem-vindo em meu acampamento cigano. Que Deus e Santa Sara Kali lhe paguem a caridade que fez! – agradeceu.

– O senhor e dona Consuelo não precisam me agradecer. Yago é meu amigo e sempre que precisar de minha ajuda estenderei minhas mãos em sua direção – disse Rodrigo. – Seria ingrato se após a ajuda que Yago e dona Consuelo deram a mim e aos meus irmãos, eu virasse as costas a eles. Também não seria espírita se quando surgisse a oportunidade de colocar em prática o "Fora da caridade não há salvação" deixasse a oportunidade passar.

– A gratidão é uma virtude que se encontra nas boas almas encarnadas. Você deve ser uma dessas almas, por isso continue sendo um bom espírita – falou Consuelo.

– Bom espírito foi Chico Xavier, que não media esforços para ser caridoso com milhares de pessoas e fiel colaborador dos bons espíritos na Terra – falou Rodrigo. – Sou apenas um espírito ressarcindo débitos de vidas passadas, e o espiritismo muito tem me ajudado, apontando os meios para quitá-los, por tudo isso continuarei seguindo essa doutrina abençoada e esclarecedora – virou-se para Yago e disse:

– Peguei um atestado médico com o ortopedista e vou entregá-lo na faculdade para que suas faltas sejam abonadas durante sua recuperação. Se nesse período algum trabalho for solicitado venho até o acampamento e o faremos juntos. Se na semana de provas sua perna ainda não estiver boa e você tiver de realizar as provas em outra data, sento com você e faço um resumo do que estudamos, dessa forma você será capaz de realizar as avaliações. Rezarei para que se recupere logo – virou-se para Sindel e falou:

– O ortopedista disse que se ele sentir dores deverão comprar este remédio. Eu não comprei, porque estou sem dinheiro. – Enfiou a mão em um dos bolsos da calça e, retirando uma chave, entregou-a com a receita médica, dizendo: – Esta é a chave da caminhonete. Está no estacionamento do pronto-socorro do hospital público da cidade. Cuide do seu filho e não o deixe andar pelo menos por sete dias, foi isso o que o ortopedista recomendou. Segundo o médico, será necessário que Yago permaneça uma semana sem fazer nenhum tipo de esforço. Preciso retornar à minha casa, pois meus irmãos estão sozinhos com uma amiga e já é muito tarde.

– Você é uma boa alma! – exclamou Sindel. – Como já lhe disse, não tenho palavras para lhe agradecer.

– O senhor não precisa me agradecer, apenas permitir que eu, meus irmãos e Otávio possamos vir em seu acampamento para visitar seu filho, pois Yago uma vez me disse que o povo da cidade só pode visitar o acampamento com a sua permissão, que é o líder do bando. Sendo amigo de Yago, desejo visitá-lo em sua convalescença, a fim de verificar se está melhorando e se necessita de algum tipo de ajuda.

– Depois do que fez pelo meu filho sempre terá minha permissão para vir em nosso acampamento. Já temos uma boa alma vivendo em nosso meio, minha irmã Consuelo, e recebendo a visita de outra boa alma o nosso acampamento sairá ganhando.

Rodrigo agradeceu e chamou Otávio para irem embora.

– Espere, Rodrigo! Quero conversar com você – falou Yago.

– Já está bem tarde e você deve estar cansado e querendo dormir. Por esse motivo, sugiro deixarmos a conversa para quando eu voltar para visitá-lo.

– A conversa precisa ser agora. Por favor, dê-me alguns minutos de sua atenção. Será uma conversa particular e não quero que ninguém nos perturbe.

Rodrigo sentou-se próximo ao amigo e Yago solicitou que todos os deixassem sozinhos.

Sindel, Consuelo, Shayera, Juan e Ciganinha ficaram conversando com Otávio.

Shiara chamou Sinval para acompanhá-la até o local onde costumavam conversar às escondidas.

– Você me prometeu que eliminaria Shayera do meu caminho. Mas até hoje não cumpriu sua palavra. Pelo visto, não me ama, muito menos quer se casar comigo, caso contrário já teria cumprido sua palavra.

– Tentei por duas vezes causar grande mal a ela, mas Yago e Juan sempre estavam por perto. Ainda não tive oportunidade de eliminar Shayera do seu caminho. Mas já planejei uma forma de matá-la.

– Se ainda não deu certo, seu novo plano também não dará, você é mesmo um inútil. Se tivesse cérebro, já teria conseguido dar um sumiço em Shayera. Estou vendo que terei de agir sozinha para eliminá-la. Já pensei num plano.

Ela contou para Sinval o que tinha planejado.

– Promete que vai fazer tudo conforme lhe falei?

– Já lhe prometi uma vez, mas não penso em matá-la, apenas em retirá-la do seu caminho.

– Para que a retire do meu caminho terá de matá-la, caso contrário, ela poderá contar o que lhe fizemos, e nós dois seremos expulsos do bando e amaldiçoados. É isso o que você quer?

– Não, mas se nós formos expulsos e amaldiçoados nunca teremos o baralho cigano trabalhando para nós.

– Se quer tanto esse baralho para atingir seus objetivos, terá de matá-la. Aproveite também para matar Yago. Vou passar a noite com você, e desta vez, vou deixá-lo fazer o que quiser, mas tem de me prometer que vai matar Shayera, pois só assim conseguirei ser a aprendiz e me apossar dos segredos do baralho. Depois, sempre que quiser pode me chamar. Prometa, em nome do baralho cigano. que vai matá-la. Caso contrário, mudo de ideia e dou um jeito sozinha.

Sinval, que era perdidamente apaixonado por Shiara, novamente prometeu assassinar Shayera. A jovem pediu que ele jamais contasse para alguém do bando que tinham dormido juntos; queria continuar se passando por pura. Ele prometeu.

*****

Em sua barraca, Yago, após explicar para Rodrigo o que o levou a agredi-lo injustamente, disse:

– Você é mesmo uma boa alma e meu amigo. Perdoe-me por ter errado ao espancá-lo. Prometo tudo fazer para ser um bom amigo, da mesma forma que é para comigo.

Rodrigo abraçou Yago fraternalmente e disse:

– Os erros fazem parte da nossa caminhada, somos espíritos imperfeitos ressarcindo débitos na Terra. O importante é que você reconheceu e aprendeu. Está perdoado, pois nossa amizade significa muito mais do que isso.

Yago o abraçou e emocionado nada falou. Rodrigo pediu para ele seguir todas as orientações do ortopedista e prometeu que iria voltar para visitá-lo.

O rapaz se aproximou de Otávio e o chamou para irem embora. Sindel e Consuelo novamente agradeceram o que ele fez por Yago. Os jovens se despediram e seguiram para sua residência.

Dentro da Kombi, enquanto dirigia, Otávio disse:

– Parece que você está com moral com o líder do bando e com Consuelo. Isso fará com que eles atendam qualquer pedido seu.

– Que moral? Apenas fiz uma caridade para Yago.

– Enquanto você estava conversando com Yago, ficamos conversando. Quando voltar ao acampamento e tiver oportunidade de conversar com Sindel e com Consuelo, peça para convencerem os pais de Ciganinha e os pais de Juan a liberarem os dois do acordo de casamento. Eles não se amam e não querem se casar. Como a amo, e ela me ama, quero me casar com ela, mas para isso alguém tem de interceder por nós; e essa pessoa será você.

– Otávio, Yago me contou que esses acordos de casamento fazem parte da cultura. Quando um acordo é feito tem de ser cumprido. Vou conversar com Yago sobre o seu pedido, pois penso que ele é a pessoa certa para conversar com o pai, a tia e os pais dos envolvidos. Ele me disse que será o futuro líder do bando, e esse detalhe poderá fazer com que os pais de Ciganinha e de Juan atendam ao pedido dele. É o que poderei fazer por você. Fico feliz que ame Ciganinha e com ela deseja se casar. Torcerei por vocês – concluiu Rodrigo.

– Obrigado! Quando Yago fizer o pedido, esteja com ele, pois você sabe como se manifestar; os dois pedindo a mesma coisa, talvez o acordo seja rompido.

– Farei o que me pede. Pode contar comigo.

Assim, continuaram conversando e quando chegaram em casa, deitaram e adormeceram.

CAPÍTULO VINTE

Rompimento do acordo

Depois de uma semana, Otávio, Rodrigo e os irmãos chegaram ao acampamento. Cumprimentaram Sindel e Consuelo, e Rodrigo lhes disse que gostaria de visitar Yago na barraca.

Alguns membros do bando olharam-nos desconfiados, pois não confiavam no povo da cidade; mas quando Otávio disse para Ciganinha que tinha levado pães, bolos e refrigerantes para os ciganos, eles logo pegaram os alimentos e disseram para que ficassem à vontade.

Seguiram para a barraca de Yago. Consuelo, Sindel, Juan e Ciganinha os acompanharam. Shayera estava na barraca fazendo companhia para Yago e assim que os viu entrar com Rodrigo, desviou o olhar e saiu.

– Olá, Yago! Viemos lhe fazer uma visita – disse Rodrigo. – Como está sua recuperação?

– Estou melhorando aos poucos. Mas sinto falta de andar e fazer as coisas que eu fazia antes de fraturar a perna. Ficar parado sem poder fazer nada não é agradável – disse Yago.

– Imagino. Mesmo assim, você tem de seguir as prescrições médicas, pois, assim, logo voltará a fazer o que tanto gosta – falou Rodrigo.

Otávio, Olivinha e Raul cumprimentaram Yago e lhe desejaram melhoras. Os irmãos de Rodrigo pediram ao rapaz para conhecer o acampamento e brincarem com as crianças ciganas. Sindel e Consuelo levaram-nos.

Rodrigo contou para Yago sobre o pedido de Otávio, que permanecia na barraca com Ciganinha e Juan.

– Juan já tinha me pedido algo semelhante – disse Yago. – Podemos conversar com papai, tia Consuelo e os pais de Juan e de Ciganinha. Não tenho conhecimento de um acordo de casamento já ter sido rompido em nosso bando, mas se Juan e Ciganinha não querem se casar é um direito deles romperem o acordo e se casarem com quem amam. Mas acredito que o rompimento só seja possível se o conselho do bando aprovar. Juan, por favor, chame tia Consuelo.

Juan atendeu ao pedido de Yago e, quando Consuelo entrou na barraca, o sobrinho contou-lhe sobre o pedido dos dois jovens. A líder espiritual conversou com eles e deixou a barraca para conversar com Javier, que convocou os conselheiros para uma reunião, no centro do acampamento.

Consuelo pegou um banquinho de madeira e colocou a imagem de Santa Sara Kali, o baralho cigano, um livro de atas e um caderno antigo ao lado da imagem. Em círculo, os conselheiros se sentaram ao redor da imagem. Os demais membros do bando sentaram-se próximos aos conselheiros. Rodrigo, os irmãos e Otávio sentaram-se perto de Yago, que estava em um banco.

A líder espiritual fez uma prece e pediu aos conselheiros para jurarem em nome de Santa Sara Kali e do baralho cigano que tudo o que dissessem, votassem, aprovassem ou condenassem, jamais o fariam motivados por interesses pessoais, mas em benefício do bando ou de seus membros. Ela, Javier, Sindel, Ramon e Sinval fizeram o juramento.

– Estamos reunidos a pedido da líder espiritual, que vai informar-lhes o motivo de ter solicitado uma reunião do conselho – falou Javier.

– Depois de escutar o que Ciganinha, Juan e Otávio me pediram, como uma das conselheiras do bando, decidi trazer ao conselho o pedido deles para apreciação – disse Consuelo. – Quando Ciganinha e Juan eram crianças, seus pais fizeram um acordo de casamento entre os dois. Isso é comum em um bando cigano, e consta em nossa lei. Mas os dois não se amam e não querem se casar. Ciganinha ama Otávio, que também a ama e com ela deseja namorar, mas para isso acontecer, o acordo precisa ser rompido, pois Otávio, que é um rapaz trabalhador e honesto, deseja namorá-la com o consentimento dos pais dela e do nosso bando. Como conselheira, torno-me advogada de defesa e solicito ao conselho que delibere o pedido de Juan, Otávio e Ciganinha.

– Leia o que a nossa lei diz sobre os acordos de casamento – pediu Sinval.

Consuelo pegou o caderno onde a lei estava escrita. Folheou o caderno e parando em uma página leu:

– Capítulo 19, escrito em 1754, quando o bando foi fundado. Os acordos de casamento podem ser realizados pelos pais quando os filhos ainda são crianças. Ao chegarem à idade adulta, deverão honrar o acordo dos pais e se unir em matrimônio. O acordo só pode ser rompido por um dos pretendentes se o outro aceitar o rompimento e os pais também concordarem. Se um deles for contra, o casamento deve ser realizado – fechou o caderno e o colocou ao lado da imagem novamente.

– A lei do bando é muito clara em relação aos acordos de casamento – falou Sinval. – Que os pretendentes se manifestem e seus pais façam o mesmo.

Juan e Ciganinha disseram que não se amavam e que não desejavam se casar, pois amavam outras pessoas e com elas iriam namorar e se unir em matrimônio.

Javier pediu aos pais dos jovens para se manifestarem.

– Minha filha foi prometida em casamento para Juan quando tinha sete anos de idade, e com ele deverá se casar. Eu e Yolanda fizemos um acordo com Carmen e Javier, e esse acordo deve ser cumprido – falou Sandoval, pai de Ciganinha.

– O senhor deseja que sua filha se case com um cigano que ela não ama e que também não a ama? – perguntou Juan.

– Desejo que o acordo seja cumprido e a palavra dos seus pais seja honrada, pois quero que minha filha se case com um membro do bando, não a quero envolvida com nenhum rapaz da cidade – disse Sandoval.

– Posso ser da cidade, mas sou um rapaz honesto, trabalhador e só quero o bem de Ciganinha. Amo sua filha e jamais vou me aproveitar dela, pois se dela quisesse me aproveitar não teria solicitado a Consuelo para interceder a nosso favor; teria me aproveitado dela sem que o senhor e o bando soubessem. Mas nunca faria isso, pois, embora não seja uma boa alma igual Rodrigo, aprendi pelos exemplos dele que se desejo que os rapazes respeitem Rosália, minha irmã, tenho de fazer o mesmo com as filhas dos outros, e é isso que eu faço – disse Otávio.

– Nenhum conselheiro lhe pediu para se manifestar. Mantenha sua boca fechada e só abra quando um dos conselheiros pedir que se manifeste – falou Sinval. – Sandoval já falou que quer que o acordo seja honrado e a nossa lei é bem clara no que diz em relação a um dos pais ser contra o rompimento do acordo. Ciganinha e Juan devem se casar mesmo sem se amar. É o que eu penso e esse será o meu voto como conselheiro.

– Quero escutar a mãe de Ciganinha e os pais de Juan – falou Consuelo.

Yolanda falou que se a filha não amava Juan e ele não a amava, era a favor do rompimento do acordo e a autorizava a namorar Otávio, que pelo que falara, demonstrou ser um bom rapaz.

Carmen falou a mesma coisa, dizendo ter se arrependido de ter feito o acordo, porque era contra alguém se casar sem amor, principalmente seu filho.

– Você realmente não ama Ciganinha e não quer se casar com ela? – perguntou Javier para o filho.

– Eu amo Rieline, a filha de Ramon. Ela também me ama e quero me livrar desse acordo para poder namorá-la. Mesmo sendo mais velha, é com ela que quero me casar – disse Juan.

– Se meu filho ama outra cigana e com ela deseja se casar, sou favorável ao rompimento do acordo entre ele e Ciganinha – falou Javier.

– Também sou favorável – manifestou-se Sindel.

– Eu também sou favorável – disse Consuelo. – Se somos quatros conselheiros favoráveis ao pedido deles, e apenas um contra, o conselho aprova o pedido e os libera desse acordo.

– O conselho não pode ser favorável ao rompimento do acordo, pois a lei é bem clara. Os conselheiros jamais fazem algo contra a lei – disse

Sinval. – Sandoval já se manifestou contra o rompimento, devemos aplicar o que a lei determina, forçando Juan e Ciganinha a se casarem.

– Ninguém deve casar forçado, pois será infeliz. Juan e Ciganinha já disseram que não querem se casar. Seus pais, com exceção de Sandoval, são favoráveis ao rompimento do acordo e quatro conselheiros também o são. O casamento não deve acontecer somente porque a nossa lei diz que se um dos pais não aceitar o rompimento os filhos devem se casar – falou Yago.

– É isso o que a lei diz – gritou Shiara. – Sinval, que é um ótimo conselheiro, está correto.

– O conselho foi criado para deliberar assuntos do bando e decidir se o que a lei diz em relação a determinados assuntos deve ser colocado em prática ou não – falou Javier. – Não será a primeira vez, nem a última, que os conselheiros deliberarão que a lei não deve ser aplicada.

– É isso que deve ser feito – disse Sandoval. – Depois do que Otávio me disse repensei minha fala sobre exigir o cumprimento do acordo e agora sou favorável que ele seja rompido, pois quero a felicidade da minha filha. Mas só permitirei o namoro dela com um rapaz da cidade, se ele prometer que vai se tornar um cigano e fazer parte do nosso bando, pois filha minha jamais deixará o bando para se casar com um rapaz da cidade e ir embora com ele.

– Eu amo Ciganinha. Se para me casar com ela eu tenho de entrar no bando e ser cigano, depois do namoro e noivado entro no bando e me caso com ela; juntos viveremos felizes no acampamento – disse Otávio.

– Ficou maluco, Otávio? – perguntou Rodrigo. – Você tem toda uma vida pela frente, não pode abandonar sua vida para se juntar aos ciganos e levar uma vida diferente da que sempre teve. Eu jamais faria isso, é ela quem deve seguir-lhe.

– Minha vida sem ela não é vida – falou Otávio. – Eu a amo, e quero me casar. Se para ser feliz com a mulher amada eu tenho de deixar minha vida de lado e virar cigano, farei isso. Vamos nos casar e encheremos o acampamento com novos ciganinhos.

– Encher o acampamento com novos ciganinhos! Gostei dele! – exclamou Carmen. – Esse é dos bons, e é um homem assim que uma cigana precisa à noite em sua barraca, pois ele saberá fazê-la feliz – disse Carmen.

– O conselho aprova o rompimento do acordo de casamento entre Ciganinha e Juan e permite esse namoro – disse Javier. – A reunião está encerrada.

Consuelo leu a ata e todos a assinaram. Em seguida, fez a oração e, após a prece, foi a primeira a parabenizar Juan, Ciganinha e Otávio, desejando-lhes felicidade. Depois, levou a imagem da santa, o caderno da lei e o livro de atas para sua barraca.

Os pais da Ciganinha e de Juan também parabenizaram os jovens. Yago, Ramon e Sindel fizeram o mesmo. Rodrigo abraçou o amigo dizendo ter sido muito corajoso em decidir no futuro entrar para o bando sem nem ter conversado com os pais. Desejou-lhes sorte e felicidade.

De sua barraca, Shayera espreitava Rodrigo desejando se juntar a eles para escutar o que o rapaz conversava. Seu coração ainda saltava no peito sempre que o via, e ela continuava sentindo o mesmo desejo de ser abraçada e beijada por ele, mas precisava fugir, a fim de se manter firme em sua decisão de retirá-lo do pensamento e do coração, pois precisava continuar fiel ao treinamento de aprendiz. Decidiu ficar em sua barraca até o rapaz ir embora.

*****

Nos dois outros domingos, Rodrigo, os irmãos e Otávio voltaram a visitar Yago no acampamento. Rodrigo levou um livro para Yago, informando-o quais capítulos deveriam ser lidos e pedindo que ele fizesse uma resenha para ser entregue a um dos professores que ministrava uma disciplina do curso que frequentavam. Yago agradeceu-lhe.

Yago, Consuelo e Ciganinha convidaram Rodrigo, os irmãos e Otávio para participarem da festa de aniversário de Sindel.

CAPÍTULO VINTE E UM

Festa cigana

Otávio estacionou a Kombi perto das caminhonetes dos ciganos. Ele, Rodrigo e os irmãos desceram do veículo e escutaram música e palmas. O acampamento estava iluminado por lampiões e o bando reunido no centro do acampamento, festejando o aniversário de Sindel.

Aproximaram-se de Yago, que estava sentado em um banco e cumprimentaram-no. Depois, foram até Sindel e parabenizaram-no, entregando-lhe um presente.

O senhor lhes agradeceu, bateu fortes palmas e pediu um pouco de atenção.

– Os filhos de Calina e o namorado de Ciganinha vieram participar da nossa festa. Os irmãos de Rodrigo vieram vestidos como ciganos e estão tão parecidos com nossas crianças, que tudo indica que querem dançar como ciganos; por esse motivo, não vamos decepcioná-los.

Olivinha e Raul se juntaram aos que estavam dançando e começaram a se divertir. Otávio se aproximou de Ciganinha e depois de cumprimentá-la começaram a namorar. Rodrigo ficou conversando com Yago.

Consuelo se aproximou e disse para Rodrigo:

– Bem-vindo! Seus irmãos dançam muito bem, e no meio do nosso povo demonstram a alegria característica dos ciganos. Estou gostando de vê-los se divertirem, ambos parecem felizes.

– Desde muito pequenos mamãe os ensinava as músicas e danças ciganas. Logo demonstraram afinidade com a dança e sonhavam conhecer um acampamento cigano para constatarem se o que mamãe lhes dizia sobre a alegria do povo cigano era verdadeira. Fico feliz ao saber que eles estão em um acampamento e nele se divertem – disse Rodrigo.

– Calina soube passar aos filhos a cultura do nosso povo, o que demonstra que nunca esqueceu suas origens – falou Consuelo. – Vou me juntar aos demais.

Shayera, que dançava alegremente, lançou alguns olhares na direção de Rodrigo e de Yago. Quando o olhar de Rodrigo cruzou com o dela, ele esboçou o sorrisinho. A jovem sentiu seu coração bater acelerado e desejou que Rodrigo entrasse na dança e fizesse par com ela. Desviou o olhar do rapaz e voltou a se concentrar na dança.

Rodrigo, ao lado de Yago, perguntou:

– Pensei que no meio da semana tivesse ido ao hospital retirar o gesso.

– Estive lá, tirei o gesso e novas radiografias, mas o ortopedista pediu para engessá-la por mais dez dias. Informou-me que já posso fazer pequenos esforços e retornar à faculdade. Espero contar com você para me ajudar, caso eu necessite de auxílio.

– Pode contar comigo. Estarei sempre por perto.

Rodrigo notou que Shiara e Sinval estavam sempre oferecendo bebidas para os dançarinos, que, após pegá-las, tomavam e voltavam a dançar.

A jovem também se aproximou dos dois amigos e ofereceu-lhes bebida. Rodrigo disse que não bebia, Yago aceitou.

– Você está em uma festa cigana e não vai se divertir bebendo e dançando? – perguntou Shiara. – Toda festa cigana tem muita comida e bebida, e todos que participam dela devem beber em homenagem a quem está fazendo aniversário. Seu amigo – apontou para Otávio – já bebeu e pelo visto parece que está se divertindo muito com Ciganinha. Não quer se juntar à festa, dançar comigo e beber um pouco?

– Bebida só deve ser agradável para quem a aprecia, o que não é o meu caso – falou Rodrigo. – Não sei dançar como vocês, por essa razão prefiro conversar com Yago e apenas observar.

– Você é um rapaz da cidade que não sabe apreciar a vida – disse Shiara dando-lhe as costas. Fixando o irmão, falou:

– Yago, já que seu amigo não bebe, beba no lugar dele – entregou outra caneca de bebida para o irmão. – Aproveite, porque com essa perna engessada a única coisa que pode fazer é beber – afastou-se, servindo a bebida para os outros ciganos.

Yago tomou a bebida e ambos voltaram a observar a festa. Uma nova música foi tocada e Sindel e Yalía começaram a dançar. Depois, Consuelo dançou com o irmão e, em seguida, os outros também se envolveram na dança.

Quando a música parou, Sindel avisou que Raul iria dançar com Shayera para mostrar a Yago que havia aprendido o que ele lhe tinha ensinado. Os músicos tocaram nova música.

Raul, batendo palmas, começou a dançar. Colocou a mão no bolso e retirou uma rosa vermelha, colocando-a na boca e prendendo-a entre os dentes. Aproximou-se de Shayera e lhe ofereceu a rosa com os olhos fixos nos dela. A moça aceitou e a prendeu em seu cabelo. Assim, os dois começaram a dançar.

Raul impressionou os ciganos, pois realmente sabia como um cigano deveria dançar com as mulheres do bando.

Shayera dançou alegre e sorridente. Olhava para seu par e, às vezes, para os demais. Quando encontrava com o olhar de Rodrigo, o rapaz, encantado, fitava-a e esboçava o costumeiro sorrisinho.

Rodrigo a olhava sem perder um único movimento. De repente, começou a bater palmas e quando o olhar da jovem voltou a se encontrar com o seu, esboçou um grande sorriso, que fez Shayera caprichar na dança e Raul ter de se esforçar para acompanhá-la.

Consuelo e Yago logo perceberam que Shayera, embora estivesse dançando com Raul, dançava para Rodrigo, que, sem tirar os olhos dela e sem parar de bater palmas, revelava que gostava dela.

– Você gosta de Shayera? – perguntou Yago.

– Eu a acho bonita e ela dança muito bem. Dança com a alma, o que lhe dá um encanto especial – respondeu Rodrigo, voltando a olhar para a dançarina e para o irmão.

Pela resposta, Yago deduziu que o amigo estava apaixonado por Shayera. Depois de terminada a dança, Raul e Shayera foram aplaudidos e Sindel falou para o garoto que ele realmente sabia dançar como um verdadeiro cigano. Raul ficou faceiro e logo se juntou à Olivinha e às outras crianças, gabando-se de sua apresentação.

****

Shiara retirou do bolso algo que sua mãe lhe dera e jogou dentro de uma caneca de bebida. Dirigiu-se a Yago e disse:

– O filho da cigana amaldiçoada dançou bem com Shayera. Mas nenhum dançarino vai lhe superar fazendo par com a aprendiz. Pena que sua perna esteja impedindo-o de dançar e aproveitar a festa de aniversário de papai. Pelo menos você pode beber e se divertir com a bebida – entregou-lhe a caneca.

– Yago, penso que já bebeu demais e deveria parar um pouco, embora seja a festa de aniversário de seu pai, bebida demais não faz bem para ninguém – disse Rodrigo.

– Ele deve beber até a hora que achar que deve parar, pois é a festa de papai e a única forma de ele aproveitar é bebendo, ou você quer que ele se junte ao demais e fique dançando com a perna engessada? – perguntou Shiara.

– Rodrigo está correto. Só vou beber mais essa caneca, não traga mais nenhuma – comentou Yago, bebendo toda a bebida.

Shiara pegou a caneca de volta e, ao se aproximar de Sinval, disse-lhe que a parte dela já tinha feito. Pediu para ele ficar atento e entrar em ação quando ela o chamasse.

– Rodrigo, agora é o momento em que a festa fica interessante – falou Yago. – Tia Consuelo vai dançar com a imagem de Santa Sara Kali e pedir bênçãos ao aniversariante. Enquanto isso, ninguém do bando pode desviar a atenção dela. O lenço dado para a santa pelo aniversariante vai se desprender da imagem e tocar qualquer um do bando, que receberá as mesmas bênçãos do aniversariante. Bênçãos de saúde, prosperidade e sorte no amor. A santa também atenderá ao pedido que este lhe fizer, no momento em que ele beijar seus pés.

– A cultura de vocês é interessante e cheia de significados – falou Rodrigo.

Com exceção de Shiara, que não parava de olhar para Yago, todos do bando acompanhavam a oração e a dança de Consuelo.

De repente, Yago levou as duas mãos à barriga e a apertando pediu para Rodrigo ajudá-lo a chegar ao banheiro. Apoiando-se em um dos pares da muleta e auxiliado por Rodrigo, Yago levantou-se do banco em que estava sentado e saiu.

Shiara cutucou Sinval e a mãe, e os três que já estavam próximos de Shayera se aproximaram ainda mais da aprendiz e fecharam o campo de visão dela, impedindo-a de enxergar, caso desviasse a atenção da imagem e avistasse Yago se afastando com Rodrigo.

Sinval aguardou dois minutos e disse baixinho para Shayera:

– Yago bebeu muito durante a festa e está passando mal. A pedido dele, eu e Rodrigo o ajudamos a chegar até o riacho e ele me pediu para chamá-la e solicitar que fosse ajudá-lo, pois não quer perturbar Consuelo nem seu pai. Você, sendo aprendiz de líder espiritual, saberá ajudá-lo. Eu posso acompanhá-la, pois é noite e se aparecer algum animal eu o impeço de atacá-la.

Shayera olhou para o banco em que Yago estava e, não avistando o cigano nem Rodrigo, acreditou no que Sinval lhe dissera. Preocupada, seguiu Sinval em direção ao riacho.

Assim que Sindel beijou os pés da imagem e fez o pedido, Consuelo encerrou a oração e a dança e tentou avistar a aprendiz para solicitar que levasse a imagem da santa para sua barraca. Não a avistando, ela mesma a levou.

– Vamos comer e beber! – gritou Sindel. – Depois, voltamos a cantar e dançar, pois a festa só acaba quando o sol mostrar sua cara.

Com exceção dos músicos que voltaram a tocar, os outros se aproximaram de uma mesa que estava cheia de comida e bebida e serviram-se.

Shiara saiu às escondidas rumo ao riacho, pois queria testemunhar se Sinval iria conseguir eliminar Shayera do seu caminho. Carmecita, que estava no local observando os acontecimentos e tinha conhecimento do que Shiara e Sinval planejavam, volitou até a barraca de Consuelo e assoprando três vezes nela sussurrou algo em seu ouvido. Consuelo intuiu que um bom espírito desejava se comunicar com ela. Fechou os olhos, fez rápida prece e tentou se conectar com o espírito que estava em sua barraca. Carmecita voltou a assoprar nela e sussurrar a mesma coisa. A líder agradeceu-lhe e rapidamente saiu. Pediu aos músicos para cessarem a música e em alta voz perguntou se alguém tinha visto Shayera, pois Carmecita tinha entrado em contato com ela e lhe dito que a aprendiz corria perigo.

Yago e Rodrigo, que retornavam para o acampamento, escutaram e ficaram preocupados. Gritando, Yago indagou se alguém tinha visto Shayera saindo para algum lugar.

– Quando todos olhavam a dança da cigana que segurava a santa, eu vi Shayera caminhando apressada com um cigano naquela direção – disse Olivinha, apontando para o caminho do riacho.

Rodrigo saiu correndo. Sindel, Juan e outros ciganos fizeram o mesmo. Com dificuldade e tentando caminhar o mais rápido que podia, Yago seguiu em direção ao riacho.

*****

Ao chegar à beira do riacho e não encontrar Yago, Shayera perguntou a Sinval em que local ele tinha deixado Yago. Sinval deu-lhe uma bofetada, segurou-a pelos ombros e jogou-a no chão. Deitou-se sobre ela e rasgou sua saia. Shayera apavorou-se ao imaginar o que Sinval iria fazer e, debatendo-se, começou a gritar por socorro.

Sinval tapou sua boca e começou a tirar a calça. Shayera mordeu-lhe a mão e voltou a se debater, gritando mais alto. Sinval deu-lhe outra bofetada e apertou seu pescoço. Ela, com muito esforço, usou todas as suas forças e com o joelho direito acertou o órgão sexual de Sinval, fazendo-o soltar um grito de dor e apertar o pescoço dela com mais força.

– Depois de violentá-la sexualmente, vou matá-la afogada e deixar seu corpo no riacho. Será estrangulada, que é para sentir a vida indo embora do seu corpo – falou Sinval apertando com mais força o pescoço de Shayera.

Otávio, que não estava muito longe dali, namorando Ciganinha, ao escutar os primeiros gritos de socorro ficou alerta e quando os escutou pela segunda vez correu em direção ao local onde estavam Shayera e Sinval. Ao ver o que estava acontecendo, jogou-se sobre Sinval e ambos começaram a lutar.

Shiara, que estava escondida, e a tudo assistia, amaldiçoou a chegada de Otávio e começou a torcer para Sinval usar o punhal durante a luta, ferir o rapaz e depois degolar Shayera e jogá-la no riacho.

Ciganinha correu em busca de ajuda. Sinval, recordando o que Shiara falou sobre areia e punhal, em um golpe de sorte jogou areia nos olhos de Otávio e quando o rapaz levou as mãos aos olhos, deu-lhe socos no estômago, no rosto e no nariz. Otávio defendia-se, mas os socos eram rápidos e violentos. Tombando a cabeça para um lado, fingiu ter desmaiado.

Sinval ficou de pé e deu-lhe um chute. Depois, aproximou-se de Shayera que, após se recuperar do quase estrangulamento, estava se preparando para correr. Puxando-a pelos cabelos, pegou-a no colo e atirou seu corpo no riacho. Pulou dentro e segurou sua cabeça para afogá-la.

Rodrigo, ao chegar no local, pulou sobre Sinval. Juan, Sindel e dois ciganos pularam no riacho. Rodrigo acertou um soco no nariz de Sinval. Sindel, Juan e os dois ciganos deram outros socos em Sinval e dominaram-no.

Rodrigo pegou Shayera no colo e saiu do riacho, carregando-a em seus braços. Sindel e os outros arrastaram Sinval para fora do riacho.

Shiara deixou o local e correu para o esconderijo onde costumava conversar com Sinval. Ao ver Ciganinha e os outros do bando caminhando em direção ao riacho, aguardou que todos se distanciassem e seguiu atrás deles.

Ciganinha, Consuelo e os demais, ao chegarem no riacho, encontraram com Rodrigo ajoelhado ao lado de Shayera ajudando-a a se recuperar. Também avistaram Sinval se debatendo, pedindo para que o soltassem.

Ciganinha se aproximou de Otávio, que tinha se levantado e estava lavando o rosto no riacho, e perguntou se estava tudo bem. Ele disse que, tirando as dores no estômago, estava tudo bem.

Consuelo se aproximou de Shayera e perguntou se ela estava bem e se precisava de ajuda. A jovem, que já tinha expelido a água que engolira durante o afogamento, falou que Sinval tentou matá-la e começou a chorar. Consuelo a abraçou e passou a confortá-la.

– O que aconteceu com Shayera? – perguntou Yago, que chegou cansado do esforço que tinha feito andando com a muleta. – Depois de saber o que havia acontecido, gritou: – Sinval, quando eu retirar o gesso da perna vou matá-lo com minhas próprias mãos.

– Ele não vai esperar tanto tempo para ser morto. Morrerá esta noite – disse Sindel.

– Nenhum cigano vai matá-lo. Ele será julgado pelo conselho e receberá a pena que o conselho lhe infligir – disse Consuelo. – Levem-no para o acampamento e depois de darmos assistência à Shayera, o conselho vai se reunir e julgar o que ele tentou fazer com a aprendiz.

Rodrigo fixou Shayera e disse:

– Você está sem forças para andar. Vou carregá-la até sua barraca e lá Consuelo e as outras ciganas vão lhe assistir – pegou a jovem, sem lhe dar tempo de se manifestar, e saiu caminhando em direção ao acampamento.

Os demais seguiram-nos. Sindel e Juan caminhavam e davam socos em Sinval, que era arrastado rumo ao acampamento.

Shiara caminhava ao lado da mãe pensando em algo para falar em sua defesa caso Sinval jogasse a culpa da tentativa de assassinato de Shayera sobre ela.

Yago seguiu com o auxílio da muleta, desejando estar no lugar de Rodrigo, e agradecendo a Deus e aos bons espíritos Rodrigo e Otávio terem comparecido à festa do pai e salvado Shayera.

Carmecita, que a tudo acompanhava, seguiu com eles.

CAPÍTULO **VINTE E DOIS**

O julgamento de Sinval

Rodrigo colocou Shayera no chão da barraca e pediu a Consuelo que a ajudasse a retirar a roupa molhada. Saiu ao encontro de Yago para auxiliá-lo a chegar ao acampamento. Os dois se juntaram aos outros que já estavam reunidos no centro do acampamento e se sentaram perto de Olivinha e Raul.

Sinval estava sentado com as pernas amarradas e as mãos amarradas atrás das costas distante dos conselheiros e dos membros do bando. Os dois bons espíritos, Alonso e Yuri, chegaram volitando e, aproximando-se de Carmecita, conversaram rapidamente com ela e sentaram-se no chão.

Consuelo e Carmen ajudaram Shayera a se acalmar, trocar de roupa e ingerir uma bebida forte. Depois, levaram-na para perto dos outros e a jovem sentou-se entre Carmen e Juan.

Consuelo ordenou que todos que haviam entrado no riacho fossem trocar de roupa. Yago emprestou uma de suas roupas para Rodrigo.

Rosa aproximou-se da mesa e pegou duas facas, escondendo-as embaixo da saia.

Consuelo pegou um banquinho de madeira, a imagem de Santa Sara Kali, o caderno com a lei e o livro de atas, levando tudo para perto dos conselheiros. Depois de completar o ritual de início das reuniões, disse:

– Antes de iniciarmos o julgamento informo-os que a vítima, as testemunhas e o réu, só devem se manifestar quando um dos conselheiros solicitar. As crianças e os irmãos de Rodrigo deverão ficar em silêncio e se comportarem – fez uma pausa e continuou:
– O conselho do bando sempre foi composto por cinco membros, e como o réu era um dos conselheiros e em seu julgamento não poderá exercer o cargo, sugiro que Javier, que é o presidente do conselho tenha o voto de minerva se ocorrer uma votação e o resultado der empate, visto que agora somos apenas quatro conselheiros. Depois, o bando será consultado e indicará o membro que será o novo conselheiro. Os membros concordam?

Todos concordaram. Consuelo fez uma prece e com os demais conselheiros juraram em nome de Santa Sara Kali e do baralho cigano que tudo o que dissessem, votassem, aprovassem ou condenassem, jamais fariam motivados por interesses pessoais, mas em benefício do bando ou de seus membros.

Os quatro se sentaram ao redor da imagem da santa e Consuelo, fixando os conselheiros, indagou:

– Algum conselheiro gostaria de fazer a defesa de Sinval?

Nenhum conselheiro se manifestou. Sinval gritou:

– Eu mesmo farei minha defesa, pois como réu tenho direito de me defender do que vão me acusar.

– Nesse caso, você vai se defender como réu, não como advogado de defesa – disse Consuelo. – Vamos iniciar o julgamento.

Javier solicitou que Shayera contasse o que tinha ido fazer no riacho no meio da noite durante a festa de Sindel, e como Sinval a tinha atacado e tentado matá-la. A jovem contou todos os detalhes e uma lágrima desceu por sua face. Carmen, abraçando-a, disse-lhe que tudo já tinha passado e que ela ficaria bem.

– Sinval, se o conselho não condená-lo à morte, eu vou matá-lo quando estiver livre do gesso – gritou Yago.

– Yago, não se manifeste! – pediu Conselho.

Ramon solicitou para Otávio e Rodrigo testemunharem o que tinham visto e o que haviam feito. Otávio explicou o que viu e o que fez. Rodrigo também contou como os achou e como auxiliou a jovem.

– Escutamos os testemunhos da vítima e de seus salvadores. Devemos agradecer-lhes, bem como ao bom espírito Carmecita, por ter me dito que a aprendiz corria perigo e necessitava urgentemente de ajuda – falou Consuelo. – Vou fazer uma prece e depois vocês a repitam.

Depois da prece, Sindel disse:

– Os conselheiros não possuem mais nenhuma dúvida de que Sinval tentou estuprar Shayera e matá-la. O que ele fez é um crime aos olhos de Deus, da lei do nosso bando e até da lei do povo da cidade. Antes de condená-lo com a pena que a nossa lei manda aplicar, vamos escutá-lo para saber por qual motivo cometeu esses atos.

Sinval encarou Shiara, e a jovem logo se deu conta de que ele iria jogar a culpa sobre ela. Assim, repensou o que falaria em sua defesa.

Sinval encarou os conselheiros e disse:

– Desde criança, cresci escutando sobre o poder do baralho cigano e seus segredos, que são capazes de enriquecer qualquer membro do bando e ajudar a ter o que desejar, mas apenas a líder espiritual sabe como manusear as cartas do baralho e conhece seus segredos. A maioria dos membros do bando cobiça o baralho, inclusive eu, pois sabemos que as cartas que falam em nome de Santa Sara Kali sempre dão as respostas corretas para as perguntas que lhe são feitas, e que aquele que possuir o baralho será uma pessoa poderosa, rica, com todos os sonhos realizados, até o amor da pessoa por quem é apaixonado – olhou para Shiara e continuou: – Mamãe me disse que após Consuelo ter se tornado a líder espiritual do bando ela sempre usou o baralho e os seus segredos para ajudar Sindel a se tornar um grande líder e ajudar o bando a crescer e ficar muito rico, o que é verdade, pois o nosso bando é o que possui mais membros e o que tem mais dinheiro entre todos os bandos que acampam nos três países onde costumamos ficar. Embora Sindel diga que só temos dinheiro no banco de Rosário e imóveis alugados na Argentina, é mentira, pois sendo conselheiro descobri que o bando tem muito dinheiro guardado em bancos da Argentina, Uruguai e do Brasil, e imóveis alugados nos três países. Prova de que somos muito ricos é a forma como vivemos. Que outro bando cigano tem caminhonetes, micro-ônibus e caminhão? Que outro bando tem dinheiro para pagar cursos superiores em faculdades particulares para alguns dos seus membros? Sem contar outras coisas que temos e os demais ciganos não têm. Sempre tive o desejo de me apoderar dos segredos do baralho e usá-los a meu favor, não em benefício do bando, que já está muito bem de vida. Queria ser um cigano rico e ter meu próprio bando, tornando-me um líder mais bem-sucedido do que Sindel. Mas para montar meu próprio bando, precisava de muito dinheiro para sair daqui e ser capaz de comprar carroças e outras pequenas coisas necessárias para um bando sobreviver, ou então teria de ser filho ou parente do atual líder do bando para assumir a liderança quando Sindel morrer ou quando ficar velho. Eu não tinha nenhuma dessas coisas, apenas o baralho cigano poderia ajudar-me a atingir meu objetivo, além de me ajudar a ter aos meus pés a cigana que eu amo, que é Shiara. Ter o baralho não é fácil, por essa razão acreditei que precisava retirar Yago do meu caminho. Planejei dois acidentes para tentar matá-lo, mas Consuelo apareceu e o livrou dos meus planos. Sei que, por ser um cigano jovem, forte, corajoso e inteligente, Sindel me indicaria como sucessor na liderança do bando. Eu acreditei que o baralho tinha alertado a líder espiritual sobre o que eu iria fazer com Yago e voltei a cobiçá-lo, aguardando uma oportunidade de me apoderar dele e usá-lo em meu benefício. A oportunidade surgiu quando Shiara me propôs uma parceira. Fizemos um acordo. Eu iria ajudá-la a eliminar Shayera, a fim de ela poder se tornar a nova aprendiz, e quando Consuelo lhe ensinasse a manusear as cartas e a deixasse ciente de seus segredos, ela iria usar o baralho para me ajudar a ter o meu bando, iria se casar comigo e seria a líder espiritual do bando, pois na lei do meu bando a aprendiz não seria obrigada a ser pura. Em algumas ocasiões eu tentei eliminar Shayera, sem obter êxito. Shiara começou a me chamar de inútil. Um dia, disse-me que para retirar Shayera de seu caminho eu teria de matá-la, mas eu não concordei. Contudo, ela montou um plano e me seduziu, deitando-se comigo e me fazendo prometer e empenhar minha palavra de cigano. A responsável pelo plano de Shayera seria violentada e morta por afogamento, foi Shiara.

– É mentira – gritou Shiara. – Sinval nunca foi apaixonado por mim, mas por Shayera. Ele me confessou a paixão pela aprendiz no dia do juramento que Shayera fez para a Santa Sara Kali e o baralho cigano. Com lágrimas nos olhos, pediu-me para ajudá-lo a conquistar o amor dela. Compadeci-me e lhe disse que ele deveria abandonar essa paixão. Nunca lhe pedi para eliminá-la, muito menos matá-la. Desde o dia em que descobri que a aprendiz é obrigada a ser pura, agradeci a Deus e a Santa Sara Kali não ter vencido o ritual, porque não quero isso para mim. Não quero passar o resto da vida servindo a uma santa e a um baralho. Não entreguei minha pureza para ele, pois sou ciente de que uma cigana se casa pura e só se entrega ao esposo no dia do casamento. Também não seria louca de pedir para um cigano assassinar a cigana que ama. Há três meses, Sinval me pediu para ajudá-lo a declarar seu amor para Shayera. Disse que se quando ele se declarasse, ela não aceitasse o seu amor, iria forçá-la a passar a noite com ele e deixaria sua semente. Dessa forma, ela não poderia continuar sendo a aprendiz. Ao ser expulsa, ele iria obrigá-la a roubar o baralho e a casar-se com ele para juntos fundarem o bando deles. Disse que se ela o recusasse, iria matá-la e jogar seu corpo no riacho. Tudo fiz para demovê-lo dessa loucura, e como ele nunca mais tocou nesse assunto, acreditei ter lhe convencido a não causar nenhum mal à aprendiz. Hoje, durante a festa, só levei bebida para Yago, porque eu e Sinval ficamos responsáveis em servi-las. Ele me pediu para entregar uma caneca com bebida para Yago, e eu não sabia que dentro dela tinha algo que faria Yago ter urgência de usar o banheiro. Sinval se aproveitou disso para contar uma mentira para

Shayera e obrigá-la a acompanhá-lo ao riacho. Isso é tudo o que eu sei. Nunca planejei nenhum estupro, muito menos a morte da aprendiz. Sinval está mentindo. Mamãe é testemunha de que tudo o que acabei de falar é verdade, pois contei tudo para ela.

– Shiara realmente me contou tudo isso. Eu a aconselhei a convencê-lo de tirar essa maluquice da cabeça – disse Yalía. – Isso tudo é invenção dele. Shiara, com as minhas aulas, aperfeiçoou seu dom de ler a sorte pela quiromancia e deseja se casar e ter filhos – olhou para Sinval. – Minha filha nunca planejou o estupro e a morte de Shayera, quem planejou tudo foi Sinval, que é apaixonado por ela e a queria como mulher.

– As duas estão mentindo – gritou Sinval. – Todos sabem que Yalía sempre defende Shiara das coisas erradas que ela faz, e agora não seria diferente. Foi Shiara que planejou o estupro e morte da aprendiz, eu apenas fui executar o que ela planejou. Eu e ela temos de ser julgados juntos, pois não posso sozinho levar a culpa de coisas que Shiara idealizou.

– Shiara, o que Sinval diz é verdade? Você e sua mãe estão mentido? – perguntou Javier.

Shiara se levantou do chão e se aproximando da imagem da santa se ajoelhou, fez uma reverência e disse:

– Juro, em nome de Deus e em nome de Santa Sara Kali, que tudo veem e escutam, que Sinval está mentindo. Juro que tudo o que falei é verdade, e que nunca passei a noite com ele. Se eu estiver mentido em relação ao que informei aos conselheiros do bando, que Deus e Santa Sara Kali me punam e quando eu morrer me mandem para o inferno para eu ser torturada pelo diabo e me tornar escrava dos espíritos das trevas – fez nova reverência para a santa.

Os membros do bando imediatamente se benzeram, pois se tinha algo que eles mais temiam era terem a alma atirada no inferno, torturada pelo diabo e escravizada pelos espíritos das trevas.

– Os juramentos de Shiara falam a favor dela – disse Javier. – Sinval é o único culpado de ter tentado violentar Shayera e matá-la. Em seu julgamento merece receber o castigo que a nossa lei determina.

Sinval fixou Shiara pensando que ela era muito mais diabólica do que ele suspeitava. Embora o que ela fez fosse fazê-lo pagar sozinho por algo que ela o convenceu a fazer, continuava amando-a e querendo se casar com ela. Por tudo isso, se conseguisse livrar-se do castigo, um dia voltaria e se vingaria. Depois, obrigaria Shiara a se casar com ele.

Carmecita, Alonso e Yuri contemplaram Shiara achando que ela ainda precisava de determinadas lições de vida em seu caminho para aprender a mudar de conduta e ressarcir alguns dos seus débitos de vidas passadas, e os novos, contraídos na presente existência física. Rezariam para que ela um dia compreendesse que as más ações a prejudicavam e atraíam futuros sofrimentos à sua vida. Também rezariam para um dia ela ser capaz de cultivar boas virtudes, que a ajudariam em futuras reencarnações, quando a Lei da Ação e Reação cruzasse seu caminho.

Os três bons espíritos rezaram por ela e depois continuaram aguardando o término do julgamento de Sinval.

CAPÍTULO VINTE E TRÊS

O pedido de Rodrigo

Os conselheiros do bando conversaram entre si e Sindel pediu para a líder espiritual ler em voz alta o capítulo da lei que determinava o castigo que o cigano deveria receber caso matasse ou tentasse matar um membro do bando.

– Capítulo 11 da lei do bando, escrita em 1754, quando o bando foi fundado. O cigano que matar um membro do bando ou tentar tirar-lhe a vida, deverá ser castigado com o mesmo tipo de morte que fez, ou tentou, a vítima perecer. Ele só será livre desse castigo se a vítima não tiver morrido e lhe perdoar. Se receber o perdão, só será poupado da morte se o líder do bando e seu sucessor também lhe perdoarem. Mesmo assim, será expulso do bando a pauladas e pontapés e amaldiçoado a viver infeliz vagando de cidade em cidade sempre atormentado pelos espíritos das trevas, que o farão viver doente, faminto e sem ter um único dia de sossego. A maldição lançará sua alma no inferno no dia em que ele morrer, a qual será torturada pelo diabo e escravizada pelos espíritos das trevas que vão obrigá-lo por toda a eternidade a servir ao demônio.

Os ciganos voltaram a se benzer apressados e pediram para Deus e Santa Sara Kali lhes livrarem daquele castigo cruel.

– Morte por enforcamento e afogamento para Sinval – gritou Shiara. – A lei manda aplicar a punição.

– Morte por enforcamento e afogamento para Sinval – gritou Ramon.

Javier e Sindel gritaram a mesma coisa e os membros do bando imitaram os conselheiros.

Rodrigo disse para Yago estar horrorizado com a lei de Sindel. Levantando-se do chão, gritou:

– Vocês não podem condenar Sinval à morte, embora seja isso que a lei de vocês determina. A vida pertence somente a Deus e ninguém além Dele tem o direito de interrompê-la. O que Sinval fez foi monstruoso e um crime aos olhos de Deus, da lei dos homens e da lei de vocês. Quando alguém da cidade comete um crime e é preso antes de fugir, aguarda na prisão o julgamento. Se condenado, paga sua pena em um presídio. Peço-lhes que entreguem Sinval à polícia da cidade. A Doutrina Espírita, por meio da Lei da Ação e Reação, esclarece que a vida fará chegar a quem causou uma ação má, a mesma ação que executou. Se hoje vocês condenam Sinval à morte, em uma futura reencarnação poderá ser ele que condenará vocês ao mesmo tipo de morte que o fizeram receber. Depois, em outra reencarnação serão vocês a fazerem o mesmo com ele e isso ficará se repetindo até que um perdoe. Consuelo leu que a lei determina que se o criminoso receber o perdão da vítima e também for perdoado pelo líder do bando e seu sucessor, não deverá ser morto, apenas expulso. O meu pedido é para Sinval receber esse perdão. Shayera, Sindel e Yago perdoem Sinval e o perdão fará com que os três coloquem em prática o "Fora da caridade não há salvação", pois perdoar alguém de um grande mal que nos fez é a maior e mais bonita caridade que conseguimos colocar em prática. Perdoem-no – pediu.

– Eu pensei que Sinval não tivesse um advogado de defesa, mas acabei de constatar que alguém, que não é conselheiro nem membro do nosso bando, saiu em sua defesa. Em defesa da vida, que é o que está em jogo, e tem de ser levada a sério – disse Consuelo. – Como conselheira do bando sou a favor da vida e concordo com o que Rodrigo falou sobre o perdão e a caridade. Como advogada, que tão bem estudou as leis da cidade, também concordo sobre nos atermos à parte do perdão que a lei especifica e depois do recebimento do perdão entreguemo-lo à polícia de Foz do Iguaçu.

– O que Sinval fez com a aprendiz foi muito sério e deve ser levado em consideração, pois Shayera será nossa futura líder espiritual. Quem comete um mal com a líder tem de ser punido e receber um grande castigo. Isso também está escrito na nossa lei – falou Yago.

– Contudo, concordo com o pedido de Rodrigo. Se Shayera perdoá-lo, eu também o faço, mas antes de ele ser entregue à polícia tem de ser expulso a pauladas e pontapés e ser amaldiçoado.

– Sinval tem de ser enforcado e morto, afogado no riacho, ele não tem de receber nenhum perdão – gritou Ramon.

– Ele deve ser perdoado – gritou Consuelo.

– Tem de ser enforcado e afogado – gritou Sindel.

Alguns membros do bando começaram a gritar pedindo o perdão de Sinval e outros pedindo sua morte. Uma gritaria terrível começou a tomar conta do ambiente.

Rosa aproveitou o tumulto e, aproximando-se de Sinval, retirou uma das facas que tinha escondido na saia e começou a tentar cortar a corda que prendia seus braços.

De repente, Consuelo pegou o caderno e o atirou com força no chão, fazendo o tumulto cessar. Todos olharam abismados, pois Consuelo era calma e tranquila.

Rosa, que já havia cortado metade da corda, escondeu a faca na saia e rapidamente se sentou no chão.

– Estou envergonhada por escutar dois conselheiros e alguns membros do nosso bando pedir a morte de Sinval – falou Consuelo. – No dia em que me tornei a líder espiritual e membro do conselho, deixei todos os outros conselheiros e membros do bando cientes de que só me tornaria uma conselheira se a minha opinião sobre determinados assuntos que nossa lei e cultura apontam fosse levada em consideração e acatada. Todos concordaram, e em algumas reuniões do conselho, conforme apareciam assuntos que eu discordava, eu emitia minha opinião, que algumas vezes foi respeitada e acatada. Hoje, também espero que minha opinião seja levada em consideração e os conselheiros deliberem o pedido de

Rodrigo, que também é o meu pedido, pois se o conselho condenar Sinval à morte eu abandono o cargo de líder espiritual e como Shayera ainda está em treinamento e não pode se tornar a nova líder, todos sabem o que vai acontecer!

– Você não pode abandonar o cargo caso o conselho inflija a Sinval o castigo que a lei determina – falou Javier. – Ele cometeu um crime muito grave e deverá pagar.

– Ele pagará quando for entregue à polícia – disse Consuelo. – A vida é o que de mais precioso o homem possui e apenas Deus deverá convocar o espírito desse homem para o outro lado, no dia exato que seu espírito deverá regressar. Condenem Sinval à morte e farei o que mencionei. Todos do bando me conhecem e sabem que sempre faço o que digo.

O silêncio tomou conta do local. De repente, alguns membros começaram a gritar voltando a pedir o perdão para Sinval. Os que pediam sua morte, mantiveram silêncio.

Rosa rapidamente foi para sua barraca e dela retornou com uma sacola, sentando-se no mesmo lugar.

– Quem tem de perdoar Sinval conforme a nossa lei determina, é Shayera, depois Sindel e Yago – falou Javier quebrando o silêncio. – Se eles o perdoarem, o conselho também o fará e o bando continuará com sua líder espiritual. Shayera, você o perdoa?

Rodrigo fixou Shayera e disse:

– O perdão é a bênção que Deus concede por meio da reencarnação aos seus filhos que ainda não aprenderam a viver executando apenas o bem. Se eu, você, Sinval e tantos outros estamos reencarnados foi porque Deus nos permitiu que corrijamos os erros cometidos em vidas passadas, agraciando-nos com uma nova existência física, onde temos a oportunidade de corrigi-los, é por esse motivo que perdoar é divino e a maior de todas as caridades. Se você reencarnou ao lado de Sinval e hoje ele lhe fez um grande mal, é porque você é capaz de perdoá-lo; sendo aprendiz de Consuelo, com ela deve ter aprendido a executar apenas o bem, e o maior de todos eles é a pratica do perdão a quem nos faz o mal. Perdoe – pediu Rodrigo.

– Você não pertence ao bando e está interferindo demais no julgamento de Sinval – gritou Shiara. – Feche sua boca e fique quieto. Shayera não deve perdoá-lo, mas vê-lo enforcado e afogado no riacho. Se o que ele fez com ela tivesse sido comigo, eu mesma iria enforcá-lo e afogá-lo. Morte para Sinval – gritou Shiara.

Yalía a imitou e duas pessoas do bando fizeram o mesmo. Rosa, notando que ninguém olhava para ela, reaproximou-se de Sinval e voltou a cortar a corda. Liberou as mãos de Sinval e deu a faca para ele cortar a corda que prendia suas pernas.

– Eu o perdoo. Ele deve ser entregue à polícia – disse Shayera.

– Está perdoado – falou Sindel.

– Eu também o perdoo e ele deve ser expulso e amaldiçoado, depois, entregue à polícia – proferiu Yago.

– Se os três perdoaram Sinval, ele deverá ser entregue à polícia, mas antes será expulso do bando e amaldiçoado – falou Javier.

Rosa ficou de pé na frente do filho e, apontando uma faca para o bando, disse:

– Ninguém vai entregá-lo à polícia nem expulsá-lo a pauladas e pontapés, muito menos matá-lo. Não vou ficar parada observando a maldade que querem fazer com ele. O bando me conhece e sabe que sei usar o punhal tão bem quanto os homens. Em minha juventude já apunhalei rapazes abusados da cidade e alguns ciganos atrevidos e safados, que quiseram me desrespeitar. Se sei manejar bem um punhal saberei fazer o mesmo com esta faca. Quem ousar se aproximar, eu faço as tripas saírem da barriga – voltou a apontar a faca na direção do bando.

– Solte essa faca – pediu Javier. – Você sabe que seu filho cometeu um crime e deve ser punido conforme a lei determina. Não queremos que ninguém se machuque – olhou para Juan e para outro cigano.

Juan e o cigano se levantaram do chão e rapidamente caminharam na direção de Rosa.

– Não se aproximem de minha mãe – gritou Sinval, que tinha conseguido se liberar das cordas e também possuía uma faca. – Se ousarem tocar nela, eu, que manejo um punhal com mais precisão que ela, e minha mãe rasgaremos a barriga dos dois.

Juan e o cigano ficaram parados e olharam para Javier, que olhou para Sindel e disse:
– Sinval e Rosa, joguem as facas fora. Sinval, seja homem e aceite sua pena.
– Jamais aceitarei ser expulso e amaldiçoado, muito menos ficar na prisão com o povo da cidade. Eu e minha mãe vamos fugir, e se alguém tentar nos impedir será morto a facadas ou degolado – cuspiu na direção de Sindel. – Eu amaldiçoo este bando a ser atormentado pelos espíritos das trevas e deixar de existir.
– Eu também os amaldiçoo a serem infernizados pelos espíritos das trevas e padecerem uma morte terrível onde a alma de cada um caía nas profundezas do inferno – disse Rosa, cuspindo perto de Consuelo. – Peguei o dinheiro que eu e Sinval conseguimos esconder do bando – mostrou a sacola que tinha ido buscar em sua barraca. – Vou acompanhá-lo e quem nos impedir será recebido na ponta das facas – começou a correr com Sinval. Logo, os dois desapareceram no meio da noite.
– Atrás deles – gritou Sindel.
– Deixe-os partir – gritou Consuelo. – Vocês ouviram o que eles disseram. Hoje é uma noite para ser alegre, não é uma noite para alguém do bando ser esfaqueado até a morte. Shayera, Sindel e Yago perdoaram Sinval e assim executaram o que a nossa lei determina. Vamos encerrar o julgamento com a escolha do novo conselheiro que ocupará a vaga dele. Depois, continuaremos com a festa de aniversário.
– Você tem o nome de alguém para indicar? – indagou Javier.
– Sinval representava no conselho os jovens do bando; talvez outro jovem deva ser eleito para ocupar o lugar dele. No entanto, sempre fui de opinião que o conselho deveria ser formado por três homens e duas mulheres, pois há muito tempo sou contra o capítulo da lei que determina que somente a mulher que for a líder espiritual do bando deve fazer parte do conselho. Por esse motivo, proponho que uma mulher, que ainda conserve parte de sua juventude, seja eleita a nova conselheira do bando.

– Apoio Consuelo – gritou Carmen. – Duas mulheres devem fazer parte do conselho do bando.

Todas as outras mulheres começaram a gritar apoiando-a. Ela pediu silêncio e olhando fixamente para os três conselheiros, falou:

– A história do povo da cidade registrou algumas lutas das mulheres pelos seus direitos e conquistas. As mulheres deste bando sempre seguiram o que a nossa lei determina, mas nem sempre é o melhor para nós – disse Consuelo. – Queremos o direito de ter mais uma mulher como conselheira. Queremos ou não esse direito? – perguntou para as mulheres.

– Queremos! – gritaram.

– O que os três conselheiros nos dizem a respeito do direito que reivindicamos? – indagou Consuelo.

Enquanto os observava, Rodrigo fixou Consuelo pensando ser ela uma verdadeira líder. Uma boa alma que reencarnara no meio dos ciganos para, com seus exemplos e sua orientação, ajudar os membros do bando de Sindel a darem passos em prol da evolução espiritual e moral.

– Consuelo, o que as mulheres do bando reivindicaram será acatado pelo conselho – disse Javier.

Todas ficaram felizes. Rapidamente, Consuelo se reuniu com elas, que escolheram Yolanda, a mãe de Ciganinha, como nova conselheira.

– Já escrevi na ata o direito que nós mulheres conseguimos; na próxima reunião, Yolanda participará como conselheira – falou Consuelo. – O conselho agradece Otávio e Rodrigo por terem salvado Shayera da morte – disse olhando para os dois rapazes. – Vamos encerrar tudo isso com uma oração, como sempre fazemos no término das reuniões.

Shayera, proibida pelo juramento feito à Santa Sara Kali e ao baralho cigano de conversar e se relacionar com qualquer rapaz da cidade, ficou pensando de que forma poderia demonstrar a Rodrigo e Otávio sua gratidão por terem-na livrado da morte. Resolveu aproximar-se deles, ficando a cinquenta centímetros de distância. Olhou-os e esboçou um sorrisinho, inclinando um pouco a cabeça.

– Por que, em vez de usar um gesto para demonstrar que está grata você simplesmente não usa sua voz e agradece? – perguntou Rodrigo. – Eu sei que você não é muda, pode agradecer com palavras. Será que não fez uso de sua voz para agradecer ao Otávio só porque estou perto dele e também teria de me agradecer? O que tem contra mim que nunca me dirige a palavra, mesmo quando tentei conversar com você? Será que nunca percebeu que eu a olho diferente e gostaria de ter um minuto de sua atenção? – falou, aguardando uma resposta.

Shayera desejou jamais ter feito o juramento para a Santa Sara Kali e ao baralho cigano. Mas o juramento era a única forma de se tornar aprendiz, conhecer os segredos do baralho e libertar a alma do seu pai do local de dor e sofrimento que estava. Deu as costas para Rodrigo e saiu caminhando sem dizer nada.

O rapaz foi atrás dela e a puxando pelo ombro a fez virar e encará-lo. Soltando-a, disse:

– Shayera, por que age assim comigo? Por que me ignora? Isso está acabando comigo, eu a amo. Parece loucura, mas tenho certeza de que me apaixonei por você na primeira vez em que nos vimos. Essa paixão se transformou em amor, meu coração bate mais acelerado quando lhe vê, uma alegria se apodera de mim e eu tenho certeza de que meu dia se torna mais feliz. Tenho vontade de pegá-la em meus braços e com cuidado colocar seus cabelos revoltos atrás de suas orelhas, de tocar em seu rosto e beijá-la, esquecendo que o mundo existe. Sofro muito quando faço de tudo para transparecer esse amor com meu olhar e você me ignora. Amo-a com todo o meu coração e com toda a minha vida. Em nome desse amor, peço-lhe que não mais me ignore ou que pelo menos me diga por que age assim e não me dirige a palavra. Por favor, atenda ao pedido de um homem apaixonado por você. Atenda ao pedido do homem que a ama – uma lágrima caiu de seu olho direito.

Shayera levou a mão direita até a face dele, e secando a lágrima com o dedo indicador, disse:

– Rodrigo, eu também sou apaixonada por você. Amo-o, mas fiz um juramento que me impede de falar com qualquer rapaz ou homem do povo da cidade e me relacionar com ele. Sinto-me abençoada por Deus e por Santa Sara Kali por você ter se apaixonado por mim e me amar, sei que é uma boa alma reencarnada e tem um bom coração, mas não posso aceitar o seu amor. Se você me ama e não quer sofrer, faça o que eu fiz com o meu amor: sepulte-o em seu coração. Esqueça que você me ama, fazendo isso vai me ajudar a ser feliz, pois minha felicidade está em ser a aprendiz da líder espiritual e o meu sonho é aprender tudo o que a líder tem conhecimento para, no futuro, poder ajudar o bando com o baralho e seus segredos – mentiu. Vá embora do nosso acampamento e nunca mais apareça aqui. Se algum dia deparar comigo, nunca mais me olhe da forma que você me olha, muito menos esboce seu sorrisinho. Esqueça que me conheceu e exclua esse amor que sente por mim de seu coração – chorando, saiu correndo para sua barraca.

Consuelo emocionou-se. Yago, apoiando-se na muleta, caminhou até Rodrigo e o abraçando fraternalmente, disse:

– Meu amigo, eu imagino a dor que está sentindo, pois já experimentei essa mesma dor e estou ciente do quanto ela dilacera o coração. Você precisa dar uma pausa nessa paixão, o que não fará a dor desaparecer, mas vai ajudá-lo a aprender a lidar com isso. Dessa forma, conseguirá caminhar sem que a dor lhe impeça de seguir seus outros sonhos. Eu me ofereço como amigo e espero que você também se ofereça para mim quando a dor me fizer fraquejar.

Rodrigo o abraçou, pensando no quanto suas sábias palavras tiveram o poder de ajudá-lo a pensar que o correto seria mesmo fazer uma pausa e aproveitar sua amizade.

– Shayera deve ter um cupido que a segue vinte e quatro horas e só flecha o coração dos rapazes bonitos, fortes, inteligentes e boas almas reencarnadas – disse Carmen. – É a segunda vez que ela recebe uma declaração de amor de forma tão bonita e sincera. Por que ele nunca atirou nenhuma flecha em um rapaz que valesse a pena e se declarasse por mim? – Olhou e apontou para a barraca de Shayera dizendo: – Cupido, que vive atrás da Shayera e deve estar escondido na barraca dela, saia agora mesmo e apareça aqui na minha frente, pois quero acertar as contas com você e lhe dar várias bofetadas, pois sua preguiça e o seu sono devem ter lhe impedido de fazer o seu serviço e flechado um bom partido para mim.

Foi uma gargalhada geral.

– O que Carmen falou pode até ser engraçado vindo de uma cigana idosa, mas ao falar com Rodrigo e confessar sua paixão por ele, Shayera quebrou o juramento que a impedia de falar e se relacionar com um homem do povo da cidade – gritou Shiara. – Ela se apaixonou e não podia, pois prometeu nunca amar um homem. O conselho do bando deve julgar a aprendiz por infidelidade ao juramento.

– Shayera prometeu não conversar nem se relacionar com nenhum homem da cidade em circunstâncias normais, mas ter sido quase morta e salva por dois rapazes foi um caso especial. Ela pode sim, usar sua voz para agradecê-los – disse Javier. – Ela vai continuar sendo a aprendiz de Consuelo, pois diferente de você, Shiara, que nunca esteve preparada para esse cargo, Shayera tem demonstrado ser a cigana certa para se tornar a líder espiritual do bando. Vamos voltar a comemorar a festa de aniversário do nosso líder.

– Música, dança, bebida, comida e muita alegria! – gritou Sindel.

Os dois músicos começaram a tocar seus instrumentos, os ciganos bateram palmas e as mulheres dançaram alegres pelo acampamento.

Logo, Rodrigo chamou os irmãos e Otávio para irem embora, não estava mais com clima para festa. Olivinha e Raul pediram para ficarem mais um pouco, mas o pedido não foi atendido. Otávio compreendeu o motivo de o amigo desejar ir embora e se despediu de Ciganinha.

****

Assim que chegou, Otávio guardou a Kombi na garagem da padaria. Rodrigo entrou em sua residência com os irmãos e pediu para escovarem os dentes e dormirem.

Quando Rodrigo se deitou, ficou pensando no que dissera para Shayera e no que ela lhe falara. Achou um absurdo a escolha dela, mas concluiu que ser aprendiz deveria significar muito para ela, pois o recusou.

– Se a felicidade e o sonho dela estão no que ela me disse, atenderei ao seu pedido e nunca mais vou ao acampamento. Se a encontrar, fingirei que não a estou vendo. Farei o que Yago sugeriu. Vou concluir o curso superior, encontrar um bom emprego, continuar educando meus irmãos e fazendo de tudo para nada lhes faltar.

Fez uma prece, puxou a coberta sobre si e, em poucos minutos, adormeceu.

CAPÍTULO VINTE E QUATRO

Uma pausa para a paixão

Rodrigo estava jogando videogame com Raul e Olivinha quando escutou baterem na porta de sua casa. Da janela, viu Consuelo, Sindel e Yago e os convidou a entrarem e se sentarem. Olivinha e Raul cumprimentaram os três visitantes e sentaram-se ao lado do irmão.

– Rodrigo, após os acontecimentos de ontem à noite o nosso bando decidiu partir para Maringá – disse Consuelo. – Antes de acamparmos em Foz do Iguaçu, o espírito Carmecita, por meio de uma visita espiritual de Shayera, disse-nos que nesta cidade o bando encontraria alegrias e tristezas, felicidades e sofrimentos, e desde que aqui chegamos encontramos tudo isso. Há meses estamos acampados aqui e é chegada a hora de irmos para outra cidade. Yago, que está fazendo um curso superior nesta cidade, decidiu permanecer até sua conclusão. Viemos à sua procura para lhe fazer um pedido.

– O bando não parte para outra cidade deixando um de seus membros doente ou necessitado de ajuda, e como sabemos que Sinval é um cigano mau e traiçoeiro, ele poderá aparecer subitamente no acampamento para se vingar de quem queria entregá-lo à polícia, por essa razão, precisamos partir para outra cidade para evitar um confronto com Sinval – disse Yago. – Nosso bando tem dois imóveis em Foz do Iguaçu que estão alugados, com contratos que demorarão alguns meses para se findarem, o que me impede de ficar morando em um desses imóveis até concluir meu curso. Ainda estou com a perna engessada e de vez em quando necessito de algum tipo de ajuda. Sabendo que você é realmente meu amigo, gostaria de solicitar que me hospedasse algum tempo em sua residência até a minha perna ficar curada e o contrato de um dos nossos imóveis vencer. Se você permitir que eu more com você e seus irmãos, o nosso bando pagará o valor do aluguel do quarto que você me ceder e contribuirá com as despesas da casa. Este é o meu pedido.

– Você é o único rapaz da cidade que Yago considera um amigo. Sabemos que você também o considera muito, e é em nome dessa amizade que meu filho veio até você e seus irmãos para lhe fazer o pedido – disse Sindel.

– Uma caridade se paga com outra caridade! – exclamou Rodrigo. – Quando eu e meus irmãos estávamos necessitados de ajuda, ela chegou pelas mãos de Consuelo e Yago. Eu e meus irmãos somos gratos a vocês, e nunca teríamos como recompensar o bem que nos fizeram quando estávamos precisando. A nossa casa é a sua casa, Yago, e você poderá ficar nela o tempo que necessitar, sem que nada pague pela hospedagem. Vou desocupar o quarto que era de mamãe. Seja bem-vindo à nossa família! Você será com um irmão! – exclamou Rodrigo, abraçando Yago, que ficou comovido com suas palavras.

Consuelo e Sindel se entreolharam emocionados, pois a verdadeira amizade era um sentimento que os homens estavam deixando de cultivar, mas quando a cultivavam ela impulsionava os amigos a estenderem as mãos caridosas em direção do outro. Ela pensou que a vida estava fazendo de tudo para reaproximar quem não deveria ter sido separado, por essa razão, rezaria e torceria para a solidificação da amizade entre Yago e Rodrigo.

– Se não vai cobrar o aluguel do quarto, pelo menos aceite o dinheiro que trouxemos e o utilize nas despesas da casa – disse Sindel apresentando uma sacola para Rodrigo.

– Deixe o dinheiro com Yago. Ele poderá usá-lo quando perceber que está faltando algum alimento aqui – disse Rodrigo. – Já trouxeram as coisas pessoais dele?

– Estão no acampamento, pois não sabíamos se iria nos ajudar – falou Sindel. – Será que o seu amigo Otávio, que namora Ciganinha, poderá nos acompanhar até o acampamento e retornar dirigindo a caminhonete com Yago e seus objetos pessoais? O veículo ficará aqui.

Rodrigo pediu licença e foi conversar com Otávio. O rapaz se comprometeu a acompanhá-los até o acampamento e retornar com a caminhonete.

O jovem abraçou Sindel e Consuelo, desejando-lhes uma boa viagem até Maringá e sorte e felicidade na estada do bando pela cidade. Os irmãos também se despediram dos ciganos, que partiram em direção ao acampamento com Yago e Otávio.

No acampamento, depois de colocar os objetos pessoais de Yago na carroceria da caminhonete, Otávio abraçou e beijou a namorada, despedindo-se dela e prometendo que iria visitá-la quando Yago fosse ao acampamento em Maringá.

Yago se despediu do pai, da tia e de outros membros do bando e entrando na caminhonete com Otávio partiram para a residência de Rodrigo. Em seguida, o bando de Sindel seguiu para Maringá.

Ao chegarem à residência de Rodrigo, Otávio estacionou a caminhonete na garagem da casa e levou as coisas de Yago para o quarto que Rodrigo já tinha desocupado.

*****

Nos dias que se seguiram, Yago, que só havia morado em barracas, teve um pouco de dificuldade para se adaptar ao modo como se vivia em uma casa. Mas, aos poucos, com a ajuda de Rodrigo e dos irmãos descobriu que não era tão difícil. Ao retirar o gesso da perna, voltou a andar com agilidade e aprendeu com mais facilidade como deveria se adequar ao estilo de vida da cidade.

Conforme as semanas passaram, Yago descobriu o quanto Rodrigo tinha uma vida corrida. Acordava cedo, preparava o café, levava os irmãos na creche e na escola, trabalhava no supermercado, fazia trabalhos domésticos, estudava na faculdade e frequentava a casa espírita. Observando-o, comparou-o com a tia e descobriu algo em comum entre eles: não reclamavam das coisas ruins que lhes aconteciam, tentavam ajudar quem deles necessitasse, faziam várias coisas ao mesmo tempo, rezavam com o coração, estudavam com afinco os livros da codificação espírita e toda semana faziam o que chamavam de "Culto do Evangelho no Lar".

O cigano começou a ajudar Rodrigo em algumas atividades e a participar do "Culto do Evangelho no Lar", que Rodrigo fazia com os irmãos em sua residência. Passou a frequentar os encontros da mocidade espírita dos quais Rodrigo fazia parte e a assistir algumas palestras na casa espírita. Iniciou a leitura de *O Evangelho Segundo o Espiritismo* e gostou. Interessou-se pela religião do amigo e se matriculou em um dos cursos sobre espiritismo que a casa espírita ofertava. O curso, as palestras, as reuniões da mocidade espírita, o trabalho social e o "Culto do Evangelho no Lar" ajudaram-no a descobrir que o espiritismo, que é uma filosofia fundamentada em uma fé raciocinada e calcada no princípio do "Fora da caridade não há salvação", tinha explicações para o modo como a vida funcionava e tinha auxiliado a tia e Rodrigo a se tornarem boas almas. Assim, decidiu estudar com afinco o espiritismo, a fim de no futuro ser capaz de também se tornar uma boa alma.

Quando faltavam duas semanas para as férias do fim de ano, Yago, que estava com muita saudade do bando e de sua vida de cigano, escreveu para Consuelo informando-a que logo estaria entre eles.

Rodrigo, apesar da vida corrida, continuava sofrendo por conta do amor que sentia por Shayera. Conversando com Yago, comentou:

– Desde que veio morar nesta casa, nunca escutei você falar de Shayera nem comentar que sofre por ela ter rejeitado seu amor. Como consegue lidar com a pausa que dá à sua paixão?

– Tia Consuelo me ensinou que quando amamos alguém ou cobiçamos alguma coisa e não podemos ter a pessoa amada nem a coisa cobiçada, devemos sufocar o amor e a cobiça, a fim de não sofrermos – disse Yago. – Embora seja doloroso, sou obrigado a sufocar o amor que sinto por Shayera, pois compreendo que ela não é para mim. Parte dessa compreensão eu tive no dia em que a presenciei fazendo o juramento para Santa Sara Kali e para o baralho cigano. A compreensão total se deu quando ela declarou amor por você. Escutar aquilo doeu muito mais do que a dor que senti no dia em que ela fez o juramento. Minha esperança morreu, pois, se um dia ela deixar de ser a aprendiz, vai desejar se casar com você, que é o homem que ela ama. O juramento e o amor de vocês me deram forças para dar essa pausa.

– Antes de declarar meu amor para Shayera, eu não sabia que você a amava e que tinha essa esperança, se soubesse jamais teria feito isso. Dessa forma, sua esperança continuaria viva e se ela deixasse de ser a aprendiz poderia se casar com você.

– O que não mudaria o fato de que ela ama você. Mas sei o quanto os ciganos do bando de Sindel são fiéis aos seus juramentos, por esse motivo acredito que ela continuará sendo a aprendiz e vai se tornar a líder espiritual, pois um membro do bando dificilmente quebra o seu juramento.

– Que juramento é esse, Yago, que faz uma pessoa deixar de ser feliz ao lado de quem ama? Por qual motivo teve de fazer o juramento?

Yago narrou para Rodrigo tudo o que aconteceu no dia em que declarou seu amor e o motivo de a jovem ter feito o juramento para a santa e para o baralho cigano, concluindo sua narração da seguinte forma:

– Para os ciganos, a lei, Santa Sara Kali, o baralho, os juramentos e o bando estão acima de qualquer coisa. O membro do bando que faz um juramento dificilmente o quebra, pois ele é sagrado. Se isso acontecer, o cigano enfrentará o seu maior temor, que é Santa Sara Kali virar-lhe as costas e ao morrer, ela e Deus lançarem sua alma no inferno para ser torturada pelo diabo e escravizada pelos espíritos das trevas. É por tudo isso, que acho que Shayera não mudará de ideia. O nosso bando tem mais de duzentos anos; sua mãe foi a única que quebrou o juramento, e como ela já morreu, sua alma deve estar no inferno.

Rodrigo sentiu vontade de sorrir daquela superstição, mas ao imaginar que se sorrisse Yago poderia se ofender, então disse:

— Compreendo que o seu bando tem toda uma cultura, uma tradição, sua própria lei e seus juramentos, e são fiéis a tudo isso. Mas não acredito que ao se quebrar um juramento o cigano tenha sua alma lançada no inferno. E, por não acreditar nisso, creio que o espírito da minha mãe esteja em uma cidade espiritual vivendo ao lado do meu pai, que era a pessoa que ela muito amava. Meu pai, quando encarnado, era uma boa alma e deve ter ajudado a alma da minha mãe assim que ela desencarnou. Uma santa apenas faz bondade e intercede por aqueles que invocam sua proteção, jamais viraria as costas para alguém, senão não seria uma santa, e sim um espírito maldoso, que plasma vestimentas físicas iguais a de pessoas importantes, santos e anjos, e se faz passar por eles para enganar outros espíritos e médiuns videntes, que não educam, nem trabalham a mediunidade, nem buscam o crescimento moral, tornando-se presas fáceis. Santa Sara Kali e Deus jamais enviariam a alma de alguém para o inferno, pois isso não existe. Além disso, Deus, por ser um Pai amoroso, bondoso e clemente, deseja somente o bem a seus filhos e tudo faria para impedir que o espírito de um de seus filhos caísse em um lugar tão tenebroso. Nós, espíritas, acreditamos que exista um local de dor e sofrimento, chamado umbral[3]. É para lá que vão os espíritos de algumas pessoas que praticaram atrocidades quando encarnadas. Mas é a própria pessoa que vai para lá, não é Deus nem Santa Sara Kali que a manda pra lá. Foi isso que aprendi no espiritismo e é nisso que eu acredito.

— Eu também acredito em alguns ensinamentos da filosofia espírita, como também acredito no que a cultura e a lei do meu bando apontam. Por tudo isso, vou continuar acreditando no que acontece com a alma de um cigano do meu bando caso ele quebre um juramento, e você deve continuar acreditando no que aprendeu no espiritismo. Dessa forma, encerramos nosso assunto. Vamos falar no que me trouxe até você — disse Yago. — Nosso bando

---

3   Umbral é o local onde vivem os espíritos que, quando encarnados, fizeram muitas maldades. Nesse lugar, eles experimentam sofrimentos físicos e morais (N. M.).

está acampado no Paraná, em uma cidade chamada Guarapuava, e no dia em que eu entrar de férias vou para lá e ficarei durante as férias, pois já sinto saudade da minha vida de cigano e do bando. Quero pedir-lhe permissão para levar Olivinha e Raul, pois lhes prometi que quando saíssem de férias os levaria comigo. Eles gostam do estilo de vida dos ciganos, e como sua mãe era cigana, os dois devem ter herdado dela o gosto pelas nossas músicas, danças e cultura. Prometo cuidar direitinho deles, e se desejarem retornar antes do fim das férias, eu os trago de volta.

– Se já prometeu e vai cuidar direitinho deles, eu deixo, pois isso vai deixá-los felizes. Vou aproveitar as férias da faculdade para trabalhar na churrascaria do sr. Carlos. Dessa forma, ganho o dinheiro que servirá para comprar o material escolar de Raul e de Olivinha do próximo ano.

– Você é um bom irmão e grande amigo! – exclamou Yago. – Em minha estada em sua casa, percebi que se preocupa mais com o bem-estar dos seus irmãos do que com o seu, e tudo fez para eu me sentir à vontade em sua casa. Sinto-me privilegiado por ser seu amigo.

– Eu também em contar com sua amizade. Você é inteligente, honesto, caridoso e detentor de um boníssimo coração. Continue assim. Vamos avisar meus irmãos sobre a viagem.

****

No dia em que Yago e os irmãos iam viajar, Rodrigo pediu ao cigano para levar um presente para Consuelo. Quando a caminhonete partiu em direção à Guarapuava, Rodrigo sentiu uma ponta de inveja de Yago, que iria ver a mulher amada e com ela conversar, ao passo que ele ficaria sozinho pensando em Shayera e se esforçando para esquecê-la.

*****

Consuelo e Shayera estavam sentadas embaixo de uma árvore, a poucos metros de distância do acampamento. A jovem estava com os olhos fixos na página de um capítulo de O Livro dos Médiuns.
– Shayera, você está com algum problema?
– Estou pensando em como é difícil esquecer uma paixão...
– Tia Consuelo! Shayera! – chamou Yago se aproximando das duas acompanhado por Olivinha e Raul. – Senti muita saudade de vocês – abriu os braços para abraçá-las.
Shayera se levantou e acolheu carinhosamente o abraço que o amigo lhe deu. Após o abraço perguntou:
– Rodrigo está bem? Ele mandou algum recado?
Yago sentiu grande tristeza. Há meses não encontrava a jovem que amava, e a primeira coisa que lhe perguntava era sobre Rodrigo! Apesar disso, respondeu:
– Rodrigo está muito bem. É um bom rapaz, trabalhador, religioso e ocupado com a educação dos irmãos e com os estudos da faculdade. Ele confessou que todo dia pensa em você e todas as noites reza para Deus ajudá-la a realizar seu sonho. Ele lhe enviou um recado, mas não sei se vai compreendê-lo.
– Qual foi o recado? – indagou ansiosa.
– Pediu-me para lhe dizer que é muito difícil conseguir dar uma pausa na paixão.
A jovem agradeceu e disse ter compreendido.
A líder espiritual abraçou o sobrinho e, em seguida, os irmãos de Rodrigo, perguntando se eles estavam bem. Quando soube que iriam ficar com eles, desejou que as férias fossem divertidas e alegres.
– Shayera, será que pode hospedar Olivinha em sua barraca enquanto ela estiver no acampamento? Não posso pedir para tia Consuelo, pois somente ela e você podem entrar na barraca dela, e não quero que ela se hospede na barraca de meus pais. Raul vai ficar comigo em minha barraca – falou Yago.
– Ela pode ficar em minha barraca – disse Shayera. – Vou ensiná-la como uma cigana vive. Olivinha, venha comigo, vou lhe mostrar a barraca – convidou.

Yago pegou o presente de Rodrigo e o entregou para a tia. Consuelo o abriu e deparou com um romance espírita psicografado por Chico Xavier, uma carta e outro pequeno embrulho. Leu a carta e disse para o sobrinho e para Raul:

– Agradeçam Rodrigo em meu nome. Yago, diga para ele que farei o que me pediu na carta e informe que, em minhas orações, continuo rezando por ele – entregou o pequeno presente para o sobrinho. – Guarde este presente no porta-luvas de sua caminhonete e não o abra nem o retire de lá até o dia em que eu pedir para pegá-lo.

Yago seguiu até o veículo e fez o que a tia solicitou. Depois, retornou.

– Como foi sua experiência com o povo da cidade e na companhia de Rodrigo e dos irmãos? Estudou muito? – indagou Consuelo. – Senti sua falta em nosso acampamento e muita saudade.

Enquanto caminhavam em direção às barracas, Yago contou-lhe tudo.

CAPÍTULO VINTE E CINCO

Os segredos do baralho

A claridade de uma vela iluminava parcialmente a barraca da líder espiritual, que sentada em um tapete olhava atentamente Shayera circular a imagem de Santa Sara Kali com as cartas do baralho cigano. Shayera fez uma prece e, fechando os olhos, começou a se concentrar.

Mediunicamente, Consuelo viu o espírito Carmecita, que sempre se fazia presente nos treinamentos de Shayera. Carmecita sentou-se ao lado da aprendiz e pousou sua mão direita sobre sua cabeça. A aprendiz abriu os olhos e fixou a mestra. Consuelo colocou o nome de uma pessoa entre a imagem da santa e as cartas do baralho.

Shayera recolheu as cartas e fez um monte com elas. Em seguida, embaralhou as cartas murmurando uma prece e fez três pequenos montes, um ao lado do outro. Pegou o nome e o colocou entre as cartas, embaralhando-as. Depois de todo um ritual, falou:

– Esta pessoa foi seu professor do curso de Direito, quando você estava frequentando o sexto semestre do curso. Além disso, foi um segundo pai para você, Yasmin e outro rapaz do curso, sempre os ajudando em seus estudos.

Consuelo pediu para ela embaralhar novamente as cartas e fixar o pensamento em determinada pessoa do bando e consultar o que o baralho dizia. Shayera a obedeceu. Carmecita assoprou três vezes em Shayera com a mão direita pousada em sua cabeça. Quando a aprendiz colocou as três cartas no lenço, Carmecita sussurrou:

– A primeira carta associada às outras duas revela que no passado um rapaz lhe entregou um presente especial e ficou com outro igual – disse Shayera colocando três novas cartas no lenço. – Você chorou muito, como se o seu coração tivesse sido partido ao meio. O rapaz caminhou apressado, seguido por uma jovem, que caminhava feliz. Os dois partiram para um local muito distante, mas logo retornaram – colocou novas cartas no lenço e continuou falando: – O rapaz enfrentou muitas dificuldades, mas nunca reclamou de nada, pois o presente que tinha em seu poder sempre o fazia recordar do quanto fora feliz com quem o ajudou a ganhá-lo. Depois de muito trabalhar, ganhou mais dois novos presentes e tratou de cuidar bem deles. O primeiro era seu preferido e, conforme o tempo passou, adquiriu as características do dono. O rapaz que se transformou em um belo homem, todas as noites antes de dormir, fazia questão de se sentar ao lado do presente, conversar com ele e rezar. Enquanto rezava, pedia a Deus e aos bons espíritos ajudarem-na. – Colocou as últimas cartas no lenço, e disse: – Esse homem partiu para o mundo dos espíritos e foi bem recebido por Carmecita. Da cidade espiritual, depois de fazer alguns cursos, continuou preocupado com o presente e tudo fez para assessorá-lo espiritualmente. Quando o visitou pela primeira vez, descobriu que por ter recebido tanto amor e cuidados estava fazendo o mesmo com os outros dois presentes e com a jovem que no passado o acompanhou. Sentiu-se feliz, e sempre que lhe era permitido, visitava o presente e você. As três últimas cartas indicam que a vida colocou em seu caminho o presente que tinha ficado com o rapaz e aproximou os dois presentes que tinham sido separados. As cartas indicam que você saberá orientar...

Emocionada, Consuelo olhava para Shayera e Carmecita, que sabiamente usou a metáfora do presente para transmitir a mensagem que a mestra tinha compreendido e evitar que Shayera descobrisse seu segredo guardado a sete chaves. Consuelo descobriu que Shayera tinha mediunidade de visão e audição; enquanto fazia a leitura das cartas, ela repetia na íntegra o que Carmecita lhe sussurrava. Era necessário que Shayera praticasse a lei do perdão, da caridade e do amor, fosse tolerante com todos os membros do bando e seguisse as indicações contidas em *O Livro dos Médiuns*, dessa forma, além de ser auxiliada por Carmecita, também seria por outros bons espíritos que executavam a vontade de Deus entre os homens. Abraçando a aprendiz, Consuelo disse:

– Há meses você iniciou o seu treinamento de aprendiz e durante esse tempo eu a ensinei os segredos do baralho cigano em relação à leitura das cartas. Hoje comprovei que você aprendeu esses segredos e que Carmecita vai continuar auxiliando o nosso bando, se porventura você realmente se tornar a líder espiritual. Os segredos do baralho não são os que você já escutou até hoje, eles tratam da ligação mediúnica da líder espiritual com Carmecita e outros bons espíritos, que utilizam algo ligado à cultura do nosso bando cigano para nos passar suas boas orientações. Por essa razão, o baralho é apenas um meio para que essas orientações cheguem até a líder espiritual, da mesma forma que no século XIX as cestas, os lápis e o papel foram usados pelos espíritos para incentivarem Allan Kardec a estudar os fenômenos espíritas e codificar a Doutrina dos Espíritos. Hoje sabe-se que a mediunidade pode acontecer por meio da vidência, audição, psicografia, entre outras. Nós utilizamos o baralho cigano colocar em prática a mediunidade a serviço de quem dela necessita, pois desde a fundação do nosso bando a primeira líder espiritual assim o fez, e essa tradição foi passada de líder para líder. Com o tempo, você perceberá que não há necessidade do baralho para entrar em contato com os bons espíritos. Só o utilizamos para recebermos algumas orientações e para ler a sorte, porque se não o usarmos, ninguém vai nos dar crédito. Assim, sempre que for ler a sorte de alguém do bando ou buscar orientação, você deve usar o baralho cigano, que faz parte da nossa história. Mas a leitura deve ser feita em prol do bem-estar dos membros do bando e das pessoas das cidades. Assim, se é usado para o bem e seus segredos estão associados à mediunidade da líder, a leitura deve ser realizada gratuitamente para todos os membros do bando. Nós só cobramos a leitura do baralho cigano para o povo da cidade porque é uma forma de ganharmos dinheiro para a nossa sobrevivência, mas jamais se esqueça de que a cada leitura cobrada você terá de realizar uma gratuita. Shayera, lembre-se de tudo isso que acabei de mencionar e ao se tornar a nova líder espiritual você estará sendo fiel aos segredos do baralho cigano, que hoje lhe foram confiados.

– Você está me dizendo que o segredo do baralho cigano é apenas a mediunidade? – indagou surpresa a aprendiz.

– Além da mediunidade existe o segredo de aprender o que cada carta significa e o que ela quer dizer quando aparece ao lado de outras. Isso você já faz muito bem. A mediunidade e interpretação das cartas são os segredos do baralho cigano – disse Consuelo.

– E como descobrir os segredos para ajudar uma pessoa a ficar rica? Como os que você usou para ajudar Sindel? Onde estão? Os segredos que fazem qualquer cigano ter o que mais almeja? Onde estão os segredos que fazem qualquer pessoa se apaixonar? Cadê os segredos que auxiliam a líder espiritual a saber tudo sobre os membros do bando? Onde estão os segredos que a fazem ter contato direto com Santa Sara Kali? Cadê os segredos que fazem a líder enxergar o mundo dos espíritos e o que nesse mundo acontece?

– Esses segredos nunca existiram. São lendas passadas de geração em geração que ajudam a valorizar o baralho e dão poder à líder espiritual, para que ela possa ter controle sobre os membros do bando e, por meio disso, do baralho e de sua mediunidade saber orientá-los em direção ao crescimento moral e à caridade, pois sua função é ajudá-los a não desperdiçarem a existência física, ressarcindo seus débitos de vidas passadas, e incentivando-os a seguir o exemplo do Cristo e de Santa Sara Kali, que quando esteve reencarnada estendeu as mãos amigas para todas as pessoas que necessitaram. Nunca usei os segredos do baralho para ajudar Sindel a enriquecer. Isso foi algo que Yalía e Rosa disseminaram entre os membros do bando e que, infelizmente, todos acreditaram. O nosso bando desde que foi fundado, em 1754, sempre teve à sua frente alguns líderes que tudo fizeram para não permitir aos que estavam sob sua liderança passar necessidades. Esses líderes incentivaram homens e mulheres a trabalharem na fabricação de produtos para vendê-los ao povo da cidade, pois eles sempre acreditaram que somente o dinheiro ganhado com a leitura das mãos e do baralho não seria suficiente para alimentar a todos e comprar coisas necessárias ao nosso bem-estar. Quando Sindel assumiu a liderança do bando, este já tinha alguns imóveis e dinheiro guardado em um banco, que Sindel continuou administrando. Não foi nenhum segredo do baralho que o ajudou a ganhar dinheiro, pois saiba que as pessoas só ganham dinheiro trabalhando muito e honestamente.

– Então, tudo em que sempre acreditei, é uma lenda? – indagou Shayera com os olhos marejados de lágrimas.

– Shayera, o mundo espiritual é muito maior que a Terra, e somente Deus tem o poder de enxergar tudo e nele saber o que acontece. Somente Ele tem o poder de enviar algum anjo, santo ou espírito evoluído para auxiliar qualquer pessoa que esteja necessitada de ajuda. Santa Sara Kali, só consegue ajudar um espírito do outro lado da vida se tiver a permissão de Deus. Espero ter respondido à sua pergunta. Agora, você já está ciente de quais são os segredos e como devem ser utilizados.

As lágrimas começaram a descer pela face de Shayera.

– Se os segredos do baralho são uma lenda, nunca iria conseguir realizar o meu sonho. Ao me tornar a líder espiritual, iria usar o baralho para enxergar o mundo das trevas, o lugar de dor e sofrimento onde o espírito do meu pai está, para poder pedir a Deus que tivesse compaixão dele, que já está sofrendo há muito tempo. Ia implorar para Santa Sara Kali retirar a alma dele do lugar de dor e sofrimento e levá-la para viver ao lado da minha mãe e de Carmecita. E foi um sonho em vão! – exclamou tristemente.

– Sonhos nunca são em vão. Se você se tornou a aprendiz com o propósito de utilizar os segredos do baralho cigano para realizar uma caridade ao espírito do seu pai, o fato de não conseguir por meio do baralho, não significa que seu sonho foi em vão, pois a mediunidade, que é um dos dois verdadeiros segredos do baralho, há algum tempo me revelou que esse seu sonho já foi concretizado

– disse Consuelo. – Se você tivesse me dito que queria ser a aprendiz apenas para poder realizar esse sonho, eu teria lhe impedido de participar do ritual, pois no dia em que você completou oito anos de idade, soube que o espírito do seu pai já havia deixado o local de dor e sofrimento e levado por sua mãe e Carmecita para uma cidade espiritual onde recebeu cuidados. No dia de seu aniversário, após fazer uma prece em intenção ao espírito do seu pai, você me perguntou se Carmecita, Deus e Santa Sara Kali tinham escutado sua prece. Eu respondi que se a prece tivesse sido sincera e saído do seu coração, com muita fé, o espírito do seu pai receberia o conforto espiritual. Você me disse que não sabia se tinha rezado com o coração e com muita fé, por essa razão, iria rezar outra vez. Ajoelhou-se, e fechando os olhos, fez nova prece. Vendo-a rezar com tanta devoção, fechei meus olhos e fiz uma oração pedindo para Deus, Santa Sara Kali e Carmecita escutarem sua prece. Mediunicamente, Carmecita me disse que ele já estava em uma colônia espiritual.

– Mas ele deixou o local de dor e sofrimento naquele dia?

– Não sei. Quando estudei *O Livro dos Espíritos*, li, nos itens de números 943 a 957, questões que abordavam o suicídio. A questão 957 foi bastante discutida durante o curso; acredito que apresenta uma resposta para sua pergunta. Vou pegar o livro – levantou-se e abrindo uma caixa retirou o exemplar, lendo em voz alta:

"Quais são, em geral, as consequências do suicídio sobre o estado do Espírito?

As consequências do suicídio são as mais diversas. Não há penalidades fixadas e em todos os casos elas são sempre relativas às causas que o produziram. Mas uma consequência, a que o suicida não pode escapar, é o desapontamento. De resto, a sorte não é a mesma para todos, dependendo das circunstâncias. Alguns expiam sua falta imediatamente, outros numa nova existência, que será pior do que aquela cujo curso interrompeu".

– O que leu responde à minha pergunta, pois compreendi que não existindo penalidades fixadas para os suicidas e alguns expiarem suas faltas imediatamente, outros numa nova existência física, significa que cada caso é um caso, e que o espírito do meu pai tanto pode ter saído do mundo de dor e trevas pouco depois que se suicidou, no dia do meu aniversário ou em qualquer outra data – falou Shayera.

– Você está correta.

– Estou muito feliz por saber disso! – exclamou Shayera. – Desde pequenina, quando escutava você e as mulheres do bando comentando que a alma de meu pai devia estar sofrendo muito em um local de trevas, choro e muita dor, eu rezava para a alma dele sair daquele local. Passei a acreditar que era minha obrigação ajudá-lo a sair daquele local amaldiçoado para ir viver com a minha mãe. Foi por essa razão que muito me esforcei para ser a aprendiz – segurou as mãos da líder espiritual e tristemente indagou: – Consuelo o que eu farei agora? Se o sonho que eu tinha de ajudar o espírito do meu pai já se concretizou, e esse sonho era a única coisa que me motivava a ser a líder espiritual, o que devo fazer? Meu sonho já havia sido realizado e acho que nada mais me fará rejeitar o amor de Rodrigo. Mas como posso desejar ser feliz ao lado dele se fiz um juramento para Santa Sara Kali e para o baralho? Se não quero mais ser a aprendiz nem a líder espiritual, mas estou presa ao juramento, como poderei ser feliz com ele? O que faço, Consuelo? – perguntou a jovem levando as mãos ao rosto e chorando.

– Se descobriu que o sonho que a impulsionava a ser a líder espiritual já se realizou, e outro sonho não a incentiva a continuar sendo a aprendiz, abandone o treinamento e vá atrás do rapaz que ama. Quando duas pessoas se amam devem vivenciar o amor e lutar pela felicidade, pois o sentimento, sendo verdadeiro, vai ajudá-las a caminhar e auxiliá-las na conquista dos objetivos. Rodrigo, sendo uma boa alma, em nome de seu amor fará essas coisas por você, e você, em nome do sentimento que nutre por ele, fará o mesmo para com ele. Embora tenha feito um juramento cigano e os membros do nosso bando não quebram juramentos, você não pode impedir que ele se torne mais importante do que o amor de vocês. O amor, o mais lindo e sublime de todos os sentimentos, está acima de qualquer coisa. Recorde que no passado a mãe de Rodrigo quebrou o juramento de aprendiz em nome do amor que sentia pelo pai dele, e, embora tenha sido expulsa e amaldiçoada, foi muito feliz ao lado do homem amado. Ser feliz ao lado de quem se ama vale qualquer sacrifício.

Shayera pensou, e, após refletir, perguntou:

– Mas será que depois de ter rejeitado o amor que me ofereceu e ter pedido para sepultar o sentimento de seu coração, ele ainda me ama e deseja ser feliz ao meu lado? Será que não fez o que lhe pedi?

– Por acaso você sepultou o amor que sentia por ele? Se não conseguiu sepultá-lo, ele também não deve ter conseguido, mas você só saberá o que ele sente por você quando reencontrá-lo – disse Consuelo.

– Como vou me reencontrar com ele se estamos acampados nesta cidade?

– Podemos retornar à Foz do Iguaçu ou pedir para Yago trazer Rodrigo até nós. Yago está morando na casa dele e os dois estudam juntos. Se Yago entrou de férias na faculdade, Rodrigo também está de férias e poderá tirar uns dias de folga no emprego para nos visitar. Peça para Yago trazer Rodrigo até nós.

– Não posso pedir, ele também me ama e jamais traria à minha presença o rapaz que eu amo. Pedir isso seria fazê-lo sofrer, e não quero que sofra com um pedido meu, que, certamente, não vai atender.

– Desde que era criança, Yago sempre atendeu aos seus pedidos. Ele a ama, e quem ama tudo faz para ver a pessoa feliz, mesmo que a felicidade não esteja ao lado dele. Faça o pedido e deixe-o decidir se vai atendê-lo ou não.

– Farei o que me aconselha, mas gostaria que estivesse ao meu lado.

– Vou com você, mas não se esqueça de que não deve mencionar para Yago o que eu lhe disse sobre os segredos do baralho cigano. Ele acredita nos segredos e talvez ainda não esteja preparado para descobrir que eles são apenas uma lenda. Guarde sigilo sobre o que eu lhe contei, sem jamais esquecer os dois verdadeiros segredos do baralho – disse Consuelo. – Vamos fazer a prece de encerramento do treinamento desta noite e conversar com Yago.

CAPÍTULO VINTE E SEIS

Reencontro

Em sua barraca, Yago contava para Raul e Olivinha a história do bando. Assim que Consuelo e Shayera se aproximaram da abertura da lona e o avistaram, a tia perguntou se poderiam entrar e apreciar a narração. A permissão foi concedida e as duas se sentaram ao lado das crianças.

Percebendo que a mulher amada estava à sua frente e prestando atenção à sua narração, Yago caprichou para impressioná-la. Ao concluir a história de como o bando tinha surgido, a jovem bateu palmas e disse:

– Não sabia que você contava histórias tão bem. Parabéns!

– Yago é um ótimo contador de histórias. Toda noite, ele nos conta uma história de ciganos – falou Raul.

– Shayera quer lhe fazer um pedido, Yago – disse Consuelo. – Você tem um tempinho para conversar? É particular.

Yago disse que deixaria as crianças com Ciganinha e logo estaria livre para conversar. Shiara, ao ver Shayera e Consuelo entrarem na barraca e as crianças saírem, deu um jeito de ficar por perto para escutar a conversa.

Assim que se sentou perto da tia e de Shayera, o cigano perguntou do que se tratava.

Shayera e Consuelo lhe contaram sobre o sonho que motivara Shayera a se tornar a aprendiz e que ela não gostaria de continuar com o treinamento. Contaram também o que decidiram a respeito de Rodrigo, e Shayera finalizou:

– Gostaria que o trouxesse ao acampamento, pois como são muito amigos, você saberá como convencê-lo a vir ao nosso encontro. Preciso me reencontrar com ele para deixá-lo ciente de que ainda o amo e quero ser feliz ao seu lado. Você pode buscá-lo?

Yago não acreditou que ela estava lhe fazendo aquele pedido.

– Eu já suspeitava que não fosse atender ao meu pedido, só o fiz porque você é a única pessoa a quem poderia pedir – disse Shayera. – Não precisa fazer algo que vai fazê-lo sofrer, não quero lhe causar aborrecimentos! Desculpe tê-lo importunado com tal pedido. Se a vida desejar que eu me reencontre com Rodrigo, dará um jeito de proporcionar esse reencontro – levantou-se e antes de sair, escutou:

– Espere, Shayera! – pediu Yago. – Ainda não respondi se iria atender ou não ao seu pedido. Sente-se e aguarde.

A jovem voltou a se sentar e olhou fixamente para Yago.

Sentada ao lado do sobrinho, Consuelo apenas observava.

– Shayera, o que me pediu não é algo para uma mulher pedir a um homem que por ela é apaixonado. Estaria mentindo se te dissesse que não vou sofrer, mas se me pediu é porque acredita que eu posso trazer à sua presença o homem que ama. Vou atender ao seu pedido, pois amando-a com todo o meu coração, meu único desejo é vê-la feliz, independente de onde esteja sua felicidade. Vou até Foz do Iguaçu buscar Rodrigo e torcer por vocês.

Shayera o abraçou e emocionada lhe agradeceu. Consuelo pensou no quanto o amor do sobrinho era bonito e romântico. Em nome desse amor, enfrentava o sofrimento para proporcionar a felicidade à mulher amada.

Yago decidiu que conversaria com Olivinha e Raul e pediria que colaborassem com ele, a fim de atraírem Rodrigo.

Shiara, que tinha escutado a conversa, rapidamente se afastou do local em que estava e caminhou apressada em direção à barraca dos pais sentindo-se feliz.

*****

Yago colocou a caminhonete no estacionamento do supermercado em que Rodrigo trabalhava e ficou aguardando-o. Assim que viu o amigo e Otávio buzinou duas vezes e se aproximou deles. Rodrigo abraçou o amigo dizendo ter sentido sua falta e dos irmãos. Otávio cumprimentou o cigano e pediu notícias de Ciganinha.

– Ela está bem. Dei seu recado e ela mandou lhe dizer que também sente saudades e aguarda ansiosa o próximo reencontro – falou Yago.

– Como estão as férias? – indagou Rodrigo.

– Agradáveis.

– E Olivinha e Raul?

– Seus irmãos não vieram. Decidiram ser ciganos e querem ficar morando no acampamento. Eu insisti, mas eles não me obedeceram e eu não consegui convencê-los – disse Yago.

– Não acredito – falou Rodrigo. – Como pode vir embora de Guarapuava e deixar meus irmãos no acampamento? – perguntou indignado. – Você me prometeu que iria cuidar bem deles. Era o responsável pelos dois e mesmo tendo essa responsabilidade foi capaz de deixá-los no acampamento e vir embora?

– Eles se apaixonaram pela vida cigana. Nosso bando também gostou deles. No meio das crianças do acampamento todos dizem que eles nasceram para ser ciganos, pois vivem iguais às nossas crianças. Raul se tornou o xodó de papai e de Javier, que os leva com eles para onde vão. Olivinha é o xodó de tia Consuelo, Shayera e Carmen. As três, além de muito paparicá-la, querem ser como uma segunda mãe para ela. Os seus irmãos estão muito felizes vivendo como ciganos.

– Mas eles não são ciganos. São meus irmãos e eu sou a única família que eles têm – gritou Rodrigo. – Não vou permitir que me abandonem e fiquem morando com pessoas que não são seus familiares. Depois que papai e mamãe desencarnaram eu me tornei responsável por eles, e é minha obrigação de irmão mais velho cuidar e educá-los, zelar pelo bem-estar deles e tudo fazer para deixá-los felizes. Vou conversar com a dona Ruth e pedir uns dias de folga. Depois, você me leva ao acampamento para buscá-los. Nunca mais vou deixá-los passar férias no acampamento cigano nem em nenhum outro lugar – deu as costas para o cigano e para Otávio e retornou, apressado, ao supermercado.

Otávio disse para Yago que iria atrás do amigo, pois também iria pedir uns dias de folga para ir com eles até Guarapuava para reencontrar Ciganinha.

Yago encostou-se na caminhonete e ficou aguardando.

Após dez minutos, Otávio e Rodrigo se aproximaram do cigano e disseram ter ganhado uma semana de folga.

Em casa, Rodrigo rapidamente colocou em uma mochila o que acreditou ser necessário para a viagem e fechando a casa colocou tudo na caminhonete e foi à padaria. No local, encontrou com Otávio que se despediu dos pais e da irmã.

– Rodrigo, Otávio nos contou o motivo de você estar indo buscar Olivinha e Raul. Tem certeza de que está indo ao acampamento só para buscá-los ou vai atrás da cigana por quem está apaixonado? – indagou Rosália.

– Estou indo buscar meus dois irmãos e nunca mais permitir que se afastem de mim. Se eles estão no acampamento em que Shayera vive, vou encontrá-la. Depois lhe conto o que aconteceu.

– Você não pode ficar com a cigana no acampamento. Se eu souber que vocês se entenderam e que vão se casar e viver o resto da vida com os ciganos, vou sofrer muito, pois o amo e sempre tive esperança de um dia você me amar, casarmos e sermos felizes.

– Rosália, eu lhe disse por várias vezes que não sinto por você o que você sente por mim; assim, jamais iria namorá-la ou me casar com você. Por favor, compreenda, não quero que passe o resto de sua vida aguardando um homem que não a ama. Você é uma moça bonita, inteligente e trabalhadora, logo encontrará um bom rapaz para namorar e ser feliz – falou Rodrigo. – Eu e Otávio precisamos ir, pois Yago nos espera – despediu-se da jovem e dos pais dela e com Otávio deixaram a padaria.

Otávio colocou a mochila na caminhonete e depois se sentou ao lado de Rodrigo. Os três colocaram o cinto de segurança. Yago deu partida na caminhonete e seguiu em direção a Guarapuava.

Chegaram à cidade às vinte horas e se dirigiram ao acampamento. Quando estavam chegando, assim que avistou a caminhonete do irmão estacionar, Shiara chamou o pai, Javier e Ramon para observarem o que iria acontecer.

Os bons espíritos: Carmecita, Alonso e Yuri chegaram volitando e se aproximando da caminhonete começaram a observar os encarnados.

Olivinha e Raul, Shayera e Consuelo, Ciganinha e outros membros do bando se aproximaram da caminhonete.

Rodrigo foi o primeiro a deixar o veículo e, ao avistar os irmãos, envolveu-os em um único abraço e disse:

– Estava morrendo de saudade dos dois e preocupado com essa loucura de quererem ser ciganos e viver no acampamento. Eu os amo. Os dois são a minha única família, não sei viver sem vocês – soltou-os e fixando-os disse: – Arrumem suas coisas, vamos retornar para a nossa casa, pois sou o responsável pelos dois e não permitirei que fiquem morando com o bando de Sindel. Aliás, não vou permitir que venham passar nem um fim de semana com os ciganos, muito menos as próximas férias.

– A gente não ia ficar morando aqui. Foi o tio Yago que pediu para ficarmos no acampamento enquanto ele ia buscá-lo – disse Olivinha sorrindo.

Rodrigo fixou Yago e indagou:

– Por que pediu aos dois para ficarem e foi atrás de mim?

– Porque essa foi a única forma que encontrei para atender ao pedido da mulher que eu e você amamos. Eu precisava trazê-lo ao acampamento para que reencontrasse Shayera. Se pedisse, sei que não iria atender ao meu pedido – respondeu Yago.

– Por que Shayera quer se reencontrar comigo se ela mesma me pediu para nunca mais aparecer no acampamento e sepultar em meu coração o que eu sentia por ela?

– Faça essa pergunta para ela, que está logo atrás de você.

Rodrigo virou-se e viu a jovem. Os dois se contemplaram e ficaram parados, olhos fixos no olhar um do outro. Rodrigo sentiu o coração bater mais rapidamente e uma vontade imensa de abraçar a mulher amada. Shayera sentiu a mesma coisa e desejou que ele voltasse a lhe dizer que a amava, pois, ao vê-lo, teve certeza de que seu amor nunca tinha sido sepultado e ainda estava bem vivo em seu coração. Ele esboçou um sorrisinho e ela o imitou. Ele se aproximou e disse:

– Desde o dia em que me pediu para esquecê-la e nunca mais aparecer em seu acampamento, embora eu tenha tentado não pensar em você, a única coisa que fiz foi justamente o contrário. Todos os dias penso em você, rezo pelo seu bem-estar e peço para Deus ajudá-la a atingir seu sonho de um dia se tornar a líder espiritual do bando. Shayera eu a amo! – exclamou.

– Rodrigo, eu também o amo e não fui forte o suficiente para sepultar em meu coração o amor que naquele dia disse já ter sepultado. Todo dia me lembrava de sua declaração de amor e pedia a Deus e a Santa Sara Kali abençoá-lo para continuar sendo uma boa alma e um bom irmão para Olivinha e Raul – disse Shayera. – Eu também rezei para Deus e Santa Sara Kali não permitirem que você deixasse de me amar. – Atirou-se nos braços do rapaz.

Rodrigo a acolheu com muita emoção e carinho, e unindo seus lábios ao dela, ambos se beijaram apaixonadamente.

– Javier, parece que Shayera está dando uma nova prova de fidelidade ao juramento que fez para Santa Sara Kali e o baralho cigano – disse Shiara apontando para os dois jovens, que abraçados ainda se beijavam. – Será que por essa nova prova de fidelidade ao juramento Shayera está demonstrando ser a cigana certa para se tornar a nova líder espiritual ou merece ser julgada pelo conselho por infidelidade ao juramento?

– Invejosa! Mal-amada! Insuportável! – gritou Carmen. – Shiara, chata como você é, nunca deve ter recebido uma declaração de amor como as que Shayera recebeu, e nunca deve ter sido beijada da forma que Rodrigo a beijou. É por tudo isso que a acusa de infidelidade ao juramento. Se eu estivesse no lugar dela não estaria pensando em infidelidade ao juramento, mas me entregando ao amor do homem que amo.

– Shiara está certa no que disse – falou Javier. – Shayera fez um juramento para Santa Sara Kali e o baralho cigano, e o bando acabou de comprovar que ela foi infiel ao juramento. Deve ser julgada. Os conselheiros deverão se reunir e julgá-la.

Javier pediu para Consuelo buscar em sua barraca a imagem de Santa Sara Kali, a lei do bando e o livro de atas. A líder espiritual tristemente olhou para Shayera e seguiu para a barraca. Embora não desejasse que a aprendiz fosse julgada e expulsa, o que ela fez na frente de todos testemunhava que havia quebrado o juramento.

De longe, escondidos em um local onde ninguém podia vê-los, Sinval, Rosa, um homem e dois rapazes observavam os acontecimentos aguardando o momento certo para agirem.

Depois de fugir, Sinval disse para a mãe que iria se vingar de Shiara por ter mentido. Iria também se vingar de Rodrigo e de Otávio, que foram os responsáveis por tê-lo impedido de matar Shayera. A vingança para com Rodrigo seria cruel, pois achava que ele fora o mentor da ideia de o conselho do bando entregá-lo à polícia. A noite, iria se vingar e roubar o baralho.

CAPÍTULO VINTE E SETE

As decisões de Yago e Rodrigo

Consuelo apareceu na abertura da barraca e chamou Yago. Assim que o sobrinho se aproximou, ela lhe entregou um banquinho de madeira, o caderno com a lei e o livro de atas, sussurrando para ele se recordar que o presente que Rodrigo tinha enviado estava no porta-luvas da caminhonete. Segurando a imagem de Santa Sara Kali e um lenço, seguiu até onde os outros três membros já estavam.

Fazendo todo o ritual, disse:

– Ficou acertado que nas próximas reuniões do conselho a nova conselheira, que é Yolanda, seria empossada. Que ela se junte aos outros conselheiros e assuma seu posto.

Yolanda se levantou e recebeu uma salva de palmas, sentando-se ao lado dos outros conselheiros. Consuelo fez uma oração e pediu para cada conselheiro se aproximar de Santa Sara Kali e jurar em nome dela que tudo o que dissessem, votassem, aprovassem ou condenassem, jamais o fariam motivados por interesses pessoais, mas em benefício do bando.

Depois, ela leu o capítulo da lei do bando que determinava quais as funções e o poder atribuídos ao conselho. Fechou o caderno e disse:

– O conselho está reunido para julgar a infidelidade de Shayera ao juramento de aprendiz. Durante o julgamento, tirando os membros do conselho e Shayera, os outros só poderão se manifestar se solicitados. Recordo que no julgamento de Sinval nenhum dos conselheiros quis ser seu advogado de defesa, e, como réu, ele próprio se defendeu do crime pelo qual estava sendo julgado. Hoje, Shayera também será julgada e indago se um dos conselheiros deseja fazer sua defesa?

Os quatros ficaram em silêncio.

– Então, ela terá de se defender sozinha, pois como sua mestra não poderei ser sua defensora, porque a nossa lei diz que os pais e os mestres não podem fazer a defesa dos filhos nem dos aprendizes.

– A lei também diz que se nenhum dos conselheiros se oferecer para defender um membro em seu julgamento, um ex-conselheiro pode fazer a defesa – disse Carmen. – Como ex-conselheira, peço permissão ao conselho para fazer a defesa de Shayera.

– A senhora nunca foi ex-conselheira, por essa razão não pode defendê-la. Ela que se defenda sozinha – gritou Shiara.

– Carmen é a antiga líder espiritual do bando e Consuelo foi sua aprendiz – disse Javier. – Consuelo, ao assumir o cargo de líder espiritual, também assumiu o cargo de conselheira que era de Carmen. Eu nada tenho contra Carmen defender Shayera.

Os outros quatro conselheiros também não foram contra.

– Carmen não pode ter sido a líder espiritual do nosso bando, pois é casada com Javier e mãe de Juan, e todos sabemos que a líder tem de ser pura e não pode se envolver com nenhum homem – falou Shiara.

– A lei diz que a líder espiritual só tem de ser pura e nunca se entregar ao homem amado durante os três anos de treinamento e depois de vinte e cinco anos a serviço de Santa Sara Kali e do baralho cigano – proferiu Carmen. – Nesse meio tempo, pode fazer o que quiser.

– Vamos iniciar o julgamento – disse Javier. – Consuelo, leia o que a lei diz sobre a aprendiz que for infiel ao juramento.

– Eu quero ser julgado com Shayera – gritou Yago. – Sou seu protetor e nós dois temos um pacto de sangue, que nos liga um ao outro. Não permitirei que seja julgada sozinha, pois fui o responsável por trazer Rodrigo ao acampamento, o que ocasionou a infidelidade de Shayera ao juramento. Tenho de ter o mesmo castigo que ela. Se formos expulsos, vou abraçá-la e usar meu corpo para que as pauladas e os pontapés acertem apenas em mim – aproximou-se da aprendiz e segurando na mão dela aproximaram-se dos conselheiros, e Yago disse: – Podem iniciar o julgamento.

– Eu também quero ser julgado – disse Rodrigo se aproximando dos dois e segurando a mão esquerda da aprendiz. – O verdadeiro culpado de ter feito Shayera quebrar o juramento fui eu, não Yago. Se eu não tivesse declarado meu amor para ela e a beijado, Shayera continuaria fiel ao juramento. Embora não seja um membro do bando cigano, quero ser julgado e receber a mesma pena que será aplicada a eles, para com o meu corpo poder ajudar Yago a proteger Shayera.

– O amor é lindo! – exclamou Carmen. – A decisão de Yago e Rodrigo chama-se amor. A aprendiz deve ser julgada em nome desse amor, não em razão da quebra do juramento.

Os conselheiros se entreolharam e Javier disse:

– Yago e Rodrigo não serão julgados, pois quem quebrou o juramento foi a aprendiz. Yago se manteve fiel ao juramento de protetor até quando fraturou a perna e deixou Juan como protetor. Rodrigo não é do bando e, embora tenha declarado seu amor e beijado a aprendiz, se Shayera desejasse continuar fiel ao juramento, teria o empurrado na hora do beijo e corrido para sua barraca. A aprendiz não será julgada em nome do amor, mas em nome da infidelidade ao juramento – olhou para Consuelo e pediu: – Leia o capítulo da lei que fala sobre o assunto.

– Consuelo, após você ler o capítulo que o presidente do conselho lhe pedira, aproveite e leia os dois capítulos seguintes – pediu a advogada de defesa.

– Capítulo 26 da lei do bando, escrita em 1754, quando o bando foi fundado. A aprendiz de líder espiritual deve se manter fiel ao juramento realizado para a Santa Sara Kali e o baralho cigano durante os três anos do seu treinamento. Se ela for infiel deverá sofrer o mesmo castigo da líder espiritual caso esta quebre o juramento no prazo de vinte e cinco anos. O castigo será ser amaldiçoada pelo bando e expulsa a pauladas e pontapés. A maldição a fará ser sempre infeliz, nunca terá o que ambiciona, passará fome, será sempre pobre, viverá triste, chorando e doente, e será sempre atormentada pelos espíritos das trevas que infernizarão sua vida dia e noite. Quando morrer, sua alma será atirada nas profundezas do inferno e cairá aos pés do diabo, que vai torturá-la com muita crueldade e depois entregá-la para ser escrava dos espíritos das trevas, que a obrigarão viver eternamente no inferno, trabalhando noite e dia para o demônio.

Shayera soltou as mãos que Yago e Rodrigo seguravam e imediatamente se benzeu. Cobriu o rosto com as duas mãos e começou a chorar dizendo que não queria que sua alma fosse escravizada pelos espíritos das trevas e obrigada a trabalhar para o demônio.

Yago a abraçou e disse:

– Eu sou seu protetor e vou protegê-la até no inferno. Quando for amaldiçoada e expulsa, vou segui-la e a maldição também passará a ser minha. Por tudo isso, quando morrer, já terei morrido, e se não tiver morrido, me mato para chegar ao inferno e lutar com o diabo e seus espíritos das trevas.

– O que escutamos aqui é uma verdadeira declaração de amor – falou Carmen. Se Shayera quebrou o juramento foi em nome do amor que sente por Rodrigo. Esse sentimento tão bonito e sublime deve ser levado mais em consideração do que a quebra do juramento.

Rodrigo olhou para Yago e para a aprendiz e pensou no que o cigano havia dito. Embora acreditasse que a maldição não iria atirar a alma dos dois no inferno, compreendia o temor da aprendiz e de Yago, pois eram ciganos e tinham crescido escutando o poder de tal maldição. Sendo espírita, estava ciente de que alguns espíritos, após o desencarne, iam para o umbral, em razão das más ações praticadas quando encarnados. Olhou os conselheiros e disse:

– Não quero mais ser julgado com Shayera e Yago. Julguem os dois, pois a pena imposta pelo conselho fará os dois serem expulsos do bando. Depois, Yago, que é um cigano e pertence ao mesmo bando de Shayera, e a conhece desde criança, ama-a com um amor grandioso e vai lhe proporcionar muitas alegrias e felicidades. Eu e meus irmãos vamos deixar o acampamento com Otávio e retornar imediatamente para Foz do Iguaçu – caminhou em direção aos irmãos.

– Você não vai embora, vai continuar no acampamento e presenciar o julgamento de Shayera até o fim – disse Yago. – Ela será expulsa e amaldiçoada pelo bando. Vai precisar de um lugar para morar. Amando-a, você deverá estender suas mãos e praticar o que chama de "Fora da caridade não há salvação", pois assim estará colocando em prática o que tanto a religião espírita pede aos adeptos. Shayera quebrou o juramento, porque o ama, ela não foi infiel a ele porque me ama, e se o quebrou por sua causa é porque quer ser feliz ao seu lado. Embora eu a ame e o inveje por ter conseguido roubar o coração dela, ela só será feliz casando-se com você. Estou contente por saber que ela o escolheu, pois sendo uma boa alma vai fazer por ela o que faz pelos seus irmãos. Vocês dois devem ir para Foz do Iguaçu e se casar.

Rodrigo não sabia o que dizer.

– Terminem logo esse julgamento. Quando eu e Shayera formos expulsos do bando e amaldiçoados, eu a levarei para Foz do Iguaçu e ela ficará no quarto que Olivinha usa na casa de Rodrigo. Como eu moro na mesma casa, ficarei de olhos nela e em Rodrigo, e os dois só passarão a viver no mesmo quarto após o casamento – disse Yago. – Javier, termine logo o julgamento! – pediu.

– Shayera deve ser amaldiçoada por todos e expulsa a pauladas e pontapés – falou Javier. – Como presidente do conselho coloco em votação a maldição e expulsão dela.

– Vocês ouviram o que o presidente do conselho disse. Peguem pedaços de pau e vamos amaldiçoar a aprendiz, cuspindo nela e a expulsando com pauladas e pontapés – gritou Shiara. – Eu já estou com um pedaço de pau e serei a primeira a dar a paulada – pegou o pau e levantando-se foi em direção da aprendiz.

Yago ficou na frente de Shayera e tomando o pedaço de pau da irmã a empurrou com força. Ela se desequilibrou e caiu.

– Shiara, suma da nossa frente! Caso contrário, usarei o pedaço de pau que você tinha e darei pauladas em você – gritou Yago. – O julgamento de Shayera ainda não terminou, a expulsão e a maldição não foram votadas pelos outros membros do conselho. Depois que votarem e o julgamento for concluído, já disse que vou protegê-la com o meu corpo, mas antes de o julgamento terminar ninguém encosta a mão nela.

Shiara levantou-se do chão e rapidamente foi para perto da mãe, olhando com raiva para o irmão e para Shayera. Tomou um pedaço de pau das mãos da mãe, que também já segurava um, e ficou mostrando para Shayera.

– Yago tem razão – falou Carmen. – Sendo advogada de defesa solicito a conselheira Consuelo que leia os capítulos 27 e 28, antes de os conselheiros votarem.

– Capítulo 27 da lei do bando. A aprendiz de líder espiritual que tiver quebrado o juramento só não será expulsa se o seu protetor durante o julgamento se manifestar dizendo que a perdoa por ter sido infiel ao juramento e ao pacto de sangue que os unia. Depois do julgamento, ele deverá montar seu próprio bando, e na lei que criará deverá constar um capítulo que determine que a líder espiritual não necessita ser pura. Esse cargo deverá ser ocupado pela aprendiz infiel depois de ela ter concluído todo o seu treinamento com a líder do antigo bando. Esse protetor não pode esquecer que para poder montar o seu bando dois casais do bando de origem deverão seguir com ele e com a aprendiz infiel. O capítulo 28 diz que a aprendiz de líder espiritual que tiver quebrado o juramento não será amaldiçoada, nem terá sua alma lançada nas profundezas do inferno, nem será escravizada pelos espíritos das trevas se o cigano que a fez quebrar o juramento presentear santa Sara Kali com um presente muito mais bonito do que todos os presentes que o bando já tenha lhe dado. O cigano também deverá se casar com a aprendiz e acompanhá-la quando ela seguir com o bando que será montado pelo protetor. Se for um homem da cidade, este deverá, durante o julgamento, ofertar um presente para Santa Sara Kali e passar pelo ritual de entrada no bando após prometer que vai se casar com a aprendiz e acompanhá-la no novo bando, jurando que tudo fará para viver como cigano. Mas ele só poderá entrar no bando se o protetor aceitá-lo como um dos membros – Consuelo olhou para Yago e Rodrigo e fechou o caderno.

– Yago e Rodrigo, os dois escutaram o que deve ser feito para Shayera não ser expulsa, nem amaldiçoada pelo bando? Os dois terão de decidir se depois de ter escutado o que a lei diz, deixarão Shayera ser amaldiçoada e expulsa do bando, ou se impedirão a expulsão e maldição da mulher que os dois dizem amar. O que decidem? – perguntou Carmen fixando os dois rapazes.

Yago e Rodrigo se entreolharam e contemplaram Shayera, que os olhava sem pestanejar. Yago, olhando fixamente para os membros do conselho, disse:

– Eu, Yago, do bando de Sindel, protetor da aprendiz Shayera, perdoo-a por ter quebrado o juramento de sangue e decido montar meu próprio bando. Na lei desse bando constará que a líder espiritual não necessita ser pura. Prometo a Deus, a Santa Sara Kali e aos espíritos protetores que aceitarei o meu amigo Rodrigo como membro do meu bando, caso ele decida se casar com Shayera e se juntar ao bando. Prometo, como líder do novo bando, ensinar Rodrigo a viver como cigano.

Carmecita, Alonso e Yuri se entreolharam, olharam para Yago e voltaram a se entreolhar, sem nada mencionar.

Shayera abraçou Yago e emocionada agradeceu:

– Obrigada! – beijou a fronte do amigo.

– Rodrigo, eu já tomei minha decisão. Shayera não será mais expulsa do bando nem amaldiçoada. Agora é a sua vez de informar ao conselho o que decidiu – disse Yago.

Shayera contemplou o rapaz e ficou aguardando com ansiedade.

Rodrigo notou que todos olhavam para ele. Pensou em toda sua vida e no que almejava conquistar quando tivesse concluído seu curso superior. Recordou que para livrar Shayera de uma maldição que apenas ela e os ciganos acreditavam, ele teria de abdicar de sua vida e passar a viver como cigano, algo que jamais desejou. Mesmo amando-a, não queria sacrificar sua vida e seus sonhos para livrá-la de algo que ele acreditava não fosse acontecer. Contemplou Shayera, esboçou o sorrisinho e disse:

— Shayera, eu a amo com todo o meu coração e desejo que em sua vida encontre muitas alegrias, felicidades e a realização dos seus sonhos, assim como desejo que o mesmo ocorra na minha vida, mas não posso abdicar da minha vida e dos meus sonhos, pois será a concretização desses sonhos que me fará feliz. Quero namorá-la e casar-me para sermos felizes ao lado dos meus dois irmãos e dos filhos que Deus nos enviar, mas quero tudo isso vivendo em Foz do Iguaçu e continuando com a minha vida. Não quero me casar e viver como cigano, porque ser cigano é algo que nunca desejei. Não posso me casar com você apenas para livrá-la de uma maldição que nem acredito. Embora entenda que você e seu povo creem nela, não sou obrigado a acreditar, e não crendo posso me casar com você, mas depois do casamento moraremos na minha cidade ou em outra cidade, não como ciganos. Essa é a minha decisão.

— Como pode dizer que ama Shayera e decidir algo viável para você e não para ela? — perguntou Yago. — Se realmente a amasse pensaria primeiro nela, iria até a caminhonete e pegaria no porta-luvas o presente que trouxe para Santa Sara Kali e a livraria de algo que ela crê piamente que vai acontecer.

Sinval fez um gesto para a mãe e os malfeitores que os acompanhavam. Os cinco saíram do esconderijo e apontaram revólveres e facas na direção dos membros do bando. Sinval gritou:

— Os sonhos de Rodrigo só interessam a ele, que fez muito bem em decidir continuar vivendo a vida dele e não deixá-la para correr atrás de uma mulher, igual você faz, Yago. Suas ações e tudo o que falou continuam sendo uma vergonha para qualquer cigano — atirou em Sindel assim que o viu dar um passo. A bala passou raspando no ombro esquerdo do líder do bando.

— Sindel, não dê mais nenhum passo. Eu e meus amigos estamos aqui para realizarmos um assalto e para eu me vingar de uma cigana má, de Rodrigo e de Otávio, que me impediram de atingir meus objetivos. Hoje vocês pagarão pelo que tentaram fazer comigo – olhou para os conselheiros do bando, para Yago, Shiara, Rodrigo e Otávio, com o revólver em punho.

Todos ficaram imóveis e assustados com a repentina aparição.

CAPÍTULO VINTE E OITO

O sacrifício de Yago

Sinval ordenou que Yago, Shayera, Rodrigo e Otávio ficassem em pé, ao lado dos conselheiros. Os demais membros do bando deviam ficar sentados em círculos, sem fazer nenhum movimento, impedindo seus filhos de gritarem e chorarem. Quem não o obedecesse, receberia balas.

Ciganinha, percebendo que Olivinha estava apavorada e com os olhos cheios de lágrimas, abraçou a menina e pediu para ela se acalmar. Raul também abraçou a irmãzinha e disse para ela ficar calma que ele iria protegê-la dos bandidos.

Os dois rapazes e Rosa ficaram com as armas apontadas para os que estavam no círculo.

Sinval e o homem mantinham os que estavam em pé na mira de suas armas.

– Como eu já disse, Rodrigo fez muito bem em decidir continuar vivendo a vida dele, embora sua decisão não o fará continuar com sua vida – disse Sinval. – Hoje ele será o primeiro que morrerá, depois de eu acertar contas com Shiara e me apossar do que viemos roubar – atirou próximo aos pés de Consuelo, assim que ela deu dois passos na direção de Rodrigo, e gritou:

– Não dê mais nenhum passo, Consuelo. Aprendi a atirar muito bem com Jeremias e seus dois comparsas, que são procurados pela polícia. Se não me derem o que vim roubar, as próximas balas não serão apenas um aviso – caminhou até Shiara e a arrastando pelos cabelos até perto da imagem de Santa Sara Kali encostou o revólver na fronte da jovem e ordenou que se ajoelhasse na frente da imagem e dissesse ter feito um juramento em falso para a santa, prejudicando-o.

Shiara cuspiu nele e o amaldiçoou. Sinval deu-lhe duas fortes bofetadas e ordenou cumprir o que ele havia determinado. Caso contrário, iria matá-la com uma bala na testa e sua alma iria direto para o inferno. Ela ficou em silêncio e Sinval lhe deu mais duas bofetadas.

Sindel deu três passos em direção aos dois e foi impedido de dar novo passo ao sentir uma bala raspando no couro cabeludo e arrancando-lhe alguns fios de cabelo.

– Sinval ordenou que ninguém se movimentasse – disse Jeremias. – Volte para o seu lugar, caso contrário não vai ficar somente sem alguns fios de cabelo.

Sindel, que estava pálido e muito assustado, não se moveu. Consuelo rapidamente se aproximou do irmão e o ajudou a retornar para perto dos conselheiros.

Sinval atirou perto das pernas de Shiara. A jovem assustou-se e ele disse que não tinha a noite inteira para ficar aguardando ela falar o que todos deveriam saber. Ou falava ou seria morta.

– Deus e Santa Sara Kali sabem que no dia do seu julgamento eu jurei em falso, menti para não ser amaldiçoada e expulsa do bando – gritou Shiara. – Fui eu que planejei a forma como a aprendiz seria violentada, morta e atirada no rio. Queria que Shayera morresse para me tornar a nova aprendiz.

Os membros do bando se horrorizaram com a confissão. Sinval deu outra bofetada em Shiara e disse:

– Agora que todos do bando sabem que você fez um juramento falso, terá de ser julgada pelo conselho do bando, expulsa e amaldiçoada, mas antes você seguirá comigo e vamos nos casar. Depois, vai se sujeitar às minhas vontades – deu forte puxão nos cabelos dela e a empurrando com o pé direito a fez cair com o rosto no chão. Apoiando o pé nas costas dela, olhou para Consuelo e disse: – Vá até sua barraca e pegue todo o dinheiro que você guarda. Quando me entregar o dinheiro também me entregará o baralho cigano e vai conosco, pois vamos precisar de seus conhecimentos para eu poder usar os segredos do baralho e me tornar um homem rico, fundar o meu bando e a polícia nunca prender Jeremias e meus dois amigos. Depois que me entregar o dinheiro e o baralho, vou matar Rodrigo, Otávio e Yago e acertar as contas com os outros conselheiros. Só você será poupada, porque é a líder espiritual.

– Sinval, não viemos aqui para ajudá-lo em sua vingança – disse Jeremias. – Viemos para assaltar o bando, levar o dinheiro e o baralho. Assalto tem de ser coisa rápida e nós já demoramos demais. Ciganos são espertos e traiçoeiros. Se a gente vacilar, eles são capazes de aproveitar o vacilo e nos sangrar igual se sangra um porco. Eu não vim aqui para morrer, mas para cometer um assalto – aproximou-se de Consuelo e colocando a arma encostada nas costas dela, disse: – Vamos buscar o dinheiro. Se valoriza sua vida, faça o que eu mando. Se algum cigano tentar qualquer coisa para impedir que ela me dê o dinheiro, eu estouro os miolos dela.

– Jeremias, apenas a líder espiritual pode entrar na barraca. Se outra pessoa entrar, ficará amaldiçoado e somente coisas ruins vão lhe acontecer – avisou Sinval.

– Ciganos são supersticiosos e acreditam em maldições, eu não acredito. Quero o dinheiro e vou conferir se ela realmente vai nos entregar tudo o que tem na barraca – disse Jeremias, obrigando Consuelo a se dirigir até a barraca.

Consuelo entregou-lhe três pequenas sacolas. Ao abrir as sacolas e conferir que estavam cheias de dinheiro, deu uma olhada na caixa, e não encontrando mais nenhum dinheiro, voltou a encostar a arma nas costas de Consuelo. Ao saírem, ele mostrou as três sacolas para os dois rapazes dizendo que estavam recheadas de dinheiro.

Carmen se ajoelhou e fechando os olhos gritou:

– Invoco o demônio e seus espíritos das trevas para neste momento se juntarem a Jeremias e dele tomarem o dinheiro – abriu os olhos e cuspiu na direção de Jeremias. – Amaldiçoo a todos; assim que saírem do acampamento serão presos e passarão o resto da vida torturados pelos outros presos – e começou a cantar.

Jeremias atirou e a bala raspou nos cabelos de Carmen.

– Velha maldita! Pare de cantar e de me amaldiçoar, senão a próxima bala lhe fará ficar em silêncio pelo resto da vida – gritou Jeremias apontando a arma para a cabeça de Carmen.

Consuelo deu um empurrão tão forte nele, que o fez cair. Ela cuspiu nele e chutando a arma para longe, gritou:

– Que o demônio faça este homem ficar cego e o deixe passar fome, frio e sede – começou a cantar na mesma língua que Carmen cantava.

Carmen olhou para as mulheres do bando. Elas cuspiram nos rapazes e em Jeremias e começaram a amaldiçoá-los. Jeremias não sabia o que fazer. Todas as ciganas gritavam ao mesmo tempo e cuspiam em sua direção e na direção de seus comparsas.

Carmen se sacudiu e começou a babar. Com uma voz forte e grossa começou a andar vagarosamente na direção de Jeremias e falou:

– Eu sou o demônio. Trouxe comigo cem espíritos do inferno. Viemos buscar o nosso dinheiro e infernizar a vida de quem está roubando o que é nosso – estendeu as mãos para Jeremias e deu passos em sua direção.

Javier, rapidamente, jogou uma pedra em um galho de árvore e as folhas farfalharam fortemente.

Jeremias ficou apavorado, e embora não fosse supersticioso, tinha escutado de sua mãe que os ciganos tinham pacto com o demônio. Não havia ido ao acampamento para roubar os demônios. Se aquele espírito das trevas queria o dinheiro, que ficasse com ele. Jogou as sacolas no chão, pegou o revólver que Consuelo havia chutado e saiu correndo, apavorado.

Os dois rapazes que estavam mais apavorados que Jeremias correram atrás dele.

– Eu não vou deixar os ladrões roubarem o dinheiro que ganhamos honestamente trabalhando embaixo do sol quente nas praças das cidades. O dinheiro é nosso e ninguém vai tirá-lo de nós – disse Carmen.

– Eu e minha mãe ainda estamos aqui e armados – gritou Sinval. – Continuem onde estão, pois eu e mamãe sabemos que Carmen não está com o demônio incorporado. Se Jeremias e os outros fugiram, e sem eles eu não vou conseguir fazer tudo o que vim executar, pelo menos vou me vingar de Rodrigo e Otávio, que me impediram de matar Shayera e conseguir tudo o que eu ambicionava – apontou a arma para Rodrigo e gritou:

– Morra, Rodrigo! – atirou duas vezes.

Yago e Consuelo pularam ao mesmo tempo na frente de Rodrigo. Uma bala passou de raspão no pescoço de Consuelo, a outra atingiu o peito de Yago, e o sangue começou a jorrar. Dois ciganos pularam sobre Sinval e o lançaram ao chão, tomando-lhe a arma e o dominando.

Três ciganas também pularam sobre Rosa e obrigaram-na a soltar as armas. Depois, deram bofetadas nela e dominaram-na.

Consuelo, notando o grave estado de Yago, colocou a cabeça do sobrinho em seu colo e começou a rezar pedindo para Deus não permitir que ele desencarnasse.

Carmecita, Alonso e Yuri se aproximaram dos dois. Ela e Yuri começaram a rezar. Alonso colocou a mão direita na fronte de Yago e com a esquerda começou a lhe aplicar um passe magnético, a fim de que boas energias do passe ajudassem-no a conseguir se comunicar com os familiares.

– Tia Consuelo, por que a senhora pulou na frente de Rodrigo para receber as balas no lugar dele? – perguntou Yago com a voz fraca.

– Porque ele e você são meus filhos, e toda mãe tenta proteger os filhos quando eles correm risco de morte – respondeu Consuelo. – Yago, nunca fui sua tia, sempre fui sua mãe. Você e Rodrigo são gêmeos bivitelinos, por essa razão não são parecidos fisicamente. Rodrigo não é apenas o seu melhor amigo, ele é seu irmão. Agora, diga-nos por qual motivo você pulou na frente de Rodrigo?

– Não responda, Yago. Guarde suas forças, vai precisar delas. Vou levá-lo imediatamente ao hospital. Alguém me ajude! – gritou

Rodrigo, ajoelhando-se e colocando os dois braços embaixo do corpo de Yago.

Sindel, Otávio e Juan se aproximaram.

– Rodrigo, não precisa me levar ao hospital, chegou a hora da minha partida para o outro lado da vida – disse Yago. – Onde está Shayera? – perguntou com a voz muito fraca.

– Estou aqui ao seu lado – falou a jovem, chorando. Inclinando-se delicadamente, tocou o rosto de Yago com as costas da mão direita. Duas lágrimas caíram na testa de Yago.

– Não chore, Shayera! – pediu Yago segurando a mão dela. – Não quero partir com a lembrança de vê-la chorando. Quero viver no mundo dos espíritos com a certeza de que você será feliz ao lado do homem que ama – suspirou. Reunindo novas forças, pediu para Rodrigo lhe estender a mão direita.

Rodrigo obedeceu, e ele colocou a mão do rapaz sobre a de Shayera e as segurando falou:

– Rodrigo, pulei na sua frente para protegê-lo das duas balas e impedir sua morte, porque você é o homem que Shayera ama e com quem ela quer se casar e ser feliz. Se você morresse, Shayera ficaria muito triste e sofreria muito. Se eu a visse sofrendo, não iria suportar e nada poderia fazer, por essa razão pulei na sua frente, para evitar que a mulher que eu amo passasse o resto da vida sofrendo o luto pelo homem amado. Eu me sacrifiquei por amor! Renunciei minha vida em favor da sua – parou de falar e fechou os olhos.

Alonso retirou a mão de sua cabeça e passou a rezar com Carmecita e Yuri.

Yago suspirou longamente, abrindo os olhos em um último esforço apertou fortemente as mãos de Rodrigo e Shayera, e pediu:

– Rodrigo, por favor, não permita que ela seja amaldiçoada e tenha sua alma padecendo eternamente no inferno. Tia Consuelo confessou que é nossa mãe e que somos gêmeos bivitelinos. Sendo meu irmão e filho da líder espiritual, você é um verdadeiro cigano e eu imploro que faça o que nossa lei manda. Ofereça o presente que está na caminhonete para Santa Sara Kali, case-se com Shayera e funde o bando que eu deveria fundar. Papai e Juan vão ajudá-lo a montar o bando. No começo, vão ensiná-lo como um cigano vive. Prometa-me que não vai permitir que Shayera seja amaldiçoada e que vai cuidar dela e tudo fazer para ela ser feliz. Prometa, Rodrigo! Prometa! – pediu com a voz já desaparecendo.

– Yago, eu prometo que vou ajudar Shayera em relação à sua maldição e prometo cuidar dela e fazer o que estiver ao meu alcance para fazê-la feliz. – Agora, pare de falar e aguente firme que vou levá-lo ao hospital – puxou a mão e voltou a colocar os dois braços embaixo do corpo de Yago.

– Shayera, eu a amo! – exclamou fracamente Yago, tombando a cabeça para o lado e desencarnando.

Dois enfermeiros espirituais apareceram volitando com uma maca e se aproximaram de Alonso.

– Yago desencarnou! – exclamou tristemente Rodrigo com os olhos marejados de lágrimas. Puxando os braços e sentando-se no chão, contemplou o corpo sem vida do cigano e começou a fazer uma prece em intenção ao espírito do irmão.

Carmecita e Alonso, usando seus conhecimentos espirituais, desligaram o espírito do corpo físico e com Yuri e os dois enfermeiros colocaram-no na maca e partiram, volitando e levando o espírito adormecido de Yago para o hospital da cidade espiritual em que viviam.

CAPÍTULO VINTE E NOVE

A história de Consuelo

Consuelo, Javier, Rodrigo e mais três ciganos conduziram Sinval e Rosa até a delegacia da cidade e narraram o que tinham testemunhado no acampamento. O delegado se dirigiu ao estacionamento da delegacia e, ao avistar o corpo de Yago na caminhonete sendo segurado por Sindel e Juan, deu uma rápida olhada no corpo e retornando para dentro da delegacia conversou com dois policiais e pediu para providenciarem a remoção do corpo de Yago para o IML.

O delegado interrogou Rosa e Sinval, que ficou em silêncio. Rosa chorava e dizia ter sido forçada pelo filho a acompanhá-lo até o acampamento para ajudá-lo no assalto. Falou que não podia ser presa, porque não tinha matado ninguém nem roubado nada, e que quem havia atirado em Rodrigo fora o filho. Chorando muito, ela inventou uma história que convenceu o delegado, Rodrigo, Consuelo e os ciganos de que era inocente e realmente tinha sido obrigada por Sinval a fazer tudo contra sua vontade. O delegado a liberou da prisão e prendeu Sinval por assassinato.

Assim que deixou a delegacia, Rosa cuspiu na direção de Rodrigo, Consuelo e dos ciganos e os amaldiçoou, distanciando-se deles e da delegacia rapidamente. Eles ignoraram a maldição que lhes fora lançada e seguiram para o IML.

Quando chegaram lá, aproximaram-se de Sindel e de Juan e se sentaram ao lado dos dois. Depois, Consuelo se dirigiu à recepção e se identificando como advogada solicitou algumas informações. Assim que as recebeu, aproximou-se de Rodrigo e dos ciganos e lhes informou o horário em que o corpo de Yago seria liberado para o sepultamento. Deixaram o IML e seguiram rumo ao acampamento.

Lá, encontraram Shiara e Yalía discutindo com dois conselheiros do bando que o julgamento de Shayera tinha sido interrompido com a morte de Yago e deveria continuar. Sindel se aproximou da esposa e da filha e disse:

– Yago foi assassinado e as duas, em vez de se compadecerem da morte dele e se prepararem para o luto, insistem nessa história de Shayera ser julgada por ter sido infiel ao juramento de aprendiz? A morte, o enterro e o luto do meu filho são muito mais importantes do que o julgamento de Shayera, que deverá ser interrompido e retomado somente após os dias de luto em homenagem a Yago.

– Yago não era seu filho, muito menos meu filho. Por esse motivo, não vou chorar sua morte nem guardar luto por alguém que nada significava para mim – gritou Yalía. – Nunca gostei dele e só o criei como filho, porque quando ele era um recém-nascido, você, Consuelo, Carmen e Javier, durante a madrugada, levaram-no para a nossa barraca dizendo que ele tinha sido abandonado por uma mãe solteira da cidade nas proximidades do nosso acampamento. Como tinha sido encontrado antes de ter morrido, era obrigação do líder do bando e de sua esposa o criarem como filho e serem bons pais para ele. Você foi um bom pai para Yago, mas eu nunca fui uma boa mãe, pois só tenho uma filha e é para ela que dou o meu amor, carinho e atenção. Sempre amei Shiara e tudo fazia e ainda faço por ela. Odiava Yago, porque ele era amado e paparicado por você e por Consuelo, que não faziam o mesmo com Shiara. Agora compreendo o amor e os cuidados excessivos que a nossa líder espiritual dedicava a ele. Sendo a mãe dele, seria estranho ela tratá-lo de outra forma – olhou para o esposo de Carmen e disse: – Javier, sendo o presidente do conselho você deve concluir o julgamento de Shayera, que foi interrompido com a chegada de Sinval e dos malfeitores. Depois da conclusão, o conselho deverá iniciar o julgamento da líder espiritual, que também quebrou o juramento de se manter pura para melhor servir a Santa Sara Kali e o baralho cigano, ao se tornar mãe de gêmeos. Líder espiritual e aprendiz deverão receber o castigo que todo cigano do nosso bando recebe quando quebra um juramento.

— Concordo com o que mamãe propôs ao conselho — falou Shiara. — Tia Consuelo deverá ser julgada por ter sido infiel ao juramento que fez para Santa Sara Kali. O conselho tem de expulsar mestra e aprendiz do bando e amaldiçoá-las. Expulsem as infiéis! Expulsem as infiéis — pediu gritando.

Yalía imitou a filha.

— Calem-se! — ordenou Carmen. — Vocês jamais deveriam pedir ao conselho a expulsão e maldição de Shayera e Consuelo, pois quem tem de ser expulsa e amaldiçoada por ter sido infiel a um juramento para com Deus e Santa Sara Kali é Shiara. Nossa lei é bem clara. Peço aos conselheiros que se reúnam e iniciem o julgamento de Shiara, antes de sepultarmos o corpo de Yago.

— Carmen está correta — falou Javier. — O que Shiara fez no dia do julgamento de Sinval não pode ficar impune. O conselho vai julgá-la e ela receberá o castigo que a nossa lei manda aplicar.

Shiara e Yalía se entreolharam e, em pânico, ficaram sem ação, pois ser expulsa e amaldiçoada pelo bando era o que as duas desejavam para Shayera e Consuelo, jamais esperariam que acontecesse com uma delas.

Carmen, notando o pavor que se apoderou das duas, aproximou-se do esposo e disse:

— Embora o bando esteja triste com o que aconteceu com Yago e logo entrará em luto, como advogada de defesa de Shayera solicito ao conselho que conclua o julgamento, que deverá ser coisa rápida. Mas antes de o julgamento dela ser concluído gostaria que Consuelo contasse a sua história para todo o bando. Depois disso, da conclusão do julgamento de Shayera, Shiara deverá ser julgada pelo conselho, pois antes de ser amaldiçoada e expulsa, quero que parta sabendo o que aconteceu com Shayera e com a líder espiritual – caminhou até Consuelo. – Por favor, conte sua história – pediu.

Consuelo olhou para Sindel, Javier e Carmen e os três, com um gesto de cabeça, incentivaram-na a contar sua história.

Carmecita chegou volitando com Alonso e Jackson. Os três conduziram Calina, que pela primeira vez depois do desencarne visitava os filhos. Estava emocionada. Carmecita pediu para ela se sentar ao lado dos três e todos ficaram observando.

Consuelo fixou os membros do bando e começou a falar:

– Quando eu tinha dezesseis anos, com Yalía e Calina, participei do ritual para escolha da aprendiz da líder espiritual do bando, que na época era Carmen. Calina venceu o ritual e se tornou a aprendiz. Eu, que estava concluindo o ensino médio em um colégio brasileiro, por insistência do meu pai que era o líder do bando, prestei vestibular para o curso de Direito na universidade pública de Maringá e fui aprovada. Com dezessete anos iniciei o curso, e no primeiro dia de aula conheci Yasmin e Jackson, que seriam meus colegas de curso. Em Maringá, dividia um apartamento com Yasmin e por meio dela conheci o espiritismo e fiquei encantada. Com Yasmin fiz alguns cursos sobre espiritismo em uma casa espírita de Maringá e de Foz do Iguaçu. O curso sobre mediunidade me auxiliou a compreender, educar e trabalhar a minha mediunidade de vidência e audição. Após esses cursos, os estudos dos livros codificados[4] por Allan Kardec e os trabalhos voluntários exercidos na casa espírita de Foz do Iguaçu, quando nos fins de semana eu viajava com Yasmin para sua cidade natal, foram responsáveis por eu decidir me tornar espírita, pois a doutrina, fundamentada em uma fé raciocinada, seduziu-me muito mais do que tudo o que eu tinha aprendido sobre Santa Sara Kali, nossas rezas e maldições. Conforme o curso de Direito seguia seu ritmo, eu, Yasmin e Jackson nos dedicávamos e estudávamos durante muitas horas. Essa convivência me aproximou mais de Jackson e nós dois

---

4 Os cinco livros codificados por Allan Kardec são: *O Livro dos Espíritos*, *O Livro dos Médiuns*, *O Evangelho Segundo o Espiritismo*, *O Céu e o Inferno*, *A Gênese* (N.M.).

nos apaixonamos. A paixão, em pouco tempo, transformou-se em amor. Quando fiquei grávida, Jackson me pediu em casamento e eu aceitei, pois já estava determinada a deixar o bando e continuar vivendo em Maringá ou em Foz do Iguaçu. Fiz Jackson prometer que não contaria para ninguém sobre a minha gravidez e escrevi para o meu pai pedindo permissão para levar Jackson e Yasmin ao acampamento, pois precisava ter uma séria conversa com ele. Papai concedeu-me a permissão e em um feriado prolongado eu, Yasmin e Jackson seguimos para o acampamento, que estava em Cascavel. Encontrei meu pai muito doente e sofrendo em função de um câncer no estômago. Fiquei muito chateada com Sindel e Carmen que não me contaram sobre a doença dele. Indagando-o por que ele também não tinha me contado, escutei-o dizer que não o fez para não me deixar preocupada e com isso me impedir de estudar com tranquilidade. Teve receio de que eu abandonasse o curso para poder cuidar dele, algo que ele não desejava, porque tudo o que mais queria era que eu me formasse advogada e depois retornasse, a fim de auxiliar o bando em relação à lei do povo da cidade, como ele sempre tinha feito, quando no passado se formou no mesmo curso – fez uma pausa para respirar e voltou a falar:

– Como eu já tinha sido alertada por Carmen e Sindel que, segundo os médicos, papai não teria muito tempo de vida, não tive coragem de contar que iria abandonar o bando, que estava grávida e que iria me casar com Jackson. Optei por ajudá-lo em sua doença e comuniquei-lhe que o levaria para Maringá, a fim de ele ser tratado por um oncologista, mas papai se recusou a seguir comigo, pois disse que era o líder do bando e que iria ficar no acampamento para desencarnar como cigano. Pouco antes de seu desencarne, a liderança passou para Sindel. Eu lhe disse que ele sempre fora um homem inteligente e sensato, por essa razão estava ciente de que sua doença deveria ser tratada em um hospital por um especialista, que soubesse qual era o melhor tratamento. Embora relutasse, ele concordou, deixando claro que não iria abandonar o acampamento e se enfiar em um apartamento ou ficar internado no hospital. Convenci o bando a partir para Maringá. Ao chegarmos, levei papai a um oncologista, que informou o tratamento adequado. Todo dia após as aulas do curso de Direito, eu seguia para o acampamento e ficava algum tempo na barraca cuidando de papai. Yasmin e Jackson, às vezes seguiam comigo para estudarmos juntos enquanto eu ficava ao lado de papai.

Todos prestavam atenção no mais absoluto silêncio.

– Sempre que Jackson e Yasmin apareciam no acampamento, Calina dava um jeito de ficar por perto e atenta a tudo que Jackson fazia. Em uma festa, ela embebedou Jackson e passou a noite com ele. Após esse dia, Calina confessou para Jackson estar perdidamente apaixonada por ele e ter engravidado. Ameaçou-o dizendo que se ele não mantivesse um relacionamento às escondidas com ela, iria contar para o bando que ele a tinha estuprado e a violência sexual a fizera engravidar, o que faria com que ele fosse assassinado pelos homens do bando. Ela leu para Jackson o que a nossa lei dizia sobre o estupro. Jackson se apavorou e temendo a morte se sujeitou a tudo que Calina queria. Por dois meses eles mantiveram um relacionamento às escondidas. Um dia, Calina tudo fez para que eu pegasse os dois em seus momentos íntimos.

A líder espiritual continuou sua história dizendo que a descoberta do romance secreto de Calina e Jackson fez com que ela rompesse o relacionamento com o rapaz e o deixasse ciente de que seriam apenas amigos e ela iria cuidar sozinha do filho que carregava em seu ventre. Sua barriga já começava a crescer e ela resolveu contar ao pai que iria abandonar o bando cigano e levar uma vida comum em alguma cidade do Brasil. Consuelo contou que Jackson tudo fez para os dois reatarem o relacionamento, mas embora muito o amasse e soubesse que ele também a amava, preferiu que ele ajudasse Calina em sua gravidez e a acolhesse quando o bando descobrisse que a aprendiz de líder espiritual tinha sido infiel ao juramento e engravidado de um rapaz do povo da cidade. A descoberta faria Calina ser expulsa e amaldiçoada pelo bando. Isso não iria acontecer com ela, porque iria solicitar sua saída e quando um membro pedia para deixar o bando, este não era amaldiçoado. Pediu para Jackson procurá-la apenas como amiga e passou a tratá-lo como um simples amigo e companheiro do curso universitário.

– Um dia, na universidade, Sindel e Javier apareceram dizendo-me que o bando tinha descoberto o romance de Calina com Jackson e a aprendiz estava amarrada, aguardando julgamento. Mas papai teve uma grave crise e foi levado ao hospital.

Consuelo contou que seguiu para Foz do Iguaçu, onde o bando estava acampado e foi direto ao hospital. Lá, Carmen pediu para ela se apressar e ir até a UTI, pois o líder estava praticamente dando adeus ao mundo. Ao entrar na UTI, ela se aproximou do pai e, depois de conversar com o médico, debruçou-se sobre o leito do pai e, chorando, pediu-lhe para não ir embora.

– Papai, com muito esforço, abriu os olhos e me pediu para lhe prometer que eu me tornaria a aprendiz de líder espiritual e quando concluísse o curso de Direito e o treinamento de aprendiz assumisse o cargo de líder espiritual, porque o bando precisava de uma líder e ele achava que a pessoa mais indicada era eu, pois Carmen não queria Yalía como aprendiz – falou Consuelo. – Chorando, disse que não queria me tornar aprendiz nem ser a líder espiritual, pois tinha optado em deixar o bando e seguir minha vida. Os olhos de papai adquiriram certo brilho e, apertando fortemente minha mão, ele falou que eu jamais poderia deixar de ser cigana e virar as costas para o meu povo na hora em que ele mais necessitava de mim. Pediu-me para recordar da história de Ruth, narrada em um dos livros da Bíblia, e da história de Roxenna. Olhando-me, foi lentamente fechando os olhos e me pedindo para prometer, em seu leito de morte, que nunca deixaria o bando e me tornaria a líder espiritual. Recordei-me da história de Ruth, que ele comentara, que era muito parecida com a história da fundação do nosso bando, que quando foi fundado precisou de uma líder espiritual e Roxenna, que na época tinha quinze anos, era pura e estava prometida em casamento a um cigano que muito amava e por ele era amada, renunciou a seu amor para se tornar aprendiz e líder espiritual do bando. O líder era justamente o pai do cigano que ela amava, que, após um desentendimento com o bando de origem, viu-se obrigado a fundar um novo bando. Vendo o sofrimento do namorado e do pai dele, que não queriam ser amaldiçoados nem expulsos, ela disse:

– *Aonde fores, eu irei; aonde habitares, eu habitarei. O teu povo é o meu povo, e o teu Deus, meu Deus*[5]. Essas foram as palavras que, segundo a Bíblia, Ruth disse para Noemi quando decidiu segui-la, ao mencioná-las quero dizer que eu não vou abandonar meu povo na hora em que ele mais necessita de mim e vou me tornar a aprendiz. Depois, serei a líder espiritual do seu bando, assim ajudo o pai do homem que amo. Não me afastando de ti farei o que Rute também disse para Noemi e *na terra em que morreres, quero também eu morrer e aí ser sepultada*[6].

Consuelo sempre gostou de escutar a história de Roxenna que, em 1754, tinha ajudado o bando, e sempre prometeu ao pai que, se algum dia tivesse de tomar uma decisão igual a de Roxenna, não hesitaria e tudo faria para não abandonar seu povo quando dela necessitasse.

– Papai voltou a abrir os olhos e uma lágrima escorreu do seu olho direito, e ele voltou a me pedir a mesma coisa. Eu prometi e papai, dando o último suspiro, desencarnou. Depois disso, reuni-me com Javier, Sindel e Carmen, que tinham sido testemunhas de minha promessa, e confessei que estava grávida. Embora tivesse prometido para papai que me tornaria a aprendiz, minha gravidez me impossibilitava de assumir o cargo. Tivemos uma conversa que demorou mais de uma hora, e Carmen, depois de consultar o baralho cigano, disse o seguinte:

– O nosso baralho fala em nome de Santa Sara Kali e nada indica contra o que decidirmos nesta conversa, mas aponta que se você não quer virar as costas para o seu povo na hora em que ele mais necessita, antes de se tornar a aprendiz terá de oferecer uma prova de fidelidade ao baralho e à santa. Essa prova mostrará que você realmente cumprirá com louvor a promessa que fez ao seu pai.

---

5   Rute 1,16 (Nota da Autora Espiritual).
6   Rute 1,17 (N.A.E.).

– Que prova seria? – perguntei para Carmen.

– Você vai estudar até seus dois filhos nascerem, pois as cartas do baralho revelam que serão gêmeos. Quando nascerem, terá de renunciar a eles e entregá-los ao pai ou a outra pessoa. Se por acaso tiver algum tipo de contato com eles, nunca poderá lhes dizer que são seus filhos nem tratá-los como mãe, e não poderá beneficiá-los. Em seu juramento de aprendiz, jurará que durante o tempo em que for aprendiz e líder espiritual nunca mais se envolverá com nenhum homem do povo da cidade nem com nenhum cigano.

– Carmen, Sindel e Javier me deram um tempo para pensar e eu chorei muito ao imaginar que teria de me separar dos meus filhos. Fiquei pensando se a promessa feita ao meu pai era mais importante do que cuidar e educá-los – falou Consuelo. – Indaguei o motivo de Santa Sara Kali e do baralho cigano me pedirem uma prova de fidelidade tão difícil, e, recordando o que tinha aprendido no espiritismo, lembrei que algo só é colocado em nosso caminho quando a vida sabe que já somos capazes de ressarcir débitos de vidas passadas, ou continuar determinada coisa interrompida em uma dessas vidas, por conta de nossas escolhas. Rezei pedindo para Deus me ajudar a descobrir o que eu deveria fazer e a primeira coisa que me veio à mente foi a história de Roxenna. Concluí, então, que se renunciasse aos meus filhos, estaria imitando o exemplo de Roxenna e não viraria as costas para o meu povo. Decidi me tornar a aprendiz e futura líder espiritual do bando, mas pedi algo em troca da minha prova de fidelidade.

Consuelo conversou com Sindel, Javier e Carmen, que, depois de consultar o baralho, informou que a troca fora aceita por Santa Sara Kali, que estava feliz com a decisão de Consuelo.

– Nós quatro nos reunimos com Jackson e Calina e lhe contamos o que o baralho havia revelado e a minha decisão – disse Consuelo. – Calina, que depois de sua expulsão e maldição do bando, iria viver vagando de cidade em cidade sempre com fome, doente, pobre e infeliz, em razão da maldição, só aceitou criar um dos gêmeos se Jackson se casasse com ela e eu nunca mais colocasse meus pés em Foz do Iguaçu, nem no país em que os dois fossem viver.

Ela também nos pediu o dobro do dinheiro que iríamos doar para ela, falando que iria necessitar de bastante dinheiro para comprar tudo o que um recém-nascido precisaria, além de uma casa para poder morar com Jackson e o bebê. Acatamos tudo o que ela nos pediu em troca de seu silêncio.

Consuelo continuou com a narração dizendo que Jackson prometeu se casar com Calina e amar e educar um dos gêmeos. O outro bebê seria criado como filho por Sindel e, mesmo vivendo no bando, ela o trataria como se fosse sua tia, nunca a mãe. Calina, após ser julgada e condenada à expulsão e à maldição, casou-se com Jackson. Tudo ocorreu como combinado.

– Foi muito difícil ter me separado dos meus filhos, e mais difícil observar Yago vivendo em nosso bando e sendo criado por Yalía sem amor, carinho e cuidados maternos – disse Consuelo. – Também foi difícil viver longe do meu outro filho, sem notícia dele. Contudo, o fato de estar vivendo ao lado do pai, que eu sabia ser uma excelente pessoa, me tranquilizava. Ter ficado tantos anos longe desse meu outro filho e com ele me reencontrar de modo inesperado provocou o meu desmaio no dia em que o vi. Rodrigo, fisicamente, é idêntico a Jackson. A prova de fidelidade que Santa Sara Kali me pediu foi muito difícil, mas a aceitei para não virar as costas ao nosso bando. Desde o dia em que me tornei aprendiz e líder espiritual fui fiel ao juramento e jamais usei o cargo em interesse próprio ou interesse de um dos meus dois filhos.

Todos que a escutaram ficaram admirados com a história, pois poucas mães agiriam daquela forma.

– Eu, Sindel e Javier somos testemunhas de que Consuelo foi fiel ao juramento de se manter pura e que ela nunca confessou a Yago, antes de sua morte, que era mãe dele, sempre o tratando como sobrinho, jamais como filho – disse Carmen. – Todos do bando são testemunhas de que ela, como líder espiritual, sempre trabalhou em benefício do bando, e que ela e Yago sempre foram as almas bondosas do nosso bando. Ela não tem de ser julgada, mas sim receber dos conselheiros e de todos os membros do bando uma salva de palmas e o reconhecimento de todos nós por ser uma excelente líder espiritual – começou a bater palmas.

Os conselheiros imitaram Carmen e, com exceção de Shiara e sua mãe, todos fizeram o mesmo.

Javier se aproximou da líder espiritual e abraçando-a disse:

– Em nome do conselho e de todos os membros do nosso bando reconhecemos Consuelo como nossa líder espiritual até o dia em que completar seu tempo de serviço ao baralho e à Santa Sara Kali.

Os outros conselheiros também abraçaram Consuelo e pediram o mesmo. Carmen falou:

– Faço minhas as palavras de Javier e quero que saiba que a considero a melhor líder espiritual que o bando já teve. Sou muito grata por você ter aceitado o cargo, pois foi somente após a sua aceitação que eu disse adeus à minha castidade.

Carmen se aproximou de Rodrigo e Shayera e falou para o rapaz:

– Por amor ao povo cigano e por uma promessa feita a um moribundo, Consuelo renunciou a vida que ela já tinha como universitária e se colocou a serviço do bando. Por amor a Shayera, Yago renunciou à vida dele em favor da sua, a fim de Shayera não ser amaldiçoada e expulsa do bando e não viver infeliz chorando o luto do homem amado. Yago, em seu leito de morte, recebeu sua promessa de que não deixaria Shayera ter a alma lançada no inferno, ser torturada pelo demônio e escravizada pelos espíritos das trevas. O conselho vai concluir o julgamento de Shayera, e a conclusão poderá ser o castigo que a nossa lei inflige a uma aprendiz infiel. Antes de sua morte, Yago se comprometeu a executar o que a nossa lei determina que deve ser feito para anular o castigo da aprendiz infiel. Agora que ele se foi, e se você realmente ama Shayera e deseja honrar a promessa feita ao seu irmão, renuncie à vida que diz ter em Foz do Iguaçu e funde um novo bando, casando-se com Shayera. Qual sua decisão? – perguntou.

CAPÍTULO TRINTA

O exemplo de Rute

Rodrigo pensou em tudo o que ouvira e disse:
– Yago amava Shayera verdadeiramente. A prova de seu amor foi ter se comprometido a executar o que a lei de vocês determina em relação à infidelidade de uma aprendiz e ter renunciado à sua vida para impedir que ela vivesse triste e chorando o luto do homem amado. Foi uma renúncia muito bonita e corajosa, pois Yago não virou as costas para Shayera nem para o povo cigano quando optou em fundar um novo bando, igual Roxenna e Consuelo fizeram. A renúncia deles é compreensível, pois todos eram ciganos, mas eu não nasci em um bando cigano nem passei meus vinte anos vivendo em um acampamento cigano. Embora ame uma cigana, não vou fazer o que Yago se comprometeu a realizar, pois quem se comprometeu foi ele, não eu. Vou continuar vivendo a minha vida em Foz do Iguaçu e seguindo meus sonhos. Não vou fundar um bando cigano, porque não sou um cigano e não quero a vida que vocês levam.
– Muita gente não deseja seguir o que a vida coloca em seu caminho, mas se a vida colocou é porque está lhe dizendo que o caminho a seguir é o que ela está lhe mostrando – disse Carmen. – O caminho que hoje a vida lhe mostra é o caminho que vai levá-lo a

ajudar a mulher que você diz amar. Yago fez isso, pois realmente a amava e seu amor o impulsionou a pensar primeiro na mulher amada, depois em seu povo. Yago não pensou nele, muito menos na vida que tinha e no desejo de continuar nela. Ele pensou apenas na mulher amada. Acho que você não ama Shayera como diz.

– Não quero fundar um bando cigano e executar o que Yago se comprometeu a fazer – gritou Rodrigo. – Pare de dizer que não amo Shayera. Yago nasceu cigano e sempre viveu entre vocês, que eram a família dele, por isso, ao fundar um novo bando ele não iria renunciar a nada, continuaria vivendo a vida da forma como sempre viveu. Vocês não são minha família, e assim, não vou renunciar à minha vida para iniciar uma que não desejo. Compreendo muito bem o valor de uma promessa e se prometi para Yago que iria ajudar Shayera em relação à sua possível maldição, eu farei isso, vou ajudá-la de acordo com o que aprendi no espiritismo e auxiliá-la a compreender que uma simples maldição não terá o poder de enviar seu espírito para o inferno para ele ser escravizado por espíritos das trevas. É por meio da Doutrina Espírita que vou ajudá-la. Se ela se permitir ser ajudada, não temerá mais os efeitos da maldição. Assunto encerrado! – deu as costas para Carmen e encarando Javier, continuou: – Podem concluir o julgamento de Shayera. Se ela for expulsa e amaldiçoada, vou levá-la para Foz do Iguaçu e ajudá-la, como prometi para Yago. Depois, vou me casar com ela e seguiremos o caminho que um casal deve seguir depois do casamento.

Carmen o puxou pelo ombro direito e quando ele se virou, ela perguntou:

– Você já leu o livro bíblico de Rute?

– Não.

Carmen então lhe contou toda a vida de Rute, dizendo que o exemplo dela era muito bonito e difícil de ser seguido.

– Rodrigo, faça como Rute, pois a missão que Yago deixou em suas mãos é o caminho que a vida lhe mostra. Você disse que não vai fundar um bando cigano porque não é cigano nem pretende se tornar um. Eu discordo, pois você é tão cigano quanto qualquer um de nós. Consuelo, sua mãe biológica, é cigana; você é irmão gêmeo de um cigano; foi criado por Calina, que era cigana; é sobrinho do líder do bando, que é cigano e neto do antigo líder, que era cigano. O sangue que corre em suas veias é cigano, mesmo não querendo, você não tem como se desfazer dele. Tendo nosso sangue, você pertence ao povo cigano. Calina, que o criou como mãe e era do nosso bando, antes de desencarnar veio até nós e solicitou que a aceitássemos de volta, pois queria voltar a ter a vida cigana que teve antes de ser expulsa. Infelizmente, ela desencarnou antes de conseguir retornar, mas se o espírito dela estiver aqui acompanhando nossa conversa, ela ficaria feliz em saber que o filho adotivo fundou um bando cigano e ajudou o povo que é o povo de sua mãe de criação e de sua mãe biológica.

– Eu estou aqui! Quero que Rodrigo funde o bando e se case com Shayera – gritou Calina.

– Eles não podem ouvi-la, Calina. Fique apenas observando – pediu Alonso.

– Rodrigo, embora você não queira a nossa vida, ela sempre esteve à sua volta, pois seus irmãos nos confessaram que Calina os criou como ciganos. Desde o dia em que vieram passar férias escolares no acampamento, os dois se comportaram como ciganos e não tiveram dificuldades em viver a nossa vida. Você é um rapaz jovem e bonito e tendo vivido com o povo da cidade poderia ter se apaixonado por uma moça da cidade, mas se apaixonou por uma cigana, e essa sua paixão e a amizade com Yago o trouxe até o nosso acampamento, onde você acabou presenciando o nosso estilo de vida. Parece que a vida está sempre dando um jeito de lhe mostrar que seu povo é o povo cigano, não o povo da cidade. Hoje a vida coloca em seu caminho o exemplo de Rute, porque ela está lhe dizendo que seu povo precisa de você – disse Carmen.

Rodrigo apenas a olhava, ainda indignado.

– Rodrigo, Sindel está morrendo. Ele tem um câncer nos pulmões e a doença já o está impedindo de exercer suas funções de líder do bando. Ele só contou sobre a doença para mim, Javier e Consuelo. Quando morrer, nosso bando ficará sem líder, e um bando que não possui líder logo deixará de existir.

Todos fixaram Sindel sem saber o que dizer.

– Carmen falou a verdade. O câncer no pulmão está acabando comigo – falou Sindel. – A última vez que estive com um médico, ele me disse que por não fazer o tratamento adequado à minha doença eu não terei muito tempo de vida. Optei por não fazer o tratamento, pois quero morrer como um cigano, em meu acampamento. Não quero ficar o resto de minha vida em hospitais, fazendo tratamento de uma doença, que eu sei um dia vai me matar. Mas antes de morrer, quero ajudar Rodrigo a fundar o bando como Yago pediu em seu leito de morte.

– Sindel, Rodrigo não precisa fundar um novo bando. Ele pode assumir a liderança do nosso bando após o seu desencarne – falou Carmen. – A liderança do nosso bando desde que ele foi fundado sempre foi assumida por um herdeiro do antigo líder. Está escrito em nossa lei que o sucessor do líder do bando tem de ser o filho ou alguém de sua família, caso não tenha filho. Rodrigo, sendo seu sobrinho e neto do antigo líder do bando é o herdeiro legítimo da liderança do nosso bando. Podemos modificar nossa lei, que determina que a aprendiz é obrigada a permanecer pura. Nossas leis precisam ser revisadas e alteradas, conforme Consuelo sempre nos alertou e desejou fazer, mas foi impedida pelos outros conselheiros. Se Rodrigo, como líder do bando, realizar a alteração na lei, vai ajudar a mulher que ama e livrá-la de ser expulsa e amaldiçoada. Assim, estará sendo fiel ao que Yago lhe pediu. Não virará as costas para o povo cigano, que é a sua família, justamente quando essa família mais necessita dele – colocou a mão direita em um dos ombros de Rodrigo e perguntou: – A religião espírita o ensinou a virar as costas para sua família e para a mulher amada ou o ensinou, como se diz no *O Evangelho Segundo o Espiritismo*, no capítulo "Fora da caridade não há salvação", estender primeiramente suas mãos para sua família e para a mulher amada antes de estender para si mesmo? Será que, ao estender as mãos para sua família, não estará praticando a verdadeira caridade? – retirou a mão do ombro dele.

Rodrigo jamais imaginou que a cigana, que vivia falando coisas engraçadas, tivesse conhecimento de qual caminho a religião espírita por meio de *O Evangelho Segundo o Espiritismo* apontava aos seus adeptos seguir em relação à caridade. Pensou em tudo o que ela disse, na doença de Sindel, no exemplo de Rute e no que havia aprendido no espiritismo e ficou sem saber a resposta que daria.

– Rodrigo, gostei muito de passar minhas férias com os ciganos e quero ser cigano – disse Raul, aproximando-se do irmão. – Aqui no acampamento descobri que mamãe era cigana e nós também somos. Quero viver com os ciganos, pois depois que papai e mamãe morreram, eles são a nossa família e o nosso povo. Faça o que Carmen lhe pediu.

– Eu quero ser cigana igual Shayera e Consuelo – falou Olivinha. – Gostei de morar na barraca de Shayera, dançar com as ciganas, vestir roupas parecidas com as delas e brincar com as crianças. Quero ser cigana também.

– Rodrigo, conheço a vida que você leva em Foz do Iguaçu e sei que não é uma vida maravilhosa, encantadora e feliz, que dela não possa abrir mão – falou Otávio. – A hora de colocar em prática o que tanto aprendeu no espiritismo é agora, pois quem está precisando de você é o povo que você descobriu ser sua família. Se fundar o bando, eu, que já ia me tornar um cigano para me casar com Ciganinha, acompanho-o. Vou abrir mão da vida que tenho para tornar-me um cigano por amor à mulher que amo, a fim de poder viver ao lado dela. Você pode fazer o mesmo e, por amor à Shayera, não abandoná-la nem ao seu povo.

Consuelo se aproximou de Rodrigo e lhe disse:

– Compreendo que tem sua vida em Foz do Iguaçu e quer continuar com ela. Não lhe tiro a razão ao acreditar que a vida que já tem seja a melhor, pois somente quem vive determinado estilo de vida sabe o quanto ele lhe é importante. Como admiradora do espiritismo, faço das palavras de Carmen as minhas palavras quando ela citou *O Evangelho Segundo o Espiritismo* e o "Fora da caridade não há salvação". Nesse momento em que o seu povo e a mulher que diz amar necessitam que pratique uma grandiosa caridade para com eles, apenas você está apto a decidir se vai realizar essa caridade e renunciar à sua vida por amor à Shayera e ao seu povo. Ao refletir, não leve em consideração a minha história e a de Roxenna. Pois, nós duas, no passado, seguimos o exemplo de Rute, porque fomos impulsionadas a seguir o caminho que o nosso coração e o nosso amor nos indicaram. Hoje, seu coração e seu amor lhe indicam dois caminhos: continuar com sua vida ou seguir o exemplo de Rute. Após sua reflexão, o bando respeitará o caminho que você optar e não vai lhe pedir para que siga outro caminho – disse e virou-se para os membros do bando. – Enquanto Rodrigo estiver envolvido em sua reflexão, ninguém vai incomodá-lo. A reflexão é somente dele, e cabe a ele descobrir o que quer fazer da sua vida.

– Meu sobrinho, o bando precisa de você. Leve isso em conta durante sua reflexão – gritou Sindel.

– O bando não necessita dele coisa alguma – gritou Shiara. – Ele nunca pertenceu a este bando, por essa razão, jamais poderá nos liderar. Só quem nasceu cigano e sempre viveu entre nós saberá ser um bom líder. A pessoa mais indicada sou eu, que, mesmo não sendo homem, sou filha do líder do bando, inteligente e esperta. Embora a nossa lei seja contra uma mulher liderar o bando, quando assumir a liderança farei uma alteração e ficará estabelecido que um homem ou uma mulher poderão liderar o bando, independente de serem filhos do atual líder, do sexo masculino ou feminino.

– Shiara, você se esqueceu de acrescentar *"filha do líder do bando, inteligente, esperta, mentirosa, interesseira, invejosa, desleal e falsa para com Deus e Santa Sara Kali"* – disse Carmen. – Você ousou jurar em falso para a nossa santa e para Deus, e sua ousadia vai lhe custar a expulsão do bando. É isso o que o conselho fará depois da reflexão de Rodrigo. Nenhum cigano vai querer que uma mulher lidere um bando que sempre foi comandado por um homem. E, mesmo que desejasse, esse membro jamais concordaria que essa mulher fosse você. Fique quietinha, que logo, logo o castigo que vai receber lhe será aplicado – virou-se para Rodrigo.

– Rodrigo, o bando precisa de você. Leve isso em conta – pediu Carmen, imitando o pedido de Sindel e olhando para alguns membros do bando.

– Rodrigo o bando precisa de você. Leve isso em conta – repetiu Ciganinha.

Juan e Javier, assim como a maioria dos membros do bando, começaram a gritar pedindo o mesmo. Ele observou os ciganos, seus irmãos e Otávio pedindo a mesma coisa, e ficou sem saber qual caminho seguir: continuar com sua vida ou fundar o bando?

– Silêncio! – pediu Consuelo. – Rodrigo precisa de silêncio para uma boa reflexão. A gritaria de vocês vai impedi-lo de ponderar se deseja ou não trilhar o caminho que hoje a vida está lhe mostrando. Silêncio!

Ninguém mais se manifestou e todos ficaram contemplando o rapaz e aguardando com ansiedade o que ele iria dizer após sua reflexão.

Observando os olhares, Rodrigo se deu conta de que a forma como os ciganos o contemplavam revelava que realmente acreditavam que ele, mesmo sem ser cigano, era capaz de liderar o bando. Algo que ele próprio não acreditava e que não sabia se seria capaz de fazer. Poderia continuar com sua vida em Foz do Iguaçu: acordando cedo, levando os irmãos na creche e na escola, trabalhando no supermercado, estudando na faculdade, cuidando da casa e dos irmãos, frequentando a casa espírita, distante da mulher que amava e deixando de praticar o "Fora da caridade não há salvação" àqueles que verdadeiramente estavam necessitados dele. Se agisse assim, não teria nenhum significado o que aprendera no espiritismo. Mas sabia que fora na Doutrina Espírita que realmente descobrira o que era ser caridoso e compreendera o significado de ser um bom cristão.

O rapaz lembrou-se de ter aprendido no espiritismo que ser um bom cristão era seguir os exemplos de Cristo, que se estivesse em seu lugar, com certeza iria optar praticar o "Fora da caridade não há salvação". Ele não era Cristo, mas se considerava um verdadeiro seguidor da Doutrina Espírita, assim, deveria estender as mãos para quem delas necessitava. Mas talvez não pudesse continuar sendo espírita, e isso era algo que não estava disposto a abandonar.

O que deveria fazer para estender as mãos ao povo cigano e continuar seguindo o espiritismo?

Rodrigo fechou os olhos e fez uma prece pedindo para Deus e aos espíritos amigos para inspirarem-no ao que deveria fazer, pois era difícil decidir o caminho a seguir.

Carmecita se aproximou do rapaz e sussurrou que somente ele era capaz de descobrir o caminho. Pediu a Deus para inspirar Rodrigo a tomar a decisão que fosse mais adequada, e voltou a se sentar perto dos outros espíritos.

Rodrigo continuou orando. Recordou o dia em que encontrou Yasmin na padaria, a primeira vez que foi na casa espírita e tudo o que viveu e aprendeu no espiritismo. Lembrou do dia em que conheceu Shayera e todos os encontros que teve com a cigana, da sadia amizade com Yago e do quanto o rapaz tinha orgulho de ser cigano. Recordou dos irmãos dançando na praça, na festa de aniversário de Sindel, e da alegria deles quando permitiu que passassem as férias no acampamento. Rememorou tudo o que Carmen lhe disse, de Sindel, dos membros do bando, e do pedido dos irmãos e de Otávio. Pensou novamente em sua vida em Foz do Iguaçu e, suspirando lentamente, concluiu a prece. Abriu os olhos e olhando fixamente para Shayera, indagou:

– Shayera, você me ama com todo o seu coração?

– Amo-o – respondeu a cigana.

– Seu amor é grande o suficiente para, ao ser amaldiçoada e expulsa pelo bando, seguir comigo para Foz do Iguaçu, a fim de viver feliz ao meu lado?

– O meu amor por você é muito grande, mas a única coisa que sei fazer é ser cigana e viver no acampamento. Se seguir com você para a cidade, mesmo estando ao lado do homem que amo, minha felicidade não estará completa. Sempre que me recordar do acampamento e do meu povo ficarei triste e lágrimas de saudades brotarão dos meus olhos, e assim será até eu morrer – disse Shayera.

Rodrigo olhou para Juan e disse:

– Yago me disse que o único amigo dele no acampamento era você. Antes de desencarnar, pediu-lhe para junto com Sindel me ensinarem como um cigano deve viver. Você e Sindel estão dispostos a atenderem ao pedido dele? – perguntou olhando para os dois.

– Foi Yago quem me ensinou como um cigano vive e como ser útil ao seu povo. Eu o admirava, porque ele era uma boa alma, assim como Consuelo – disse Juan. – Vou ensiná-lo tudo o que aprendi com ele.

– Rodrigo, enquanto eu viver, estarei ao seu lado ensinando-o tudo o que ensinei para Yago, que, mesmo não sendo meu filho biológico, era o meu filho – falou Sindel. – Conte comigo, com Juan e com qualquer outro cigano do bando para ajudá-lo a viver como um cigano.

– Olivinha, Raul e Otávio, vocês querem mesmo deixar a vida que levam na cidade para viverem entre os ciganos? – indagou Rodrigo.

– Queremos – responderam.

Rodrigo voltou a fechar os olhos e quando os abriu, disse:

– Após a minha reflexão e as respostas às minhas indagações, decidi trilhar os dois caminhos que a vida está me mostrando: continuarei por um tempo com a minha vida em Foz do Iguaçu, e depois ajudarei a mulher que amo e meu povo. Mas só vou liderar o bando de Sindel, que um dia foi o bando do meu avô, com uma condição.

– Qual? – perguntou Consuelo.

– Que ao me juntar ao bando para aprender a ser cigano eu não seja obrigado a venerar a santa de vocês e possa continuar seguindo o espiritismo. Quero ser um cigano espírita. Essa é a condição – disse Rodrigo.

– Como líder espiritual e conselheira do bando, eu aceito sua condição – falou Consuelo. – Serei a primeira do bando a acompanhá-lo.

– Todo cigano sempre venera Santa Sara Kali e lhe presta culto, pois ela é a santa dos ciganos. Em nosso acampamento, todos a respeitamos e solicitamos sua intercessão e suas bênçãos. O líder do bando e a líder espiritual são os primeiros a darem esse exemplo. Se os dois praticarem outra religião, o bando poderá ser

qualquer coisa, menos um bando cigano – disse Ramon. – Como conselheiro do bando não aceito a condição de Rodrigo. Não o considero apto a ser o nosso líder, mesmo a nossa lei determinando que o líder deve ser um familiar do antigo líder.
– Pelo visto, um dos conselheiros concorda com o que Shiara falou – disse Yalía. – O conselho e todos os membros do bando devem rejeitar a condição de Rodrigo, como também que um rapaz do povo da cidade lidere o bando.
– A lei nos esclarece sobre quem deve ser o líder do bando; e essa pessoa é Rodrigo, por essa razão, como atual líder e um dos conselheiros, aceito a condição dele – falou Sindel.
– Condição aceita – disse Javier.
– Eu também aceito a condição de Rodrigo – falou Yolanda.
– Quatro conselheiros são favoráveis e eu também, pois, enquanto Rodrigo continuar seguindo o espiritismo, Shayera, que já é aprendiz, ao se tornar a líder espiritual permanecerá com a religião do seu povo, e nós poderemos continuar venerando Santa Sara Kali por meio da orientação da nossa nova líder espiritual – mencionou Carmen. – Acredito que boa parte dos membros do bando também aceita a condição de Rodrigo.
– Condição aceita – gritaram Juan e Ciganinha, seguidos por vários membros do bando.
– O conselho aceita a condição de Rodrigo – falou o presidente do conselho.
– Sendo filho biológico de Consuelo e irmão de Yago, tinha certeza de que também seria uma boa alma para o seu povo, igual sua mãe biológica e seu irmão foram. Sempre acreditei que seria caridoso para com seu povo – disse Carmen para Rodrigo.
– Ele ainda não livrou a aprendiz da maldição – gritou Shiara. – Todos escutamos a líder espiritual ler que a nossa lei diz que o cigano ou homem do povo da cidade que tiver feito a aprendiz quebrar o juramento tem de presentear Santa Sara Kali com um presente que supere todos os que o bando já deu para a santa. Rodrigo chegou ao acampamento de mãos vazias, e não tendo nenhum presente para doar para Santa Sara Kali o julgamento de

Shayera deve ser concluído e ela amaldiçoada a viver sempre infeliz, doente, pobre e ter a alma lançada no inferno após sua morte. O conselho vai concluir o julgamento da aprendiz e aplicar o castigo que a lei determina ou vai esperar Rodrigo fazer alguma mágica que faça surgir um presente de uma hora para outra? – perguntou olhando para os conselheiros.

Shayera contemplou Rodrigo com olhar esperançoso. O rapaz, que não tinha levado nenhum presente, pensou no que poderia ofertar para Santa Sara Kali que fosse mais valioso do que qualquer outro presente que os ciganos já tinham dado.

CAPÍTULO TRINTA E UM

O presente e a expulsão

Após pensar, Rodrigo decidiu ofertar algo que considerava de grande valor. Consuelo, que tinha conhecimento de que o presente que o rapaz enviara por Yago ainda estava no porta-luvas da caminhonete, olhou para Rodrigo e para a caminhonete, repetindo o gesto por três vezes. O rapaz, recordando-se do que Yago lhe dissera no leito de morte, compreendeu o gesto da líder espiritual e se dirigindo à caminhonete abriu o porta-luvas, apanhou o presente e, aproximando-se da imagem de Santa Sara Kali, rasgou o papel que envolvia o pacote e ofereceu para a santa um belíssimo lenço, dizendo:

– Em nome do amor que sinto por Shayera e para livrá-la de uma maldição que nela seu povo e Shayera acreditam, ofereço-lhe este lenço. Paguei a uma bordadeira para confeccionar um lindo bordado. Este lenço e minha decisão de renunciar à minha vida e colocá-la a serviço do povo cigano são os presentes que humildemente oferto para a santa que, do plano espiritual, cuida do bando de Sindel.

Ele abriu o lenço e os ciganos contemplaram a imagem de Santa Sara Kali bordada no centro do lenço lançando luzes de suas mãos em direção a alguns ciganos, que estavam ao redor dela, ajoelhados e em atitude de prece, enquanto outros jogavam rosas para ela.

Rodrigo colocou o lenço ao lado da imagem e o bando não teve nenhuma dúvida de que aquele era o presente mais bonito que a santa já havia recebido.

– Rodrigo, como líder espiritual do bando de Sindel, deixo-o ciente de que seus dois presentes: o lenço e a renúncia de sua vida para ajudar o seu povo, foram os mais belos presentes que Santa Sara Kali recebeu – disse Consuelo, enfiando a mão no bolso da saia e retirando o baralho para consultar as cartas. – O baralho cigano revela que Santa Sara Kali aceitou os dois presentes de Rodrigo e perdoa Shayera de ter sido infiel ao juramento de aprendiz. Se a santa perdoou a aprendiz, o conselho deve encerrar o julgamento sem expulsá-la nem amaldiçoá-la, pois o homem que ama a aprendiz e foi responsável por sua infidelidade ao beijá-la apaixonadamente, conseguiu praticar o que a nossa lei determina. Como conselheira, acato o que o baralho e a santa nos indicaram.

Três conselheiros também acataram o perdão que a santa concedeu a Shayera. Ramon comentou que só concordaria com o perdão se Rodrigo lhes dissesse como faria para percorrer os dois caminhos que a vida estava lhe mostrando, pois acreditava ser impossível o rapaz trilhar caminhos diferentes, sem que um não prejudicasse o outro.

– Quando falei ter decidido trilhar dois caminhos, esclareci que por certo tempo continuarei com minha vida em Foz do Iguaçu. Depois, seguirei o exemplo de Rute – falou Rodrigo. – Vou concluir o curso de administração, pois acredito que vai me ajudar quando eu assumir a liderança do bando. Durante esse tempo, quando o bando estiver acampado em Foz do Iguaçu, todo sábado, após minhas atividades na casa espírita, seguirei com meus irmãos para lá e ali ficaremos até o anoitecer do dia seguinte. Aproveitarei minha estada com o bando para aprender com Juan, Sindel, Javier como um cigano deve viver. Eu e meus irmãos vamos usar a barraca que era de Yago, e nas noites de sábado iniciarei na barraca o "Culto do Evangelho no Lar", para ir mostrando os ensinamentos espíritas ao bando. Shayera deverá voltar a frequentar o curso sobre mediunidade na casa espírita, e, além desse curso, deverá iniciar outros, assim aprenderá a não temer nenhuma maldição futura. Os cursos vão auxiliá-la a ser uma boa líder espiritual para o bando, pois, ao estudar sobre o contato dos espíritos com os encarnados, e como interagir com eles, ela executará com louvor suas funções de líder espiritual. – Aproximando-se de Juan, disse: – Quando eu assumir a liderança do bando quero ter um vice, que me substituirá quando eu não estiver presente. Esse vice será Juan, que sendo amigo de Yago, também passará a ser meu amigo e braço direito. Para nossa amizade e confiança ter início, gostaria de convidar Juan, que já concluiu o ensino médio, para fazer um curso superior na mesma faculdade que eu e ficar hospedado na minha casa. Frequentando um curso superior, Juan vai se tornar um bom profissional na área que escolher, e quando o bando necessitar dele como profissional estará capacitado a melhor auxiliar a todos.

– Você realmente quer ser um cigano e ajudar o seu povo. Nenhum líder desse bando nunca pensou em ter um vice, e o convite que fez para Juan revela que não quer liderar o bando sozinho, mas estará à frente dele ao lado de um verdadeiro cigano, que nasceu no bando e conhece como nós vivemos e como o bando deve continuar a viver – falou Ramon. – Penso que ter convidado o filho de Carmen e Javier para fazer um curso superior e ficar hospedado em sua casa foi o seu primeiro ato louvável como futuro líder do nosso bando, pois antes de se infiltrar em nosso meio, você abriu as portas de sua casa para outro cigano, e se essa é a segunda vez que acolherá um membro do bando em seu lar e deseja que os estudos contribuam para que no futuro ele ajude seu povo, isso demonstra que você também será uma boa alma para o bando, igual sua mãe e seu irmão. Acato o perdão que Santa Sara Kali concedeu a Shayera e retiro o que anteriormente falei sobre Rodrigo não ser apto a liderar o bando, após Sindel deixar de ser o nosso líder.

– Se o último dos conselheiros também acatou o perdão que Santa Sara Kali concedeu à aprendiz depois de Rodrigo cumprir de forma admirável a promessa feita a Yago e o que a nossa lei determina, como advogada de defesa de Shayera solicito ao conselho encerrar o julgamento, declarando que a aprendiz não será amaldiçoada nem expulsa do bando, e poderá continuar com o treinamento até o dia em que assumir a liderança espiritual – pediu Carmen. – Também solicito que Juan se torne o novo protetor da aprendiz.

— O conselho do bando de Sindel não amaldiçoará nem expulsará a aprendiz do bando, e sentencia Shayera a continuar como aprendiz de líder espiritual. Ao concluir o treinamento, poderá se casar com Rodrigo e assumir a liderança espiritual do bando. Juan passará a ser seu novo protetor – concluiu Sindel.

— Viva o amor! O amor venceu! – exclamou Carmen. – Agora, a inveja, a raiva e a vingança de Shiara têm de ser julgadas. Peço que Shiara seja amaldiçoada e expulsa do bando. O conselho acatará ao meu pedido?

— Sindel e Consuelo, os dois são pai e tia de Shiara, não podem permitir que ela receba esse castigo – disse Yalía.

— Papai e tia Consuelo, os dois não podem ser favoráveis à minha expulsão e maldição. Sempre fui uma boa cigana para o bando – falou Shiara.

— Isso é mentira – disse Javier. – Diferentes de Consuelo e Yago, você e sua mãe nunca foram almas boas. Sempre pensaram em si mesmas e em se apossar dos segredos do baralho cigano para utilizá-los em benefício próprio. Se Sindel e Consuelo não desejarem, não precisam condenar Shiara à expulsão do bando e maldição. O conselho é composto por cinco membros e se três forem favoráveis ao castigo, ela deve recebê-lo. Como presidente do conselho coloco em votação a maldição e expulsão de Shiara do bando por ter jurado em falso para Deus e Santa Sara Kali na frente de sua imagem e na presença de todos os membros do bando. Está aberta a votação e eu sou o primeiro a ser favorável à pena para Shiara.

— Eu também – disse Yolanda.

— Shiara tem de ser expulsa e amaldiçoada – votou Ramon.

— Eu me abstenho de votar – proferiu Consuelo.

— Como líder do bando e um dos conselheiros, mesmo sendo pai de Shiara, o que ela fez não tem perdão e ela deve receber o castigo que a lei determina. Voto favorável à sua expulsão e maldição. Que seja expulsa e amaldiçoada e receba uma carroça e um pouco de dinheiro.

— Sindel, você não é pai, porque se fosse teria sido contra a maldição e expulsão de sua filha – gritou Yalía. – Vou seguir com ela, pois não vou abandoná-la. Vamos embora, Shiara! – puxou a filha pelo braço.

Carmen se colocou no caminho das duas e disse:

– Shiara não vai embora antes de ser amaldiçoada e expulsa pelo bando – puxou Shiara pelo outro braço e a agarrando pelos cabelos a jogou no chão e começou a cuspir na jovem e amaldiçoá-la.

Com exceção de Consuelo e de algumas mulheres, outras pegaram pedaços de pau e rapidamente fizeram um círculo ao redor de Shiara. Começaram a cuspir nela e amaldiçoá-la com as piores pragas que conheciam. Davam pontapés e pauladas nas costas dela e em suas pernas.

Os homens prepararam uma carroça, jogaram as coisas pessoais de Shiara nela, uma sacola com dinheiro e arrastaram-na pelos cabelos até a carroça.

Rodrigo se aproximou dos irmãos e de Otávio e apontando para Shiara disse estar constatando que os ciganos seguiam à risca sua lei e tradição. Quando fosse o líder do bando, iria abolir a maldição e a expulsão da lei do bando.

– Você não deve abolir nenhuma das duas coisas – falou Otávio. – Essa Shiara não vale nada e recebeu o que merecia. Era uma cobra peçonhenta, por isso foi bem ter sido afastada do bando.

Rodrigo se aproximou de Consuelo e disse-lhe não concordar com o que estavam fazendo com Shiara.

– Eu também não concordo – falou Consuelo. – Mas o bando é muito rígido com membros que quebram um juramento. Faz parte da cultura, que segue à risca o que a lei determina. Mudar essa cultura não será fácil, mas quando você se sentar com os conselheiros e os membros do bando poderá alterar a lei e o capítulo que fala sobre a expulsão e a maldição.

– Tentarei – disse o rapaz.

Yalía tinha corrido para sua barraca e pegado alguns objetos pessoais. Correndo, subiu na carroça e pegou as rédeas do cavalo, controlando-o. Assim, partiu com a filha.

Depois de tudo, Carmem comentou:

– Yalía, partindo com Shiara, fez um grande bem ao bando. Agora temos novos membros: Otávio, que após o ritual de sangue, vai se casar com Ciganinha; Rodrigo e os irmãos. – Carmen aproximou-se de Rodrigo e disse: – Eu e Javier somos os membros mais antigos do bando. Quando nos casamos não éramos jovens. Eu não tinha esperança de gerar um filho. Mas Deus e Santa Sara Kali nos abençoaram ao nos presentear com um bom filho. Juan é o nosso único filho e sempre desejamos que um dia ele seguisse o exemplo do pai e se tornasse um bom amigo do futuro líder do bando, que seria Yago. Também sempre acalentamos o desejo de ele fazer um curso superior e por meio deste ajudar o bando da mesma forma que Consuelo o faz como advogada e Sindel como administrador – os olhos se encheram de lágrimas. – Quando você o convidou para ser o vice-líder do bando, seu braço direito, e morar na sua casa para fazer um curso superior, tive certeza de que Santa Sara Kali tinha escutado minhas preces e as de Javier, recompensando-me depois dos meus vinte e oito anos a serviço dela e do baralho cigano. Mesmo que Juan não deseje fazer o curso superior, será seu braço direito.

– Mamãe, quero fazer um curso superior, sim. O mesmo curso que Consuelo fez. No futuro, quero ajudar o bando – disse Juan. – Rodrigo, aceito o convite que me fez e espero consolidarmos uma grande amizade. Serei o vice-líder do bando e seu braço direito. Tudo farei para ensiná-lo a viver como um verdadeiro cigano – abraçou Rodrigo.

– O nosso conselho e todo o bando agora devem decidir se concordam com o que Rodrigo falou depois de responder à pergunta de Ramon, em relação aos dois caminhos que seguirá até concluir o seu curso superior – falou Consuelo.

Iniciou-se um debate sobre o assunto e o bando concordou com o modo como Rodrigo seguiria os dois caminhos.

A líder espiritual sugeriu que o corpo de Yago fosse enterrado em Foz do Iguaçu, onde o avô estava enterrado. Após o sepultamento, todos ficariam de luto e acampados na cidade em que Rodrigo morava.

Javier disse:

– Rodrigo comentou que nos fins de semana vai usar a barraca de Yago, mas em nosso bando, quando um membro morre, a barraca e todas as suas coisas são queimadas. É isso o que devemos fazer com as coisas que eram dele. Depois compramos lona e alguns objetos e montamos nova barraca para Rodrigo e seus irmãos.

– Ninguém vai queimar as coisas que eram de Yago – falou Rodrigo. – Embora seja isso que o bando faz quando alguém desencarna, não é correto queimar suas coisas só porque ele partiu para o outro lado da vida. Se era meu irmão gêmeo e nós dois tínhamos praticamente a mesma altura e o mesmo peso, vou herdar o que era dele, utilizar sua barraca, suas roupas de cigano e tudo o que está lá. Usando o que era de Yago, o bando entenderá que quando eu falei que realmente desejo aprender o estilo de vida dos ciganos, estava falando a verdade, porque fazendo uso das coisas de Yago, também usarei a boa energia que ele deixou impregnada na barraca e em suas coisas, e essa energia vai me ajudar a ser um bom cigano e uma boa alma para o bando, da mesma forma que ele foi.

– O que falou revela que você é inteligente e pretende se tornar um cigano – disse Ramon. – Concordo em você usar a barraca e as coisas que eram do seu irmão. Fazendo isso, vai ajudar o bando a economizar.

– Eu penso igual a Ramon – falou Yolanda. – Que a barraca de Yago se torne a barraca de Rodrigo e dos seus irmãos.

Sindel e Consuelo concordaram. Javier também.

– Vamos oferecer a Yago a cerimônia que ele tem direito. Em seu túmulo colocaremos água, flores, frutas e suas comidas prediletas, a fim de que seu espírito participe da cerimônia; isso contribuirá para que ele se liberte das coisas dos vivos – disse Carmem. – Depois, guardaremos um mês de luto em homenagem à sua memória.

– Isso que Carmen falou é o que o bando fará – disse Sindel, aproximando-se de Rodrigo: – Fiquei emocionado com sua decisão de usar a barraca de Yago e as coisas que eram dele. Fazendo isso, demonstrou que era mesmo amigo dele. E, em nome dessa amizade, vai usar e cuidar de tudo o que era dele. Também poderá ficar com a caminhonete.

– Não posso aceitar a caminhonete, não tenho Carteira de Habilitação, nem dinheiro para pagar pela sua aquisição – falou Rodrigo.

– Você faz parte do bando, mesmo não tendo entrado nele. O conselho vai aprovar o pagamento de uma Carteira de Habilitação para você e outra para Juan, pois os futuros líder e vice-líder precisam ser bons motoristas, para quando um membro do bando necessitar ser conduzido a algum lugar, um dos dois levá-lo até onde deseja – disse Sindel, fazendo uma pausa, e continuando: – Quando o bando estiver acampado em Foz do Iguaçu, Rodrigo e os conselheiros vão se reunir para iniciarmos as alterações da nossa lei. Decidi que as alterações serão feitas durante a minha liderança. Assim, terei certeza de que meu sobrinho continuará conduzindo o bando que sempre foi liderado por um membro de sua família desde a sua fundação. Quero parabenizá-lo por ter escolhido Juan para ser o vice-líder e seu braço direito. Rodrigo, você é uma boa alma. Estou feliz em saber que optou por se juntar ao nosso bando – abraçou o sobrinho.

Os outros conselheiros e Carmen também o abraçaram. Otávio, ao abraçá-lo, disse:

– Estou muito feliz com sua decisão de percorrer os dois caminhos. Quando entrar definitivamente para o bando, eu também entrarei. Vou me casar com Ciganinha e seremos felizes. Depois do casamento, vamos colocar no mundo um bando de ciganinhos, que contribuirão para o nosso bando crescer.

– Gosto do Otávio – disse Carmen. – Ciganinha, você tirou a sorte grande.

Como já estava quase amanhecendo, Sindel ordenou que todos entrassem em suas barracas e dormissem por algumas horas, pois quando despertassem desmontariam o acampamento e pegariam o corpo de Yago no IML para levarem à Foz do Iguaçu.

Olivinha e Shayera seguiram para a barraca da aprendiz. Rodrigo, Otávio e Raul, acomodaram-se na barraca que era de Yago e adormeceram.

Depois de algumas horas, Sindel e Javier despertaram os membros do bando e o líder ordenou que todos se encarregassem de desmontar o acampamento e iniciassem os preparativos para a partida. Ele, Javier e Rodrigo iriam até a funerária da cidade e depois de todos os trâmites acertados, se juntariam com os membros do bando e partiriam para Foz do Iguaçu.

O bando acatou a ordem do líder e os três partiram rumo ao centro da cidade. Ao voltarem, Sindel constatou que todos já estavam preparados para partirem e pediu a Otávio para dirigir a caminhonete que levaria a líder espiritual e a imagem de Santa Sara Kali.

Rodrigo se acomodou com os irmãos no micro-ônibus. Shayera sentou-se perto da poltrona deles e ficou olhando para o homem que amava. Ele, sustentando seu olhar, esboçou um sorrisinho. Shayera se sentiu feliz por estar retornando à cidade de Rodrigo, certa de que lá os dois iniciariam o namoro e, por meio do espiritismo, ele iria ajudá-la a não mais temer as maldições do seu povo.

A líder espiritual entrou no micro-ônibus, verificou que todos estavam bem acomodados e se dirigiu ao caminhão, onde constatou que Carmen e Javier já estavam com o cinto de segurança. Aproximou-se da caminhonete com a imagem de Santa Sara Kali e a ergueu, fazendo uma prece e solicitando a Deus e à santa que os abençoasse durante a viagem e os livrasse dos perigos da estrada. Concluída a oração, partiram em direção à Foz do Iguaçu.

CAPÍTULO TRINTA E DOIS

Esteban e Esline

Yago despertou com a impressão de estar escutando música cigana e sorrisos característicos do seu povo quando estava dançando. Remexendo-se, percebeu estar deitado em uma cama. Ao retirar o lençol branco de cima dele, sentou-se na cama e viu Alonso sentado em uma cadeira.

– Finalmente você despertou! Sente-se bem? Necessita de algo? Quer que eu o auxilie em alguma coisa? – indagou, levantando-se.

– Que horas são? Parece que antes de dormir eu estava com muito sono; tenho a impressão de ter dormido por horas e ter acordado bastante tarde – disse Yago.

– Não foi impressão. Você realmente dormiu por muitas horas e despertou depois de alguns dias de sono. Nesta cidade são exatamente dezoito horas.

– Por que necessitei dormir por tanto tempo?

– Porque esse foi o tempo que o seu espírito precisou para iniciar a cicatrização do ferimento. – Apontou para o local e completou: – Em pouco tempo, a cicatrização estará completa e a marca da cicatriz desaparecerá. O importante é não se preocupar com o curativo. Deixe-o onde está e comece a se ocupar com assuntos mais importantes.

– Que assuntos seriam mais importantes do que saber o motivo que fui ferido, quem me feriu e quando poderei retirar o curativo?

– Dê um abraço no seu bisavô, pois esse é um assunto muito mais importante do que saber de ferimento – respondeu Alonso abrindo os braços.

– Bisavô?

– Meu nome é Alonso e sou avô de Sindel e Consuelo. Se você é filho biológico de Consuelo e filho adotivo de Sindel, sou seu bisavô – disse o ancião.

– O senhor está morto! – exclamou assustado. – Papai me contou que o senhor morreu quando ele era criança. Se o senhor diz que é o meu bisavô Alonso, morreu antes de eu nascer e agora está falando comigo; isso significa que eu também morri ou estou sonhando? – indagou Yago.

– Nem eu nem você estamos mortos, mas vivos. A morte não existe, o que existe é a mudança de uma cidade terrestre para uma espiritual. Foi isso que aconteceu comigo e com você. Deixamos nosso acampamento cigano na Terra e partimos para uma cidade espiritual.

– Isso significa que estou na cidade que Carmecita vive?

O som de música cigana, palmas e sorrisos entraram pela janela e Yago, atraído pelo som, dirigiu-se à janela e avistou uma cigana de costas, dançando e sendo aplaudida por alguns ciganos; pensou estar vendo Shayera. Virando-se para o bisavô perguntou como poderia chegar até o local onde a cigana dançava.

Alonso apontou para uma porta e Yago a cruzou, saindo em um corredor. O bisavô pediu ao rapaz para acompanhá-lo e o conduziu até a saída do hospital. Depois de alguns passos, estavam no centro de um bonito jardim onde alguns ciganos e ciganas estavam sentados batendo palmas; dois tocavam instrumentos musicais e uma bonita cigana dançava.

Yago sentou-se próximo aos ciganos e, fixando o rosto da dançarina, descobriu que não era Shayera, mas ficou encantado com a dança da cigana, que dançava divinamente como Shayera.

– Quem é a cigana que está dançando? – indagou para Alonso, que tinha se sentado ao lado dele.

Embora a música e as palmas estivessem um pouco altas, a dançarina escutou a pergunta e, aproximando-se de Yago, disse:

– Carmecita é o meu nome. Costumo dançar antes de alguns membros da nossa cidade espiritual assistir a um filme naquele telão – apontou para uma grande tela que estava presa em dois postes, cujas lâmpadas estavam apagadas. – Você chegou na hora em que o filme vai começar. Posso me sentar entre você e Alonso?

– Pode – falou Yago, sem desviar o olhar dela e indagando:

– Você é o espírito Carmecita que conversa com tia Consuelo?

– Sou, e antes que me faça a próxima pergunta já vou antecipando que eu, você e Alonso não estamos mortos, mas vivos, como Alonso já deve ter lhe falado – pousou a mão direita com delicadeza na mão esquerda de Yago. – Você veio viver em nossa cidade espiritual depois de ter sido baleado por Sinval, que tinha a intenção de matar Rodrigo, se você não tivesse pulado na frente dele. Renunciar sua vida para a mulher que você ama não ficar sofrendo o luto da morte de Rodrigo foi um gesto nobre, pois, ao viver uma nova vida ao lado de Shayera, sem perceber, você se tornou uma boa alma para ela e para o bando do seu pai – fechando os olhos fez uma prece.

Em poucos minutos, Yago recordou os anos em que esteve reencarnado como cigano e tudo de bom que fez para Shayera, para os membros do bando de Sindel e para outras pessoas. A lembrança dos minutos finais reencarnado na Terra fez cair uma lágrima do olho direito do rapaz.

– Eu não deveria ter morrido antes de ter fundado o bando e livrado Shayera da maldição e expulsão do bando de papai. Se morri antes de livrá-la de um destino tão cruel, ela deve ter sofrido o castigo que a lei determina. Se não a livrei do castigo, você está errada ao dizer que quando eu estava vivendo ao lado dela fui uma boa alma – disse Yago e novas lágrimas escapuliram de seus olhos.

– Você regressou para o mundo dos espíritos no dia, hora e minuto em que você mesmo escolheu retornar. Se assim aconteceu é porque deveria estar aqui conosco antes de ter fundado o bando – falou Carmecita. – Shayera não foi amaldiçoada nem expulsa do bando de Sindel. Rodrigo não permitiu que ela tivesse um destino cruel.

– Ele abandonou a vida dele na cidade em que vivia, e por amor a Shayera fundou o bando cigano? – perguntou Yago.

Carmecita e Alonso contaram ao rapaz o que havia acontecido.

– Graças a Deus e a Santa Sara Kali, Rodrigo, que é uma boa alma, não permitiu que Shayera fosse amaldiçoada nem expulsa do bando! – exclamou Yago.

Yuri, que estava sentado a um metro de distância, disse:

– Carmecita, já está na hora de o filme ser exibido.

– Então, vamos assisti-lo. Yago, preste bastante atenção às cenas.

Yago fixou o olhar na tela e começou a prestar atenção à primeira cena, que se iniciou com um rapaz vestindo um uniforme militar sentado em uma sala e lendo a Bíblia:

– *Informando-se Davi a respeito dela, disseram-lhe: É Betsabá, filha de Elião, mulher de Urias, o hiteu. Então Davi mandou mensageiros que lha trouxessem. Ela veio e Davi dormiu com ela*[7] – leu em alta voz.

Voltou a ler em silêncio e outros versículos despertaram sua atenção, e ele os releu em voz alta:

– *Na manhã seguinte Davi escreve uma carta a Joab, enviando-a por Urias. Dizia na carta: Coloca Urias na frente, onde o combate for mais disputado, e desamparai-o para que ele seja ferido e morra. Joab, que sitiava a cidade, pôs Urias no lugar onde sabia que estavam os mais valorosos guerreiros. Saíram os assediados contra Joab, e tombaram alguns dos homens de Davi: morreu também Urias, o hiteu*[8] – o rapaz fechou a Bíblia e disse baixinho: – A leitura de alguns versículos me deu uma ideia de como retirar aquele cigano do meu caminho e ficar com a namorada dele. Embora tenha aprendido com minha mãe que não é correto matar, o Paraguai está em guerra e Solano López necessita de qualquer homem em seu Exército para lutar contra os países que atacam o seu país. Se

---

7   II Samuel 3-4 (N.A.E.).
8   II Samuel 14-17 (N.A.E.).

o cigano morrer na guerra, não mancharei minhas mãos com seu sangue, ele terá encontrado a morte ao defender a terra onde o bando do seu pai costuma acampar. Morrendo, poderei retirar Esline daquele bando e me casar com ela. Mas, e se após a morte do namorado, Esline, que é cigana e sempre viveu naquele maldito bando, recusar-se a se casar comigo e optar por continuar vivendo naquele bando? Aí terei mandado para a morte um inocente e a alma dele poderá me atormentar por toda minha vida. Não quero isso, pois se tudo faço para não ter inimigos vivos, um inimigo morto é o que não desejo ter. Melhor abandonar essa ideia absurda e tentar convencer Esline a abandonar a vida cigana, o namorado, e se casar comigo.

Alguém bateu à porta e gritou; ele mandou entrar.

Um rapaz vestindo um uniforme igual ao dele entrou na sala, fez continência, e disse:

– Esteban, um oficial trouxe uma ordem do nosso presidente que determina que devemos convocar todos os que vivem em terras paraguaias para a guerra. Tudo indica que no fim deste ano de 1869, a guerra vai acabar. A ordem é para convocar todos: homens, mulheres, velhos e até crianças. Essa ordem de Solano López é o que precisávamos para nos vingar do que aqueles ciganos amaldiçoados, no passado, fizeram com sua mãe e minha sogra. Vamos mandá-los para a guerra, a fim de nela encontrarem a morte.

– Gervásio, Solano López, que sempre foi apegado ao poder, deve estar desesperado para vencer a guerra. O desespero o fez ficar louco, pois só alguém sem juízo emitiria uma ordem dessas – disse Esteban. – Mulheres, crianças e velhos não devem ir para a guerra, pois esta é para os homens. Não vou acatar essa ordem absurda. Já estamos vencidos, somente Solano López se recusa a enxergar a derrota.

– Uma guerra só é vencida quando o último soldado que estiver defendendo o seu país tombar em combate – falou Gervásio. – Embora muitos dos nossos já tenham morrido, muitos do outro lado também morreram. Você é subordinado ao nosso presidente e deve acatar suas ordens. Outros comandantes já acataram, faça o mesmo. Como comandante das tropas dessa região, ordene que os ciganos entrem na guerra para defenderem o nosso país. Se eles morrerem, o Paraguai vai se livrar de gente que não presta, porque ciganos não valem o chão que pisam.

– Os ciganos são o povo da minha mãe e não vou enviá-los para a morte sem antes consultar o que ela tem a dizer. Embora não mais viva entre eles, ainda os ama e deseja o bem deles. Vou consultá-la para saber o que ela tem a dizer sobre essa ordem do presidente. Venha comigo!

Esteban deixou a sala e Gervásio o seguiu. Os dois subiram em seus cavalos e em pouco tempo chegaram ao sítio. Entraram na casa e encontraram a família reunida na sala.

Gervásio beijou a face que a esposa lhe ofereceu e, aproximando-se da sogra, disse:

– O presidente ordenou que os comandantes das tropas do Exército enviem para a guerra todos os que vivem em terras paraguaias: homens, mulheres, crianças e velhos. Eu disse para Esteban que essa é a ocasião para nos livrarmos dos ciganos, que anos atrás expulsaram a senhora do bando, mas ele me disse que não vai acatar a ordem de Solano López, porque considera errado enviar mulheres, crianças e velhos para a guerra. Veio se aconselhar com a mãe, para que ela o oriente em relação à ordem recebida. Se eu não fosse seu subordinado e sim o comandante, teria acatado a ordem assim que a recebi e enviado para a morte aqueles que fizeram mal à senhora e à dona Soledad.

– Eu pensava que o meu primo Esteban fosse o comandante de uma das tropas do nosso exército, mas parece que quem comanda a tropa é tia Soledad, porque desde que Esteban assumiu o posto vive atrás dela pedindo conselhos sobre como melhor conduzir a tropa – falou Constância, a esposa de Gervásio. – Se a opinião de sua mãe é assim tão importante para você, é sinal de que muito a ama e só quer o seu bem. Amando-a e só desejando o melhor para ela, sua primeira atitude deveria ser se vingar daqueles que prejudicaram ela e mamãe. Mande todos os ciganos para a guerra e se apodere de tudo o que eles têm no acampamento, inclusive o baralho cigano, que deveria estar em nosso poder e com os seus segredos nos ajudando a ficar muito ricos e a descobrir como gerar um herdeiro para a família, já que Nossa Senhora do Cacupé não escuta minhas orações e não me abençoa com uma gravidez.

– Esteban, concordo com o que sua prima falou – disse Liana. – Obedeça a ordem do seu presidente e faça o que Gervásio faria se fosse o comandante: mande logo os ciganos para a guerra. Eles fizeram mal para sua mãe e para sua tia. Se você realmente ama sua mãe, vingue-se do bando de Gonzalo e faça-o desaparecer.

– Liana, o bando de Gonzalo não fez nenhum mal para mim nem para você. Quem fez mal para nós duas fomos nós mesmas por meio das ações que praticamos – proferiu Soledad. – Eu e você merecemos ser expulsas e amaldiçoadas pelo bando, pois conhecíamos a lei de Gonzalo e mesmo assim agimos contra ela, virando nossas costas para Santa Sara Kali. Recorde que depois de dois anos como aprendiz da líder espiritual eu fui infiel ao juramento e engravidei. Depois da minha expulsão, você roubou o baralho cigano e, antes de fugir, foi descoberta. O que nós fizemos foi o que nos prejudicou, e o bando de Gonzalo apenas executou o que a lei determinava – aproximou-se da irmã.

– Soledad, pensamos diferente. Se digo que o bando de Gonzalo nos prejudicou é porque aqueles malditos ciganos nos causaram o mal. Depois de sermos amaldiçoadas e expulsas do bando, passamos necessidade, e até hoje vivemos pobres e infelizes sem a companhia dos nossos maridos, que morreram alguns anos depois que se casaram conosco – disse Liana. – Se eu pelo menos tivesse fugido com o baralho, nossa situação seria diferente e seríamos duas mulheres ricas e poderosas, pois você, em seus dois anos de aprendiz, ao ter contato com os segredos do baralho iria usá-los em nosso benefício e para ajudar Constância a engravidar de Gervásio e encher o sítio com crianças, algo que seu filho não fará, já que se recusa casar e se tornar pai de seus netos.

– Mamãe tem razão em mencionar que se o baralho dos ciganos estivesse em nosso poder nossa situação seria melhor e eu até já poderia ter sido mãe de mais de um filho. O baralho é poderoso e as cartas sabem muitas coisas; quando aquela cigana, que é a líder espiritual do bando de Gonzalo, jogou as cartas para mim e para Gervásio, ela nos disse coisas que ninguém sabia e comentou que meu esposo ainda teria um bom posto no Exército, o que acabou se confirmando – falou Constância. – Se tia Soledad já teve contato com o baralho e conhece seus segredos, Esteban tem de mandar os ciganos para a guerra e tudo fazer para confiscar o baralho.

– Meu filho, você só deve mandar para a guerra a sua tropa, que foi treinada para combater, não deve enviar pessoas inocentes para morrerem em uma guerra que não é delas – disse Soledad se aproximando do filho. – Não leve em consideração o que sua tia diz. Eu não me considero infeliz por ter sido expulsa pelo bando, pois me casei com seu pai e enquanto estivemos casados fomos felizes e recebemos de Deus a bênção de sermos seus pais. Ensinamos-lhe a respeitar as pessoas e nunca prejudicá-las. Se Solano López quer se sair vitorioso, que tente, mas não envie o povo da sua mãe para a guerra, salve a vida dos ciganos, que também são do seu povo, pois o sangue cigano corre nas veias de toda a nossa família. Vamos fazer uma prece para Deus, uma para Nossa Senhora de Cacupé e outra para Santa Sara Kali. Depois, converse consigo mesmo e decida o que fazer como comandante de uma das tropas de Solano López – ela e o filho se aproximaram de um altar, ajoelharam-se e começaram a rezar.

Constância chamou a mãe e o esposo para a varanda e disse para Gervásio que se Esteban não acatasse a ordem do presidente, ele deveria acusar Esteban de ser aliado dos inimigos e depois ordenar que a tropa obedecesse à ordem de Solano López e seguisse com os soldados para o local onde os ciganos estavam acampados a fim de enviá-los para a guerra. Falou para o esposo confiscar tudo o que os ciganos tinham, principalmente o baralho, e depois entregá-lo a ela.

Liana também pediu ao genro para confiscar o dinheiro que os ciganos escondiam na barraca da líder espiritual. Gervásio garantiu que seguiria o conselho delas. Assim, ficaram confabulando.

Pararam somente na hora em que viram Esteban abrir a porta e passar rapidamente por eles. O rapaz montou no cavalo e partiu em galope. Os três questionaram Soledad sobre o destino de Esteban, mas ficaram sem resposta, pois ela, que continuava rezando, ignorou a pergunta.

*****

Após deixar o sítio, Esteban cavalgou por uns quarenta minutos e, ao se aproximar de um riacho, desceu do cavalo e amarrou o animal em uma árvore. Lavou as mãos e o rosto no riacho e graças à claridade que a lua lançava descobriu a trilha que conduzia ao acampamento cigano. Seguiu pela trilha e, ao chegar perto do acampamento, escutou barulho de música, o que indicava que os ciganos comemoravam alguma coisa. Aproximando-se de uma grande árvore, escondeu-se atrás dela e olhando para o acampamento avistou os ciganos sentados em círculo aplaudindo Esline e o filho de Gonzalo, que dançavam alegremente perto de uma fogueira.

Esteban ficou observando o casal sem desviar o olhar de Esline, uma cigana de dezoito anos, com lindos cabelos castanhos e olhos da mesma cor, por quem tinha se apaixonado e com quem queria se casar.

Quando os dois encerraram a dança, a líder espiritual levantou-se com uma pequena imagem de Santa Sara Kali e se aproximando do casal colocou a mão direita de Julian sobre a de Esline e pousou a imagem da santa nas mãos dos dois. Fechou os olhos e, depois de rápida prece, disse:

– Eu, Alethi, líder espiritual do bando de Gonzalo e representante de Santa Sara Kali na Terra, encerro a cerimônia de noivado de Julian e Esline, que deverão se casar em seis meses – retirou a imagem das mãos dos dois. – Julian, pode beijar sua noiva, e durante o noivado lembre-se de que ela deve continuar pura até o dia do casamento.

Os dois se beijaram e em seguida Alethi falou:

– Hoje o bando está em festa, pois, além do noivado de Julian e Esline, esta noite se comemora o início da liderança do filho de Gonzalo, que durante muitos anos liderou o nosso bando e hoje passa o cargo para Julian, que deverá seguir os passos do pai e se tornar um bom líder para o bando.

Gonzalo pegou a imagem das mãos de Alethi, ergueu-a, e olhando para o bando falou:

– Deus e Santa Sara Kali são testemunhas que, enquanto fui o líder, tudo fiz em benefício do bando. Os dois também são testemunhas de que o peso dos anos e a minha doença me impedem de continuar liderando o bando. Tendo os dois como testemunhas, entrego a liderança do bando para o meu filho, que acredito será para o bando um líder muito melhor do que eu – aproximou-se do filho e lhe entregou a imagem da santa, dizendo:

– Julian, você é o novo líder do bando. Em nome de Deus e de Santa Sara Kali continue conduzindo o bando em direção ao crescimento e à felicidade – beijou a fronte do filho.

Alethi retirou o baralho cigano do bolso e o entregou para Julian.

O rapaz ergueu a imagem da santa e o baralho e disse:

– Eu, Julian, filho de Gonzalo, prometo a Deus, a Santa Sara Kali e ao baralho cigano que tudo farei para ser um bom líder e ajudar o bando a crescer e ser feliz. Prometo que quando me casar com Esline vou preparar, desde criança, o filho que Deus me enviar para ser o futuro líder do bando, e prometo seguir fielmente a lei do bando e as decisões do conselho – beijou a imagem e a devolveu com o baralho para a líder espiritual.

Alethi fez uma nova prece e passou a imagem da santa em volta de Julian. Depois, desfez o nó do lenço que envolvia o baralho, e colocando o lenço no chão, jogou as cartas e disse:

– As cartas do baralho que falam em nome de Santa Sara Kali nada têm contra Julian ser o novo líder do bando e revelam que embora essa liderança seja curta, Julian saberá o que fazer em sua primeira decisão como líder.

Os músicos voltaram a tocar e outros casais se juntaram a Julian e Esline e começaram a dançar ao som de palmas e música.

Esteban custou a acreditar. Esline não podia ter ficado noiva do novo líder do bando. Ela era a mulher que ele amava; não iria permitir que se casasse com um cigano!

O rapaz de vinte e seis anos, alto, olhos e cabelos pretos, saiu detrás da árvore e sorrateiramente se aproximou da barraca de Esline. Escondeu-se e ficou observando os acontecimentos.

Assim que a música se encerrou e as palmas cessaram, Esteban imitou uma coruja e Esline, ao escutar, logo se deu conta de que o rapaz deveria estar por perto e queria falar com ela.

Assim, disse ao noivo que precisava ir ao riacho. Em voz alta, pediu que ele dançasse com outra cigana, e ausentando-se do acampamento, dirigiu-se à trilha que levava ao riacho.

Esteban saiu do esconderijo e seguiu a trilha. Ao chegar ao riacho e encontrar a cigana, indagou:

– Esline, que história é essa de você ficar noiva de Julian? Pensei que você me amava e um dia fosse abandonar o seu bando e se casar comigo, igual minha mãe fez ao ter se apaixonado pelo meu pai. Você sabe que sou apaixonado por você, sonho com o nosso casamento e quero viver feliz ao seu lado. Você é a mulher da minha vida e a que escolhi para ser a mãe dos meus filhos. Não vou aceitar seu noivado com Julian. Vou levá-la comigo para o sítio da mamãe e de lá seguiremos para a Bolívia. Casaremos lá.

– Esteban, não vou com você para nenhum lugar, não o amo. Foi você que se apaixonou por mim no dia em que me viu dançando na praça da cidade, e desde esse dia nunca mais me deixou em paz – falou Esline. – Eu o envolvi com minha lábia porque essa era minha função como cigana, pois assim nos protegeria dos comandantes do Exército de Solano López. Eu e o bando somos-lhe muito gratos por ter nos dado essas orientações. A única forma que temos de lhe agradecer é rezando para Santa Sara Kali livrá-lo de encontrar a morte na guerra, pois sabemos que você está sempre lutando contra os soldados inimigos do Paraguai. – Fez uma pausa, e tocando a face de Esteban, disse: – Você é um bom homem e merece se casar com uma mulher que o ame de verdade. Essa mulher não sou eu, pois nunca o amei e sempre fui apaixonada por Julian. Quero me casar com ele e ser feliz. Retorne para o sítio de sua mãe e quando a guerra terminar, tente se apaixonar por uma mulher da cidade. Depois, case-se com ela e viva uma boa vida ao lado dela e dos filhos que Deus lhes enviar.

– Não quero me apaixonar por nenhuma moça da cidade. Esline, amo-a com todo o meu coração. Quero me casar com você e ser feliz ao seu lado. Parta comigo e com mamãe para a Bolívia, tenho certeza de que lá não tem guerra. Vamos conseguir viver uma nova vida e sermos felizes, pois o nosso amor haverá de contribuir para nossa felicidade – disse Esteban.

– Esteban, não existe *nosso* amor. Existe apenas o *seu* amor, pois nunca o amei.

– E os beijos que você me deu? As noites em que namoramos na beira deste riacho? As promessas que você me fez? Se tudo isso não era amor, era o quê? – indagou Esteban segurando a jovem pelos ombros e beijando-a à força.

Esline mordeu os lábios dele, e o empurrando, disse:

– Eu já lhe disse que apenas o envolvi fingindo interesse para obter as orientações que ajudariam o bando a não sofrer com a guerra. Não vou embora com você para nenhum lugar. Nunca mais apareça no acampamento, muito menos fique correndo atrás de mim. Vou me casar com Julian, jamais serei sua mulher. Vá embora, Esteban. Deixe-me em paz! – deu as costas, mas Esteban a puxou com força e se ajoelhou à sua frente, segurando-lhe as pernas.

– Esline, não se vá! Não me deixe. Eu a amo e a quero como minha mulher. Você aprenderá a me amar e eu lhe prometo que vou fazê-la a mulher mais feliz do mundo.

– Chega, Esteban! O que me pede é um absurdo e eu jamais atenderia ao seu pedido. Será que serei obrigada a gritar que não o amo e que o usei durante esses dois anos? Reconheço que o que fiz foi errado. Julian e todo o bando sempre souberam que eu me encontrava no riacho com você e que lhe dei alguns beijos. Enquanto você acreditava que namorávamos às escondidas, Julian e outro cigano ficavam vigiando o nosso namoro atrás daquela árvore – apontou a árvore. – Você tem de me esquecer, Esteban.

Sou-lhe grata pelas orientações que nos passou. Daqui a uma semana vamos desmontar o acampamento e partir para o Chile. Lá, vou me casar com Julian, e o nosso bando nunca mais acampará no Paraguai. Depois, vamos para o Brasil. Siga seu caminho com as bênçãos de Deus e de Santa Sara Kali, que eu seguirei o meu. Adeus! – deu as costas e saiu caminhando.

– Esline, uma mulher nunca deve usar um homem por interesse – gritou Esteban. – Você e o seu bando pagarão caro por terem me usado. Você vai se arrepender. Não vai se casar com Julian, pois farei o que Davi fez com Urias.

– O que ele fez? – perguntou Julian saindo detrás da árvore com outro cigano e aguardando a resposta.

– Você vai descobrir – montou no cavalo, açoitou-o e saiu cavalgando em direção ao sítio.

Esline, Julian e o cigano retornaram ao acampamento. O casal, que não conhecia a história de Davi, Betsabá e Urias, sem se preocupar com o que Esteban disse, juntou-se com os outros ciganos e voltou a comemorar a festa de noivado e o início da liderança de Julian como novo responsável pelo bando.

CAPÍTULO TRINTA E TRÊS

Guerra do Paraguai

Yago, que continuava sentado entre Carmecita e Alonso não desgrudava o olhar da tela, e quando uma nova cena surgiu, sem pestanejar, continuou assistindo ao filme.

Enquanto cavalgava em direção ao sítio, Esteban rememorava tudo o que havia vivido ao lado de Esline. O tempo que passara com a cigana foi o mais importante de sua vida. Se a jovem confessara que o usou a pedido do namorado e do bando, faria todos pagarem. Pouparia apenas ela.

Ao chegar ao sítio e entrar na casa, encontrou a mãe e os parentes jantando. Aproximando-se de Gervásio, disse:

– Levante dessa mesa e venha comigo. Vamos nos reunir com a tropa e cumprir a ordem que o presidente enviou: recrutar todo mundo para a guerra, inclusive as mulheres, as crianças e os velhos. Os primeiros que vamos mandar para a nova batalha serão os ciganos do bando de Gonzalo. Tia Liana e Constância estavam certas quando me disseram para acatar a ordem de Solano López e enviar para a morte aqueles que no passado prejudicaram mamãe e minha tia. Embora os ciganos sejam o povo de mamãe, eles não são o meu povo, não sou cigano, sou um dos comandantes do Exército do presidente e sendo seu subordinado tenho de acatar sua ordem. Vou mandar os ciganos para a guerra.

– Parece que finalmente você vai agir como um oficial do Exército paraguaio – disse Constância. – Não fará mais que sua obrigação ao acatar a ordem do nosso presidente e enviar aqueles malditos para a guerra. Não se esqueça de confiscar o baralho deles e o dinheiro. Sua mãe deve saber como usar os segredos do baralho em nosso benefício.

– O baralho cigano pertence ao bando de Gonzalo e é com o bando que deve permanecer – disse Soledad. – Se no passado, ao roubar o baralho, Liana não foi capaz de fugir com ele, isso prova que Santa Sara Kali deseja que ele fique com seus verdadeiros proprietários. É isso o que eu penso. Sou contra Esteban mandar os ciganos para a guerra e se apoderar de algo que não é dele, apenas porque Constância e Liana querem usar o baralho em benefício próprio. O sangue que corre em suas veias é o meu sangue; e o meu sangue é cigano; e isso faz de você um cigano. Vai ter coragem de enviar sua família para encontrar a morte na guerra?

– A família de Esteban é a senhora, dona Liana, Constância e eu – falou Gervásio. – Se Esteban não acatar a ordem do presidente poderá ser acusado de ser um aliado dos países que querem destruir o Paraguai. Se ele se recusar a enviar os ciganos para a guerra, mesmo sendo casado com sua prima, eu serei o primeiro a denunciá-lo como aliado dos países inimigos. Mas sei que isso não será necessário, pois sendo um comandante que sempre cumpriu todas as ordens do presidente, essa nova solicitação também será cumprida.

– Meu genro tem razão – falou Liana.

– E ele vai acatar, mesmo tia Soledad sendo contra. Esteban e eu, embora tendo mães ciganas, que foram amaldiçoadas e expulsas do bando, não somos ciganos, e aquele bando de Gonzalo nunca fez parte da nossa família – disse Constância.

– Como oficial do Exército, vou cumprir a ordem do presidente – disse Esteban. – Gervásio, vamos agora mesmo nos unir à tropa e partir para o acampamento.

– Se vamos obedecer à ordem do presidente, seria melhor você se sentar e jantar. Depois tomamos banho e vamos nos unir à tropa, pois não sabemos quando vamos nos sentar à mesa com nossa família e ter um jantar decente, muito menos quando vamos tomar um bom banho – falou Gervásio.

– Faz sentindo o que falou – disse Esteban. – Mas não quero jantar, vou apenas tomar um banho. Apresse-se. Quando eu sair do banho quero encontrá-lo montado em seu cavalo.

– Perdi o apetite após saber o que vai acontecer com o meu povo – disse Soledad deixando a mesa. – Vou para o meu quarto e lá permanecerei rezando para que Deus e Santa Sara Kali poupá-los de um destino tão cruel. Não quero ser incomodada – seguiu apressada.

Esteban foi se arrumar. Enquanto isso, Gervásio comentou com a sogra e a esposa:

– Solano López não enviou ordem nenhuma! Ele apenas ordenou recrutar todo homem que vive em terras paraguaias para a guerra. Eu menti. Se Esteban enviar crianças, mulheres e velhos para a guerra vão acusá-lo de mandar para a morte pessoas incapazes de se defender na batalha. A morte de pessoas inocentes enviadas para a guerra por um dos comandantes do Exército o fará perder o posto. E eu, como subcomandante, serei empossado no cargo. Com isso, meu salário aumentará e usarei o dinheiro para ser transferido desta cidade miserável para uma melhor. As duas vão comigo e viveremos longe de Esteban e Soledad, e não mais viveremos de favor no sítio dela. Guardem segredo.

Ambas disseram que nada contariam. Constância pediu ao esposo para que quando a tropa estivesse no acampamento cigano, ele se apoderasse do baralho e depois o entregasse a ela.

No quarto, Soledad, depois de fazer uma rápida oração e tomar uma decisão, abriu a janela e tomou cuidado para não fazer barulho. Saindo, foi até o estábulo, montou em um dos cavalos e saiu cavalgando. Quando cruzou o portão do sítio, incitou o cavalo a correr em direção ao acampamento cigano. Embora fosse noite, a lua clareava a estrada.

Ao chegar, encontrou os ciganos em festa. Desceu do cavalo e se dirigindo a Gonzalo, falou:

– Preciso urgentemente falar com você e com a líder espiritual. O assunto é importante.

– Soledad, Gonzalo e nenhum outro membro do bando devem falar com você – gritou Alethi. – Há mais de vinte anos você e sua irmã foram expulsas e amaldiçoadas pelo bando e nenhum de nós pode ter contato com vocês, caso contrário, também ficarão amaldiçoados e trarão para o acampamento o azar, a fome, a doença e a infelicidade. Você e sua irmã foram proibidas de colocar os pés em nosso acampamento. Retorne e nunca mais apareça aqui – cuspiu perto dos pés de Soledad e virou as costas.

As outras ciganas imitaram-na. Soledad as ignorou e em alta voz disse:

– Alethi, o assunto é muito importante. Quero transmiti-lo a Gonzalo, que é o líder do bando e a Carlice.

– Gonzalo não é mais o líder do bando. Julian agora é o novo líder. Carlice morreu após eu ter completado os anos de treinamento como aprendiz. Treinamento que deveria ter sido você a completar, não eu. Antes de sua infidelidade ao juramento, eu iria me casar, mas, por ser a única jovem pura do bando, após sua expulsão e de sua irmã, fui obrigada a renunciar ao meu casamento e me tornar a aprendiz, algo que eu não queria. Vá embora e nos deixe em paz, pois estamos em festa e queremos continuar – falou Alethi dando as costas para Soledad.

– Esperem. Se Soledad veio de tão longe a esta hora da noite é porque deve ter algo importante para nos transmitir. Quero saber o que é, pois hoje em seu encontro com Esline, o filho de Soledad disse algo que soou como uma ameaça – disse Julian. – Soledad, sendo o novo líder do bando eu a autorizo a dizer o que a trouxe até aqui. Que Santa Sara Kali me perdoe e não permita que eu seja amaldiçoado ao lhe dar essa permissão.

– Vocês devem fugir imediatamente, pois Esteban e Gervásio já devem ter se reunido com a tropa – falou Soledad. – Fujam enquanto é tempo. Vou ajudá-los a fugir, pois Esteban me ensinou um caminho que sai na Bolívia sem cruzar com nenhuma batalha ou soldado. Vou levá-los até esse caminho e depois retorno para o sítio. Ficarei rezando para Deus e Santa Sara Kali livrá-los da morte e impedirem que meu filho encontre a morte na batalha para onde está seguindo.

– Por que veio aqui nos ajudar, Soledad? – perguntou Gonzalo. – Você deveria nos odiar pelo que lhe fizemos no passado e desejar a nossa destruição.

– Eu nunca odiei ninguém, pois aprendi com Carlice que o ódio só leva a pessoa a ser infeliz e a não receber as bênçãos de Deus e de Santa Sara Kali. Eu não odeio o seu bando, Gonzalo, porque ele não me fez nada de ruim. Eu optei por seguir meu caminho ciente do que iria acontecer. Embora tenha sido expulsa, o bando continua sendo a minha família, e o povo cigano é o meu povo; não posso ficar impassível sabendo o triste fim que os aguarda. Vim ajudar-lhes, porque sou contra essa ordem absurda do presidente de querer que pessoas sem preparo lutem na guerra. Apressem-se e me sigam. Como já mencionei, vocês não têm muito tempo.

– Não podemos ir embora de uma hora para outra – disse Alethi. – Aliás, eu não acredito nisso que Soledad veio nos dizer. Se Esteban quisesse nos obrigar a ir para a guerra, teria feito isso quando esteve aqui mais cedo, além disso, o baralho cigano teria nos alertado sobre o perigo quando o consultei na hora da cerimônia do noivado de Esline e Julian. Vamos continuar nossa festa e esquecer que essa cigana amaldiçoada esteve aqui.

– Alethi, Soledad pode ter sido amaldiçoada, mas enquanto viveu com o nosso bando sempre teve bom coração e nunca foi de inventar nenhuma história – falou Gonzalo. – Acredito no que ela disse e temos de fazer o que ela sugeriu.

– Eu sou a líder espiritual deste bando e se digo que o baralho não nos informou nada sobre a nossa destruição é verdade. Por essa razão, não vou fugir no meio da noite só porque uma amaldiçoada veio até aqui nos dizer tudo isso. Se você, Gonzalo, que já está velho e teme a morte, acredita, siga com ela. Eu e o bando vamos ficar aqui comemorando e só partiremos para o Chile no dia determinado – disse Alethi.

– Papai sempre foi um homem sábio e se ele nos disse que devemos fazer o que Soledad nos sugere é isso que devemos fazer – falou Julian. – Recordo que quando você consultou o baralho, ele informou que minha liderança seria curta e que eu saberia o que fazer em minha primeira decisão como líder do bando. Talvez essa tenha sido a forma que o baralho alertou sobre o que Soledad está agora nos dizendo. Se eu morrer na guerra, é certo que minha liderança terá sido curta.

– Se você quer seguir o que uma amaldiçoada veio sugerir, parta com ela. Como no passado ela já foi aprendiz de líder espiritual deverá saber como se tornar a líder do seu bando, porque eu não seguirei com você, ficarei aqui com os membros que optarem ficar comigo, que sou a representante de Santa Sara Kali e dela recebo as orientações por meio do baralho e do contato com os espíritos protetores – aproximou-se de Julian e retirando o baralho do bolso da saia o entregou para ele dizendo:

– Fique com o baralho que sempre esteve com o bando e fuja com Soledad, seu pai e com quem mais queira ir com vocês! Vocês, que sempre foram ciganos e são conscientes de que não se deve acreditar no que uma amaldiçoada diz, e sim no que a líder espiritual fala, decidam se desejam ficar comigo ou fugir no meio da noite acompanhando o novo líder e essa cigana. Que os conselheiros do bando e seus membros se manifestem.

Os conselheiros e os membros começaram a gritar dizendo que ficariam com Alethi. Sula, o filho de dezessete anos e Esline optaram por seguir com Soledad e Gonzalo.

– Com exceção deles, todos os outros o ficarão aqui. Julian, você vai seguir a amaldiçoada e perder a liderança ou ficará conosco? O que decidiu?

Julian olhou para o pai e perguntou o que ele faria se estivesse no lugar dele.

– Eu não estou em seu lugar, mas, se fosse você, observaria o que Soledad está fazendo enquanto quase todos os membros do bando optaram em ficar com Alethi e aguardam sua decisão.

O líder percebeu que ela tinha se aproximado da imagem de Santa Sara Kali e ajoelhada, em atitude de prece, rezava com os olhos fechados. Não sabia o que ela pedia, mas uma coisa tinha certeza: se ela tinha se aproximado da santa e rezava é porque não tinha ido no meio da noite, após tantos anos sem aparecer no acampamento, contar-lhes uma mentira. Aproximou-se de Soledad e fixando a imagem da santa também fechou os olhos e fez uma prece. Depois, tocando em Soledad pediu para ela abrir os olhos, parar de rezar e se levantar. Ele já havia tomado sua decisão.

– E qual? – indagou Alethi.

– Soledad veio nos alertar e estava rezando enquanto você dizia aquelas coisas. Acredito no que ela disse, mas, como líder do bando, se a maioria optou ficar, vou permanecer e morrerei com o bando na Guerra do Paraguai. Ficando na companhia da líder espiritual, não quero que o bando deixe de existir justamente no dia em que me tornei o líder. Decidi que as mulheres do bando, as crianças, os velhos e dois rapazes acompanhem Esline, meu pai, Alonso, Sula e seu filho Guirlon, que deverão seguir com Soledad até o caminho que vai deixá-los em segurança. Se por acaso o que Soledad veio nos alertar for verdade, o bando continuará existindo por meio deles. Se o que ela nos contou for uma mentira, mais tarde nos reuniremos, e o bando continuará sua vida como sempre. O que pensam sobre isso?

Nova gritaria teve início e os velhos e idosos do bando não aceitaram a decisão de Julian. Disseram que ficariam lá, pois não acreditavam em Soledad, mas no que Alethi lhes disse. Muitas mulheres disseram o mesmo, só permitindo que os filhos e as filhas acompanhassem Esline e Gonzalo. Um cigano de dezenove anos e duas adolescentes de catorze anos optaram por ir com Esline e Gonzalo.

– Então, também não seguirei com Soledad, Esline e os outros – falou Gonzalo. – Fui o líder por muitos anos e com o bando ficarei para lutar na Guerra do Paraguai e nela morrer, se esse for o meu destino. Ficarei ao lado do meu filho. – Aproximou-se do filho e pegando o baralho das mãos dele se dirigiu até Soledad e continuou: – A nossa lei diz que se um líder do bando ou ex-líder entregar aos cuidados de uma cigana que foi amaldiçoada o baralho cigano e ela prometer que com sua própria vida zelar por ele, sua expulsão será perdoada e ela continuará sendo membro do bando e voltará a contar com as bênçãos de Santa Sara Kali. Soledad, você foi aprendiz de Carlice durante dois anos, e com ela deve ter aprendido muita coisa, inclusive a nunca virar as costas para o seu bando, e a sua atitude de hoje revela que você realmente não virou as costas para o seu povo. Hoje, entrego-lhe o nosso baralho para que leve com você durante a fuga de Esline, Alonso e os outros. Se eu e os demais perecermos na guerra, permaneça com eles e ensine Esline, que ainda é jovem e pura, o que você aprendeu com Carlice. Dessa forma, ela poderá se tornar a líder espiritual do bando, que continuará existindo e sendo liderado por Guirlon, até Alonso completar a idade de assumir a liderança. Se você fizer isso, será perdoada e poderá voltar a viver no bando e morrer no acampamento, como todo cigano deseja – entregou o baralho para Soledad.

– Gonzalo, juro em nome de Santa Sara Kali fazer tudo o que me pediu. Conduzirei Esline, Alonso e os outros pelo caminho que Esteban me ensinou e os deixarei em segurança na Bolívia, com o baralho aos cuidados de Esline – disse Soledad. – Voltarei para o Paraguai e se descobrir que aqueles que optaram em ficar com Alethi pereceram na Guerra do Paraguai e meu filho ainda estiver vivo, terei uma séria conversa com ele e depois partirei e me juntarei a Esline e os outros. Vou ensiná-la tudo o que aprendi com Carlice, e ficarei com o bando até a minha morte. Agora, precisamos nos apressar.

Os que iam com Soledad pegaram poucas coisas pessoais e disseram estarem prontos. Esline abraçou e beijou o noivo dizendo que iria rezar para Deus e Santa Sara Kali os livrarem da morte, certa de que mais tarde todos se juntariam e os dois se casariam.

– Esline, espero que Deus e a nossa santa atenda às suas preces, mas, se ela não atender, faça tudo o que papai falou e se torne uma boa líder espiritual para o bando. Quando Alonso chegar à idade de assumir a liderança do bando, junto com ele e o filho de Sula conduzam o bando. Eu a amo e sei que você também me ama. Se não for o nosso destino nos casarmos nesta vida e sermos felizes, vamos nos encontrar no mundo dos espíritos ou em outra vida na Terra, conforme Carlice já nos explicou – disse Julian beijando novamente a noiva.

– Todos os que vão fugir, saibam que se nada do que Soledad falou acontecer, quando nos juntarmos na Bolívia, pegaremos o baralho de volta e vamos para o Chile. Mas não poderão nos acompanhar, porque serão amaldiçoados por terem seguido e convivido com ela – disse Alethi.

– Por favor, ignorem o que Alethi falou. Soledad não é mais amaldiçoada, pois voltou a ser abençoada por Deus e Santa Sara Kali quando veio tentar salvar o seu povo e eu lhe entreguei o baralho. Alonso, você só tem dez anos e é meu neto e órfão de pai. Nosso bando sempre foi liderado por um membro da nossa família, e você é o único que está seguindo com Esline. É sua responsabilidade proteger Esline, Sula, as crianças e as duas adolescentes, junto com Guirlon e o outro rapaz. Não permita que o bando seja extinto e lidere-o quando completar vinte e dois anos. Se os que aqui ficarem morrerem na Guerra do Paraguai, as duas adolescentes devem se casar com Guirlon e o outro rapaz, para, no futuro, terem filhos ciganos que viverão no bando. Você, quando crescer, deverá se casar com uma das meninas que seguem com vocês e gerar um herdeiro para liderar o bando quando você não mais for capaz. Prometa que fará tudo isso.

– Prometo. Dou minha palavra de cigano.

– Guirlon, embora tenha apenas dezessete anos, você é filho de Sula, que sempre foi uma boa cigana e ajudou o bando; por esse motivo, imite os passos de sua mãe e seja um bom cigano para todos. Deixo aos seus cuidados e do outro rapaz a tarefa de protegerem Esline e os outros. Ensinem Alonso como se lidera um bando. Posso contar com os dois?

Guirlon e o rapaz responderam que sim. Os que iriam seguir com Soledad e Esline se despediram dos familiares. Todos subiram em três carroças. Soledad, colocando o baralho cigano em seu bolso, montou no cavalo e, incitando o animal a trotar, começou a guiar as carroças para o caminho que tinha aprendido com o filho e que iria levá-los até a Bolívia.

Passadas duas horas, Esteban chegou com Gervásio e os soldados no acampamento. Todos os que optaram em não fugir, arrependeram-se.

– O que você e seus soldados vieram fazer em nosso acampamento? – perguntou Julian para Esteban.

– Não lhe disse que iria fazer com você o que Davi fez com Urias?

– Esteban, não sei o que esse tal de Davi fez para Urias, mas imagino que não foi algo bom, uma vez que você está aqui no acampamento, no meio da noite, com seus soldados apontando armas para o meu povo – falou Julian. – Eu e você nunca fomos inimigos. Desde que nos conhecemos, há nove anos, em Assunção, quando estudávamos naquela cidade, nós dois sempre tivemos uma boa amizade e sempre que um precisou do outro a ajuda foi dada. Você, por muitas vezes, estendeu-me as mãos quando fui estudar em Assunção, e eu o ajudei quando quis entrar para o Exército. Em nome da nossa velha amizade peço-lhe que vá embora com seus soldados e deixe o meu bando em paz, pois nada de ruim lhe fizemos.

– Nunca tive amizade com nenhum cigano, muito mesmo precisei de um para me ajudar a entrar no Exército – mentiu Esteban. – Entrei lá porque quando me apresentei a guerra teve início e consegui ser comandante de uma das tropas. Onde estão Esline e as crianças? Não os estou vendo!

– Não estão aqui. Partiram quando você, olhando em meus olhos, disse-me que iria fazer o que Davi fez com Urias. Esline seguiu com as crianças e alguns jovens por uma estrada que vai levá-los ao Chile. Lá, você não conseguirá encontrá-los, pois assim que chegarem irão para o Peru – mentiu Julian.

– Se ela partiu foi melhor, pois depois que você tiver o destino de Urias, vou atrás dela, que será livre para me amar e se casar comigo – falou Esteban. – Amarrem todos os ciganos e os conduzam até o local da batalha. Se alguém revidar, fira-o gravemente e conduza à batalha – ordenou, distanciando-se com Gervásio.

Poucos lutaram para não serem amarrados, mas logo foram dominados e amarrados. Gervásio chamou dois soldados e os três saquearam todas as barracas dos ciganos. Embora tentou descobrir onde estava o baralho, não obteve êxito. Aproximando-se de algumas mulheres, indagou onde ele estava, mas todas ficaram em silêncio. Gervásio as esbofeteou, mas elas não disseram nada.

Os ciganos foram obrigados a se dirigirem ao local da batalha. As mulheres choravam e Alethi lançava várias maldições sobre Esteban e os soldados, que as ignoravam, até que Gervásio se cansou de escutá-las e lhe dando duas fortes bofetadas, mandou-a se calar.

No local da batalha, as ciganas foram separadas dos seus homens para satisfazerem os desejos carnais de alguns soldados de outras tropas, que há um bom tempo não iam para suas casas se encontrar com suas esposas.

Os ciganos foram desamarrados, receberam armas, e Esteban ordenou que Gervásio colocasse Julian e os ciganos na frente de batalha. Todos desencarnaram assim que foram alvejados pelas armas dos soldados inimigos.

As ciganas também desencarnaram quando os soldados da Tríplice Aliança encontraram-nas em um alojamento ao lado de alguns soldados paraguaios.

Esteban e Gervásio conseguiram fugir ao perceberem que os ciganos e os soldados paraguaios seriam massacrados. Ao chegarem ao sítio, encontraram-no destruído pelo fogo, com sinais de que os soldados inimigos o tinham invadido. Encontraram quatro corpos carbonizados e acreditaram serem de Soledad, Liana, Constância e de uma velha que os ajudava no sítio. Decidiram partir para a cidade em que Solano López tinha se refugiado. Esteban seguia com a decisão de pedir exoneração do Exército, a fim de poder ir para o Chile atrás de Esline e com ela se casar, impedindo-a de seguir para o Peru com as crianças do bando cigano.

Ao se encontrarem com o presidente, Esteban o deixou ciente de sua decisão de abandonar o Exército, mas Solano López os recrutou para cuidarem de sua proteção, prometendo permitir que Esteban deixasse o Exército assim que a guerra terminasse.

Gervásio assumiria o posto de Esteban. Mas Gervásio e Esteban desencarnaram durante um combate em Cerro Corá, no mesmo dia em que Solano López foi morto.

A tela apresentou uma nova cena com Soledad chegando ao sítio e encontrando-o incendiado com os quatro corpos carbonizados, que acreditou ser do filho, da irmã, da sobrinha e de Gervásio.

– Voltarei para a Bolívia para me juntar a Esline e aos outros, e farei o que Gonzalo me pediu – disse Soledad. – Quando a guerra acabar, vamos para o Brasil, que dizem ser um país bem grande e ter muito lugar disponível para acampar. Lá ficarei com o bando até o dia em que Deus e Santa Sara Kali me chamarem para ir viver no mundo dos espíritos – subiu no cavalo e partiu sem olhar para trás.

A imagem desapareceu da tela e Yuri a desligou.

CAPÍTULO TRINTA E QUATRO

Explicações após o filme

Quando a tela foi desligada, Carmecita e Alonso notaram que lágrimas escorriam dos olhos de Yago.

– Reconheci-me como um dos personagens principais – disse Yago.

– Eu também me reconheci como um dos personagens – falou Calina, que sentada ao lado de Jackson também tinham assistido ao filme.

– Eu e Alonso vamos conversar com Yago, Calina e Jackson sobre o filme – disse Carmecita.

Yuri e os demais se levantaram e deixaram o jardim. Carmecita, fixando os três, disse:

– O filme ao qual assistiram, vai ajudá-los a compreender alguns acontecimentos das últimas existências terrenas. Esteban reencarnou como Yago em um acampamento cigano, porque na vida passada foi o responsável por causar a destruição de quase todo o bando de Julian. Gervásio e Constância, que são Sinval e Shiara, também reencarnaram como ciganos para aprenderem a valorizar e a amar a vida do povo que menosprezaram e acreditaram não valer nada. Reencarnaram no mesmo bando de Esteban porque ambos, com Liana, que é Yalía, incitaram Esteban a enviar os ciganos para morrerem na guerra. Sinval, Shiara e Yalía, infelizmente, continuam cultivando os erros passados.

– Tendo ciência de que Esteban, Liana, Constância e Gervásio na nova existência física teriam grandes lições de vida pela frente, Soledad, que é Consuelo, juntou-se a eles, e da mesma forma que os tentou ajudar quando viveram no Paraguai, ela tenta passar bons exemplos agora, porém, apenas Yago, que voltou à Terra como seu filho, foi capaz de colocar em prática o que via a tia/mãe praticando – falou Alonso. – Por ter sido infiel ao juramento de aprendiz na vida passada e ter engravidado do homem amado sendo expulsa do bando, Soledad quis se harmonizar com sua consciência, por esse motivo, abandonou os gêmeos para ser líder espiritual.

– Gonzalo, que anteriormente havia reencarnado como cigano e sempre amou o estilo de vida daquele povo, como Sindel voltou a ser o líder do bando – disse Carmecita. – Ele e Soledad são amigos de longa data e sempre que lhes é permitido reencarnarem um ao lado do outro.

– Calina é Alethi – disse Alonso. – Após o desencarne, seu espírito foi muito maltratado pelos espíritos dos ciganos do bando que desencarnaram na Guerra do Paraguai, pois eles culpavam-na por tê-los induzidos a não fugirem com Esline e os outros. Julian foi o único que a perdoou. Arrependida de suas ações, ela pediu para voltar a reencarnar no mesmo bando e ter o mesmo cargo do passado, para poder auxiliar o bando nas questões espirituais e se entender com Gonzalo e Julian. Jackson, que fora esposo de Calina na Idade Média e amante de Soledad, voltou para se acertar com Calina. Mas Calina ao viver ao lado de Consuelo, infelizmente, deixou o ódio reascender em seu coração e voltou a enxergar Consuelo como inimiga. Tudo fazia para superá-la nas pequenas e grandes coisas que como ciganas tinham de realizar. Quando foram candidatas a aprendiz de líder espiritual, Calina tudo fez para vencer o ritual e se tornar a aprendiz. Como cigana e aprendiz, nunca foi amada e querida por Sindel e os demais membros do bando, inclusive Carmen, que era Carlice, sua antiga mestra do passado. Quando a lição de vida que Calina escolheu foi colocada em seu caminho, ela, após ser infiel ao juramento de aprendiz e amaldiçoada pelo bando, casou-se com Jackson e não foi capaz de ser uma boa mãe para Julian, que é Rodrigo, e em vez de ajudá--lo em sua infância e adolescência, foi ele que tentou ensiná-la a ser uma boa cristã e tudo fez para que nada lhe faltasse quando Jackson desencarnou. Ao pedir para retornar ao bando, as ciganas lhe viraram as costas, cuspiram em sua direção e a chamaram de amaldiçoada, porque a Lei de Ação e Reação cruzou seu caminho, fazendo-a receber o tratamento que Alethi concedeu a Soledad, quando ela foi até o bando para ajudá-los. Consuelo foi a única que não recebeu Calina da forma que Alethi a recebeu no passado, mas a recebeu em sua tenda e convocou o conselho do bando para apreciarem o pedido de Calina. Quando os filhos de Calina ficaram órfãos da mãe, Consuelo os ajudou. Dessa forma, Soledad se harmonizou com o que acreditava sua consciência lhe cobrar, quando na Idade Média ela se tornou amante de Jackson e ele abandonou a esposa e os filhos para viver com ela.

– Esline, ao chegar à Bolívia e aguardar o noivo e os outros para se juntarem a eles, e isso não aconteceu, aprendeu o que Soledad a ensinou no tempo e se tornou a nova líder espiritual do bando, ajudando Guirlon e depois Alonso na liderança – mencionou Carmecita. – Ela se culpava por ter usado Esteban e tê-lo rejeitado, sentia-se culpada por ter sido a responsável pela ira dele. Ao desencarnar, acreditando nessa culpa, pediu para ter nova chance ao lado de Esteban, a fim de os dois cultivarem um amor fraterno, visto que em uma vida anterior Esteban tinha sido apaixonado por ela. O rapaz aceitou trabalhar a paixão doentia que sentia por ela e transformá-la em amor fraterno, tudo fazendo para ajudá-la a ser feliz com o homem que ela realmente amava, e tentar devolver para Julian o que dele tinha tirado, além de prometer se esforçar para ser amigo do rapaz. Esline reencarnou como Shayera e, ao ficar órfã, Yago esteve sempre por perto, acabando por se apaixonar por ela. Yago fez tudo o que estava ao seu alcance para a jovem ser feliz, e a maior prova desse amor, que é o sentimento mais sublime que Deus deixou para os homens, foi ter renunciado sua vida em favor da felicidade da mulher amada, felicidade que ele tinha interrompido na mesma noite em que a jovem havia ficado noiva de Julian. Raul e Olivinha são os pais de Shayera, que retornaram para viver perto da filha, e com ela e Rodrigo aprenderem a cultivar o amor e o perdão, pois os dois em vidas passadas consideravam Shayera e Rodrigo como inimigos. Otávio não esteve reencarnado no tempo de Julian, mas ele e Rodrigo são amigos de longa data. Otávio sempre procurou ajudá-lo. Guirlon é o Juan da atualidade, que era o cigano que ficava atrás da árvore com Julian vigiando os encontros de Esline e Esteban. Na presente existência física vão retomar a amizade. Os outros ciganos do bando de Sindel são alguns que eram do bando de Gonzalo, e outras pessoas que necessitaram reencarnar como ciganos para aprenderem valorizar a vida desse povo e entenderem que por terem um estilo de vida diferente, também são filhos de Deus e recebem suas bênçãos e o amparo dos espíritos que estão a serviço de Deus.

– Esline e Julian, que são almas gêmeas e cultivam o amor há algumas vidas passadas, ao se reencontrarem como Shayera e Rodrigo descobriram que se amavam e desejaram retomar o que Yago lhes tinha retirado: a oportunidade de terem uma vida a dois e serem felizes – falou Alonso. – Como Esline tornou-se a líder espiritual do bando, o que não era seu desejo, pois era noiva de Julian e com ele queria se casar, ao se tornar a aprendiz de líder espiritual, como Shayera, deixou o amor falar mais alto, o que a fez quebrar o juramento de líder.

– Yago percebeu o interesse de Rodrigo por Shayera, sentiu ciúmes e desejou se distanciar do rapaz, mas Consuelo o incentivou a ver Rodrigo como uma boa alma, e ambos reativaram a convivência – contou Carmecita. – Quando Rodrigo hospedou Yago em sua casa, a fim de ele continuar com os estudos universitários, estava retribuindo o que Esteban fizera para Julian, quando o hospedou em seu quarto para estudarem na mesma escola. O fato de terem nascido gêmeos e não viverem juntos foi uma escolha de ambos para melhor enfrentarem e vencerem suas lições de vida: Yago, ao lado de Shayera, para cultivar o amor fraterno, Rodrigo com Calina para ajudá-la a descobrir que Julian realmente tinha perdoado Alethi.

– Yago, a vida é muito sábia e por meio da Lei da Ação e Reação, ela sabe o momento exato de colocar em nosso caminho o que precisamos para nos harmonizar com a nossa consciência, foi por tudo isso que você desencarnou no dia em que iria fundar um bando cigano e se tornar líder, assim como aconteceu quando Julian assumiu a liderança do bando – falou Carmecita. – O seu desencarne devolveu a Julian o que dele você tirou, pois quem vai se tornar líder do bando é Rodrigo – fixou demoradamente o rapaz e abrindo os braços o envolveu em um gostoso abraço, dizendo: – Parabéns por ter sido capaz de colocar em prática o que aprendeu com Consuelo, e felicitações por ter sido capaz de vencer a maior de todas as suas lições de vida. Você é um vencedor, pois poucos que reencarnam conseguem agir como você.

Alonso também o parabenizou. Calina e Jackson disseram estar felizes por Yago ter sido capaz de dar tal passo, algo que os dois teriam de fazer em futuras reencarnações.

– Embora tenham me dado os parabéns, acredito não ter sido capaz de vencer a paixão que sinto por Shayera e transformá-la em amor fraterno, pois a amo como um homem ama uma mulher, e com ela queria me casar e ser feliz – disse Yago. – Não sei o que fazer para um dia transformar esse amor no verdadeiro amor fraterno, pois o que sinto por ela é um amor muito bonito e puro, que somente um homem apaixonado é capaz de sentir por uma mulher. Não sei como transformar o que sinto em amor fraterno.

– Na verdade, nada se transforma da noite para o dia, e, por saber disso, Deus abençoou o homem com novas existências na Terra, porque é somente assim, de reencarnação em reencarnação, que o homem se lapida e se transforma em um homem melhor do que aquele que foi na vida anterior – proferiu Carmecita.

Ela convidou Yago para conhecer a casa onde ele iria morar enquanto estivesse naquela cidade espiritual. Jackson e Calina se despediram e seguiram para o local em que estavam vivendo. Yago, Alonso e Carmecita seguiram para uma rua e pararam diante de um portão que conduzia a uma casa construída com uma grande lona e por tijolos.

Ao entrar, Yago viu que a lona se fundia com os tijolos e formava uma porta. Era como se estivesse dentro de uma barraca cigana. Ao cruzar a porta, uma parte era construída com tijolos igual a casa de Rodrigo e dos irmãos. Intrigado com o modelo da casa, indagou o motivo de ela ter sido construída daquela forma.

– Há quatrocentos anos, espíritos ciganos construíram esta cidade para receber os espíritos de ciganos que desencarnassem no Brasil. No início, a cidade era apenas uma pequena vila formada por barracas ciganas e um posto de saúde, mas, ao observar o crescimento do povo cigano e o progresso das cidades terrenas, os espíritos a transformaram nesta cidade, e as barracas foram modificadas – explicou Carmecita. – Quando os ciganos desencarnam são levados para as residências que os abrigarão, por essa razão, ao depararem com uma barraca sentem-se em casa. Os outros cômodos são parecidos com as residências terrenas, pois ele passará algumas horas do dia convivendo nessa parte da casa para aprender a viver nesse tipo de casa. Dessa forma, quando sua transferência para outras cidades espirituais for efetivada, ele saberá que não vai encontrar barracas, mas residências semelhantes a dos escarnados.

– Yago, o povo que tem determinada cultura e certo estilo de vida, ao desencarnar continua com a mesma cultura e apegado ao estilo de vida que possuía quando encarnado. Ao chegar aqui e encontrar um local parecido com o que vivia na Terra, o seu espírito não vai sofrer e os espíritos protetores poderão prepará-lo para a sua transferência à nova cidade espiritual – esclareceu Alonso.

– Estou admirado com a inteligência dos espíritos bondosos do nosso povo que construíram esta cidade – falou Yago. – Eles realmente foram muito sábios.

– Sim, Yago. Você continua vivo, o que mudou é apenas que seu corpo não é mais de carne, e sim um corpo espiritual – disse Carmecita. – Quando suas dificuldades aparecerem, Alonso e Yuri, que vivem nesta casa e serão os responsáveis em ajudá-lo, tudo farão para auxiliá-lo a vencer possíveis dificuldades.

– Carmecita, você também não será uma das responsáveis por me auxiliar? – indagou Yago. – Tia Consuelo sempre nos falou que você é um espírito bondoso e cheio de luz, que estende as mãos a todos os membros do bando.

– Apenas Deus, o Cristo e sua mãe são espíritos bondosos e cheios de luz! – exclamou Carmecita. – Eu, Alonso e Yuri somos apenas amigos de Consuelo, Rodrigo, Shayera, Sindel, você e outros membros do bando, por essa razão aceitamos inspirá-los a vencer as lições de vida que escolheram enfrentar em suas novas existências terrenas e ampará-los quando o auxílio fosse solicitado. Yago, seu bisavô e Yuri estão bem preparados para auxiliá-lo e ajudá-lo em suas dificuldades. Embora sejam os responsáveis durante sua permanência em nossa cidade, estarei sempre perto quando eles ou você precisarem de mim. Vou deixá-los, pois, após o seu despertar, Yago, você já sofreu muitas emoções e recebeu várias informações. – Aproximou-se da porta de entrada e se despediu: – Espero que goste do jantar que eu e Alonso preparamos. Não é bem o tipo de jantar ao qual você está acostumado, mas os alimentos preparados são os que o seu espírito necessita. Preciso ir – partiu para outra direção da cidade.

– Ela é uma cigana muito bonita, inteligente e me recorda Shayera – disse Yago ao bisavô. – Espero poder conhecê-la melhor.

– Você já a conhece, apenas não se recorda – falou Alonso. – O tempo que for passar aqui, contribuirá para descobrir que embora Carmecita lhe recorde Shayera, ela não é Shayera, mas uma grande amiga do nosso passado.

– Que está sempre disposta a nos estender as mãos amigas quando precisamos – falou Yuri. – Alonso, vamos servir o jantar para Yago.

CAPÍTULO TRINTA E CINCO

Alterações na lei

Depois de um novo dia de trabalho como caixa no supermercado de Ruth, Otávio e Rodrigo, que tinham passado a trabalhar das sete horas ao meio-dia, assim que encerraram o expediente trocaram o uniforme e seguiram para o estacionamento. Entraram na caminhonete que Yago usava e foram buscar Raul, Olivinha e as crianças do bando.

Todos subiram na carroceria da caminhonete, e o veículo se dirigiu ao colégio em que Ciganinha e Shayera estudavam. As duas, que já aguardavam no portão, beijaram os namorados assim que eles desceram do veículo. Rodrigo e Shayera subiram na carroceria e Ciganinha sentou-se no banco do passageiro.

Otávio conduziu o veículo até a praça onde as ciganas liam a sorte e os ciganos comercializavam os produtos. Rodrigo cumprimentou os que estavam ali e todos seguiram até sua residência. Lá, cumprimentaram Carmen, Rieline e Yolanda, que preparavam o almoço que seria servido ao rapaz, seus irmãos, Otávio e os membros do bando.

Todos se reuniram ao redor da mesa e Rodrigo fez uma prece:

– Agradeço ao bondoso Deus a benção de ter concedido uma nova refeição para a minha grandiosa família. Peço que Ele derrame suas graças paternas em Carmen, Rieline e Yolanda que prepararam os alimentos, e em todas as nossas atividades da tarde e da noite. Como reconhecimento à bênção recebida, vamos rezar a prece que Cristo nos ensinou.

Após rezarem o Pai-Nosso, começaram a se alimentar. Carmen falou:

– Graças a Deus e a Santa Sara Kali, amanhã é sábado e por dois dias vou ficar livre de fazer comida para tanta gente. Estou velha demais para ficar a manhã toda trabalhando em uma cozinha.

– Mas você não pode reclamar – disse Javier. – Antes de iniciarem as aulas nas escolas, colégios e faculdade, Rodrigo e o conselho do bando se reuniram com os membros para revermos as atividades de que cada membro e você se ofereceu para preparar as refeições na casa de Rodrigo, que, bondosamente, cedeu-a para usarmos. Você disse que queria ter certeza de que Juan iria se alimentar bem durante o tempo em que estivesse hospedado na casa de Rodrigo para poder estudar. Não pode reclamar.

– Ofereci-me e, embora esteja cansada do serviço, não me arrependo – falou Carmen. – Nosso filho e todos do bando se alimentam bem durante o almoço, e antes de irmos embora, eu, Rieline e Yolanda deixamos preparado o jantar que alimentará Juan, Rodrigo e seus irmãos. Dessa forma, ensino Rieline a cozinhar e deixo os meninos alimentados e com mais ânimo para estudar para as provas. Quero que Rodrigo seja um bom administrador e Juan um ótimo advogado.

– Estudar com afinco é o que eu estou fazendo, porque Rodrigo e Consuelo sempre me ajudam quando tenho alguma dificuldade com o curso de Direito. Consuelo explica muito bem o que não entendo na sala de aula, e Rodrigo, embora faça outro curso, lê comigo alguns textos que acho difícil e me ajuda a compreender quando tenho dificuldade – falou Juan. – Estou muito contente com o curso e por estar vivendo com Rodrigo e os irmãos dele, e mais feliz por ter Rieline por aqui todos os dias.

– Também estou satisfeita por poder ajudar Carmen e Yolanda a prepararem a comida – disse Rieline. – Como Juan não fica mais no acampamento, ficar cozinhando na casa em que ele mora me dá a oportunidade de passar algum tempo perto dele.

– Amanhã é o dia que escolhemos para Rodrigo, o conselho e os membros do bando se reunirem no acampamento para alterarmos alguns capítulos da nossa lei – disse Sindel. – Será um dia que ficará registrado na nossa história. Todos deverão estar presente, inclusive Otávio, que vai se casar com Ciganinha e entrará para o bando.
– Podem contar comigo – disse Otávio.
Após o almoço, todos retornaram para a praça. Rodrigo, Sindel, Juan e alguns ciganos começaram a vender os produtos fabricados pelo bando nas lojas do centro de Foz de Iguaçu. De longe, Rodrigo e os outros cuidavam de Shayera e das demais mulheres, atentos a tudo o que acontecia em volta delas.

*****

Às vinte horas do sábado, no acampamento, Rodrigo e os membros do bando, sentados em círculo, estavam reunidos no acampamento. A imagem de Santa Sara Kali foi colocada sobre o banquinho ao lado dos conselheiros. Consuelo fez uma prece pedindo a Deus, ao Cristo, e à Santa Sara Kali abençoar-lhes e enviar os espíritos protetores para lhes auxiliarem durante as alterações da lei. Depois da oração, ela falou:
– Hoje é um momento histórico para o bando, pois será a primeira vez que os membros se reúnem para fazer modificações na lei que sempre nos governou. A lei tem 36 capítulos e quando foi escrita os membros queriam que o número de capítulos fosse igual ao número de cartas do baralho cigano. Embora Rodrigo não tenha entrado definitivamente no bando, já faz parte dele desde o dia em que optou por seguir o exemplo de Rute e levar uma vida de cigano. Antes de iniciarmos as alterações, vou consultar o baralho para averiguar se as cartas, que falam em nome da padroeira, nada indicam contra as modificações. Afinal, a lei e o baralho sempre caminharam juntos e estiveram ao lado do bando – retirando o baralho do bolso e o entregando para Shayera, falou: – Quem vai consultar as cartas será Shayera que já aprendeu a identificar o que as cartas revelam.

Shayera estendeu o lenço no chão, fez uma oração e concentrou-se. Carmecita, Alonso, Yuri e Yago, que pela primeira vez visitava o bando, aproximou-se da aprendiz e passou a sussurrar em seu ouvido. Shayera, olhando para as cartas, foi repetindo o que Carmecita lhe transmitia.

– O nosso baralho indica que as alterações na lei devem ser feitas, pois quando a lei foi escrita ela estava de acordo com o tipo de vida que os ciganos do bando deveriam levar em 1754, mas o estilo de vida cigano sofreu algumas modificações, e se isso aconteceu, a lei precisa ser adaptada. O baralho aprova as alterações – disse Shayera, juntando as cartas, envolvendo-as no lenço e as entregando para Consuelo, que colocou ao lado da imagem da santa, e disse:

– Todos escutamos o que o baralho diz. Vou ler capítulo por capítulo e quem tiver algo a falar deve se manifestar.

Os capítulos que falavam sobre os juramentos ciganos e a maldição da alma ser lançada no inferno, torturada pelo demônio e escravizada pelos espíritos das trevas foi o mais debatido, pois Consuelo, Rodrigo, Shayera, Juan e outros dois membros do bando eram favoráveis às mudanças desses capítulos e o restante do bando não. O debate se transformou em discussão. Rodrigo, ao perceber que a discussão estava indo longe demais, ficou em pé e olhou demoradamente os membros do bando sem dizer absolutamente nada. Isso foi o suficiente para cessar a gritaria. E ele falou:

– Há três meses estou por algumas horas do meu dia levando a vida de cigano que vocês têm há muito tempo. Nesse curto tempo, ao ter contato com a cultura e tradição do bando, constatei que vocês levam a sério seus juramentos e acreditam piamente nessa maldição. Se o bando deseja continuar com esses juramentos como eles estão escritos, concordo que permaneçam assim. Mas recordo que ao ter decidido seguir o exemplo de Rute esclareci que ajudaria Shayera a entender que o efeito da maldição que ela poderia ter recebido, e de outras maldições do bando, não tinha fundamento, após serem analisadas por meio da fé raciocinada. No espiritismo, depois de retomar o curso sobre mediunidade na casa espírita que frequento e iniciar um novo curso sobre a Doutrina Espírita, Shayera não mais teme essas maldições, porque aprendeu que ninguém tem o poder de apenas com palavras e cuspes ser capaz de enviar o espírito de outro para um lugar de dor e sofrimento após o desencarne. A pessoa encarnada na Terra tenta na medida de suas possibilidades ser um bom cristão ao colocar em prática a lei do amor, da caridade e do perdão. Se em algum momento ela incidir em um erro ao não praticar essa lei, o que pode acontecer, pois ninguém é perfeito, isso não vai condená-la a ter o espírito lançado em regiões de trevas, porque o que faz o espírito ser lançado nesse lugar são os atos praticados contra a lei do amor, da caridade e do perdão, que fazem a pessoa viver cheia de raiva e ódio, incapaz de estender as mãos para o seu próximo, e insensível ao pedido de perdão de quem o solicita. É a não prática dessa lei que leva a pessoa a jamais ser capaz de praticar o "Fora da caridade não há salvação". Ao deixar de praticar a caridade, que é a maior de todas as virtudes e está ligada à salvação, conforme a Doutrina Espírita esclarece, a pessoa poderá ter seu espírito lançando em um local onde as trevas dominam e o mal prevalece. Ela não será atirada nesse local só porque uma maldição diz que assim será. Assim, uma maldição que não tem esse poder não pode continuar existindo na lei do nosso bando, o que deve constar é que o membro do bando deverá se esforçar para tentar praticar o "Fora da caridade não há salvação" por meio da lei do amor, do perdão e da caridade, porque, ao não praticá-la, Deus, Santa Sara Kali e os espíritos protetores vão lhe virar as costas, mas ficarão muito tristes.

Consuelo, Otávio, Shayera, Carmen, Javier, Juan, Yolanda e Sindel bateram palmas diante de tão bonita e belíssima explicação e a alteração foi aceita.

O capítulo sobre expulsão também foi alterado e retiradas as pauladas e pontapés. Permaneceram as cusparadas e maldições que a maioria do bando não abriu mão.

Em seguida, novo debate teve início e era referente aos capítulos que obrigavam a aprendiz a líder espiritual a ser pura, e sobre os capítulos que falavam da punição se fossem infiéis ao juramento.

O debate foi longo, porque os homens faziam questão que a aprendiz não tivesse nenhum envolvimento amoroso durante os três anos de treinamento. As mulheres, Rodrigo e Otávio eram contra.

– Após o longo debate, a alteração desses capítulos ficará da seguinte forma – falou Consuelo. – A aprendiz terá de ser pura durante os três anos de treinamento, o que não a impede de conversar e se relacionar com nenhum homem do povo da cidade nem de namorar. Depois dos quatro anos de pureza, poderá se casar. Se quebrar o juramento não mais será expulsa, nem amaldiçoada; continuará no bando ao lado do homem que a fez quebrar o juramento e os dois terão de presentear Santa Sara Kali com um bonito lenço e prometer que se esforçarão para praticarem a lei do amor, do perdão e da caridade. Se decidir deixar o bando para viver em alguma cidade, partirá com as bênçãos de Santa Sara Kali, sem ser amaldiçoada ou expulsa a pauladas e pontapés, e poderá visitar o acampamento apenas duas vezes ao ano.

Assim, o conselho encerrou a reunião após Consuelo ter lido a ata e todos terem assinado.

Aproximando-se de Rodrigo, a líder espiritual o beijou na fronte e lhe disse:

– Meu filho, obrigado pelo bem que proporcionou ao bando. Tenho certeza de que quando passar a viver definitivamente no bando, daremos outros grandes passos.

– Eu tenho algo importante a dizer a Rodrigo e ao bando – falou Sindel.

– Shayera, você terá de ser pura durante todo o treinamento; se a minha doença não me levar para viver com o meu filho Yago antes de ela completar os anos de pureza, sugiro que se case com Rodrigo um dia após esse tempo, pois nesse dia eu entregarei a liderança do bando para o meu sobrinho Rodrigo.

– Apoiado! – gritou Carmen, e outros membros do bando gritaram o mesmo.

– Se ninguém foi contra, vamos aproveitar para festejar esse passo histórico que hoje o bando efetuou – disse Sindel. – Música, bebida e dança! – gritou. Rapidamente, os músicos pegaram seus instrumentos e começaram a tocar. Os homens começaram a bater palmas e providenciar a bebida, e as mulheres, alegres, começaram a dançar.

Quando alguns homens se juntaram às mulheres, Rodrigo fez par com Shayera, Otávio com Ciganinha, Raul com Olivinha e Juan com Rieline. Yago, depois de observá-los, falou para Carmecita e o bisavô:

– Como Rodrigo dança mal. Em três meses já deveria ter aprendido algo que todo cigano aprende desde cedo: a dançar.

– Ele está se esforçando, Yago, e é isso que você deve levar em consideração – falou Carmecita. – Mas, pelo que eu observo, logo ele estará dançando como um cigano. Gostou de sua primeira visita ao bando após seu desencarne?

– Gostei, fiquei feliz por constatar que todos estão bem e também com as alterações feitas na nossa lei. Obrigado por terem me trazido.

– Como já fez a visita e gostou, está na hora de regressarmos – falou Alonso dando a mão para o bisneto. Yuri fez o mesmo.

Carmecita saiu volitando primeiro. Alonso e Yuri seguravam Yago pelas mãos e partiram atrás dela em direção à cidade espiritual onde estavam vivendo.

CAPÍTULO TRINTA E SEIS

Vida de cigano

Os ciganos, os familiares de Otávio e os irmãos de Rodrigo, assim que chegaram à faculdade que Juan e Rodrigo estudavam, dirigiram-se ao miniauditório e se sentaram nos locais reservados aos convidados dos formandos em Administração.

Os espíritos Carmecita, Alonso, Yuri e Yago chegaram ao local e se sentaram perto dos ciganos. Rodrigo estava ao lado de outros formandos do curso de Administração, que, ansiosos, aguardavam a colação de grau após quatro anos de longos estudos.

Após concluir sua fala aos formandos, o reitor começou a chamá-los e lhes entregar o diploma. Rodrigo, ao escutar seu nome, dirigiu-se até o reitor e ao receber os cumprimentos e o diploma disse no microfone:

– Hoje é um dia muito feliz na minha vida. Depois de alguns anos de dedicação ao curso de Administração, deixo a faculdade certo de que tudo o que aprendi no curso vai me ajudar a ser um bom administrador quando eu iniciar a minha vida de cigano e me tornar o líder do bando do meu tio Sindel. Foram muitas as pessoas que me ajudaram a conseguir este diploma – mostrou o documento – e sou grato a cada uma. Primeiramente, agradeço os responsáveis pela faculdade, por terem me concedido uma bolsa de estudo. De todo o coração, sou muito grato a dona Ruth, que desde que comecei a trabalhar em seu supermercado tornou-se a minha segunda mãe e foi responsável por pagar a porcentagem que a bolsa de estudos não cobria.

Ruth, que estava sentada entre o filho e Otávio, emocionou-se e seus olhos se encheram de lágrimas. O agradecimento demonstrou-lhe que o rapaz realmente lhe era grato pela caridade prestada, e ela sabia que a gratidão era uma virtude rara em muitas pessoas.

– Quero agradecer ao meu amigo Otávio, o qual considero um irmão; e ser grato à sua família, pois, enquanto eu estudava, cuidaram dos meus irmãos durante a noite. Finalmente, quero agradecer e dedicar este diploma ao meu irmão Yago, que descobri ser meu irmão apenas no dia do seu desencarne, e que foi um dos alunos da nossa turma, que se não tivesse partido tão cedo para o outro lado da vida, hoje também estaria se formando. Yago foi o anjo bom reencarnado ao meu lado durante o curto espaço de tempo em que vivemos juntos. Desde que o conheci, ele sempre estendeu suas mãos caridosas em minha direção e na dos meus dois irmãos. Foi por meio dele que descobri que os ciganos são minha verdadeira família, e que a partir de amanhã me junto definitivamente ao bando para levar uma vida de cigano. Foi por meio de Yago que descobri ser filho de Consuelo, uma das mulheres mais bondosas e humildes que eu já conheci, e também pude me aproximar da mulher amada com quem vou me casar e ser feliz. Yago, aonde quer que esteja saiba que este diploma pertence a nós dois, pois juntos estudamos por diversas horas na biblioteca desta faculdade e na cozinha da minha residência. Um sempre incentivou o outro nos momentos de estudos, e, além de sermos amigos, já vivíamos como irmãos, mesmo sem saber que éramos gêmeos. Que o bondoso Deus e os espíritos amigos sempre o abençoem e o amparem na cidade espiritual em que está vivendo. Quero aproveitar este momento para pedir que todos deem as mãos para rezarmos um Pai-Nosso, oferecendo-o ao espírito do cigano Yago.

Todos fizeram o que Rodrigo pediu e, enquanto rezavam, Yago se aproximou do irmão e com lágrimas nos olhos em razão da emoção e bonita dedicação, beijou-o na fronte e exclamou:

– Meu amigo e irmão, sua dedicação e prece me deixaram muito feliz. Suas palavras e o seu gesto em pedir para rezarem por mim e os exemplos que aprendi com você quando estive vivendo em sua casa demonstraram que o anjo bom que estava reencarnado ao meu lado era você, e eu nunca tinha percebido. Vou torcer para que a partir de amanhã seja muito feliz ao viver sua vida de cigano – afastou-se e se juntando aos outros três espíritos deixaram o miniauditório e saíram volitando.

Quando a cerimônia terminou, os formandos e convidados seguiram para um coquetel no salão da faculdade. As ciganas aproveitaram a ocasião para lerem as mãos dos formandos e dos convidados, pois não iam desperdiçar a chance de lhes dizer o que o futuro lhes reservava como futuros administradores.

Quando o coquetel acabou, todos deixaram o local e os formandos partiram para iniciar uma nova luta por uma vaga no mercado de trabalho.

*****

Rodrigo e Otávio entraram no supermercado e como sabiam que o primeiro sábado do mês era o dia de maior movimento no supermercado, aguardaram Ruth ter um tempinho livre para conversarem. Rodrigo abraçou-a e lhe agradeceu por tudo de bom que ela lhe concedeu desde o dia em que o aceitou para trabalhar em seu supermercado. Os dois se abraçaram e se despediram. Otávio também a abraçou. Os dois deixaram o supermercado e seguiram para sua residência.

Ao chegar em sua casa, Rodrigo ajudou os irmãos a colocarem em malas e mochilas o que gostariam de levar para o acampamento cigano. Depois fez o mesmo com suas coisas. Levou as malas e mochilas até a carroceria da caminhonete e com os irmãos entrou na padaria dos pais de Otávio e lhes agradeceu pela boa amizade e caridade de terem ficado cuidando dos irmãos enquanto ele trabalhava e estudava.

Quando Otávio apareceu na padaria com suas malas, os pais indagaram se ele realmente iria abandonar sua vida para viver com os ciganos, conforme Rodrigo e os irmãos estavam fazendo. O rapaz disse que amava Ciganinha e queria se casar e ser feliz. Os pais, que sabiam que não iriam conseguir impedir o filho de seguir sua vida, pois desde adolescente Otávio sempre fez o que queria, abraçaram-no com carinho e desejaram muita felicidade na nova vida que ele ia levar. Ele abraçou a irmã e se despediu.

Otávio, Rodrigo e os irmãos deixaram a padaria e, entrando na caminhonete, partiram em direção ao acampamento cigano. Ao chegarem, os ciganos os aguardavam. Rodrigo e Otávio colocaram as malas no chão.

– Hoje, eu, meus irmãos e Otávio pedimos permissão para o meu tio Sindel, o líder do bando, minha mãe Consuelo e Shayera, as líderes espirituais do bando, e a todos os membros do bando para nos aceitarem como membros do bando cigano após já termos há dois anos iniciado o ritual de entrada no bando. Prometo, neste primeiro dia do século XXI, tudo fazer em benefício do bando; esforçando-me ao máximo para ser capaz de levar uma verdadeira vida de cigano – falou Rodrigo.

Raul, Olivinha e Otávio falaram algo parecido e os membros do bando começaram a abraçá-los e darem as boas-vindas.

Rodrigo, Otávio e Raul levaram as coisas para a barraca de Yago. Iriam dividi-la até o dia do casamento dos dois rapazes, quando estes passariam a viver em outras barracas com as esposas. Olivinha iria morar na barraca de Carmen e Javier iria morar na barraca com Raul.

Olivinha não foi morar na barraca de Shayera nem na de Consuelo, porque, depois dos três anos de treinamento, Shayera optou em não assumir sozinha o cargo de líder espiritual do bando e convidou Consuelo para dividirem o cargo, pois ainda tinha muita coisa para aprender com a mestra.

Consuelo, que após os vinte e oito anos a serviço de Santa Sara Kali não mais pensava em abandonar o bando para se casar, porque o homem que amava já tinha se casado com outra e os dois haviam partido para o mundo dos espíritos, aceitou dividir o cargo com Shayera, pois o filho iria viver no bando e se casar com a jovem. Continuando no bando, teria a oportunidade de conviver com o filho de quem havia se separado em seu nascimento e ajudá-lo em sua vida de cigano.

Rodrigo se aproximou de Juan e entregando-lhe a chave de sua casa disse que ela ficaria sob a responsabilidade do cigano enquanto ele estivesse estudando na faculdade e necessitasse da casa. Após concluir o curso, a casa passaria a ser de todo o bando, e quando um dos membros necessitasse, a moradia estaria à disposição.

Depois de guardarem as malas e as mochilas, Sindel ordenou que o bando festejasse a entrada definitiva de Rodrigo e dos outros no bando. Em pouco tempo, eles estavam cantando e dançando.

Raul dançava com uma garota cigana muito feliz, porque desde que passou as férias escolares com Olivinha no acampamento, ele amava a vida cigana, que não era tão chata igual a vida que Rodrigo queria que ele levasse: estudando, fazendo tudo direitinho e se matando de trabalhar para ganhar pouco. Embora os ciganos estudassem e trabalhassem alguns dias nas praças das cidades, depois do trabalho só viviam de festa: músicas, danças, bebidas e alegria. Era o estilo de vida que ele queria e amava.

Rodrigo dançou com Shayera e com outras ciganas do bando. Enquanto dançava, pensava que embora o seu povo fosse muito alegre e sempre festejasse o que consideravam ser bons acontecimentos, assim que tivesse oportunidade daria início a sua vida de seguidor da Doutrina Espírita.

Calina e Jackson acompanharam tudo e disseram para Carmecita, Alonso e Yago que Rodrigo fizera a coisa certa ao deixar a casa para utilização de todos os membros do bando.

Os cinco deixaram os ciganos se divertindo e partiram para o local onde moravam no plano espiritual

*****

Nos dias que seguiram, Rodrigo começou a interagir nas atividades que os homens do bando desempenhavam. Aprendeu como fabricar os produtos comercializados. Quando ia para as praças da cidade, após dançar com Shayera, Juan com Rieline, Otávio com Ciganinha, Rodrigo se aproximava de algumas moças e mulheres, e, embora não fosse fisicamente tão bonito quanto Yago, era um rapaz alto e loiro, de olhos azuis, e algumas moças e mulheres ficavam assanhadas quando ele as envolvia em boa conversa e discretas piscadas, o que as convencia permitir que suas mãos fossem lidas por Carmen e Yolanda, ou se dirigissem à tenda de Consuelo e Shayera para consultarem o que o baralho cigano iria lhes revelar.

Quando em um sábado Rodrigo se reuniu com Javier, Sindel e Consuelo e tomou conhecimento dos bens que o bando possuía nos três países da América do Sul, com eles estudou toda a documentação dos bens e constatou que os imóveis e o dinheiro depositado nos bancos faziam o bando bem rico. Sindel explicou que era um excelente administrador, pois soubera investir bem o dinheiro. O tio, a mãe e Javier lhe pediram para guardar segredo, pois se os membros do bando soubessem que tinham um bom dinheiro, tudo fariam para gastarem ou até mesmo poderiam brigar ou se matar para se apossar dele. Rodrigo compreendeu e prometeu guardar sigilo.

Os três entregaram aos cuidados do rapaz toda a documentação e pediram para Rodrigo começar a administrar tudo, pois quando se casasse iria se tornar o novo líder do bando e seria sua responsabilidade administrar os bens do bando. Rodrigo compreendeu e disse que tudo faria para melhor administrar os bens e fazê-los prosperar.

Nesse mesmo sábado, às vinte e uma horas, Rodrigo sentou-se com os irmãos, Shayera, Consuelo e Otávio no centro do acampamento e convidou os demais membros do bando para participarem do primeiro "Culto do Evangelho no Lar", que faria no acampamento. Apenas Juan e Ciganinha aceitaram o convite e se juntaram a eles. Rodrigo pediu para evitarem fazer barulho enquanto estivessem participando. Assim que a mãe colocou a água para ser fluidificada, um livro de mensagens e um exemplar de *O Evangelho Segundo o Espiritismo* perto deles, Rodrigo fechou os olhos e depois de uma prece, iniciou o culto que sua religião recomenda que seja feito semanalmente.

*****

Passadas muitas semanas, o domingo amanheceu muito bonito e as noivas Ciganinha e Shayera, que tinham sido escondidas e estavam bem vigiadas por Juan e outros dois rapazes do bando, ansiosas aguardavam os noivos – Otávio e Rodrigo – ludibriarem a vigilância para roubá-las, a fim de darem início à cerimônia de casamento.

Os noivos, depois de vinte minutos, descobriram onde elas estavam escondidas e fingindo ludibriar os três ciganos, pegaram as noivas no colo e correram por dois minutos carregando-as. Depois, colocaram-nas no chão e segurando em suas mãos correram até o centro do acampamento, que estava lotado pelos membros do bando, convidados de Rodrigo e Otávio, familiares de Otávio e membros de outros bandos que tinham sido convidados por Sindel.

O acampamento estava todo enfeitado e uma bandeira vermelha com o nome dos noivos tinha sido colocada no centro do acampamento ao lado de uma grande mesa com as comidas. Homens estavam de um lado da mesa, e mulheres do outro.

Rodrigo se aproximou de Consuelo e Sindel, que por Shayera ser órfã representavam os pais dela. Depois de negociar a regularização da fuga fingindo pagar um grande dote ao entregar uma sacola contendo apenas poucas cédulas em dinheiro, pediu permissão a Sindel e Consuelo para se casar com Shayera. Otávio fez o mesmo ao se aproximar dos pais de Ciganinha.

O oficial de um cartório civil os casou e eles assinaram as certidões de casamento. Depois, os dois casais se aproximaram de Consuelo, que estava ao lado de uma mesa com a imagem de Santa Sara Kali, dois lenços vermelhos e um punhal.

Consuelo pediu aos casais para se ajoelharem na frente de Santa Sara Kali e falou:

– Shayera e Rodrigo, Ciganinha e Otávio estão reunidos na frente de Santa Sara Kali, a padroeira do povo cigano, para se casarem e serem felizes como ciganos. Eu, Consuelo, uma das líderes espirituais do bando, realizarei o ritual de casamento.

– Rodrigo, você ama Shayera com todo o seu coração e com ela quer se casar?

– Amo e com ela quero me casar e ser feliz – respondeu Rodrigo.

Consuelo fez a pergunta para Shayera e depois para Otávio e a Ciganinha. Depois de receber as afirmativas, pediu aos noivos para estenderem o punho na direção dela.

Consuelo fez um pequeninho corte no pulso dos quatro. Amarrou um lenço vermelho unindo os pulsos de Rodrigo e Shayera, e outro lenço unindo os pulsos de Otávio e Ciganinha. Erguendo com as duas mãos os pulsos dos dois casais, disse:

– A união do sangue os une e transforma a vida de cada um em uma só. Essa união os torna marido e mulher – tocou os lenços na imagem da santa. – O casamento está sendo abençoado por Santa Sara Kali e por Deus, e recebendo a benção deles. Considerem-se casados de acordo com o nosso ritual. Desejo que sejam muito felizes. Os maridos já podem beijar suas esposas.

Carmecita e Alonso assopraram nos dois casais e desejaram que fossem muito felizes. Depois, aproximaram-se de Yago e Yuri, Calina e Jackson e continuaram observando.

Os noivos se beijaram e foram ouvidas palmas. Os casais receberam os parabéns dos convidados e dos membros do bando. Sindel gritou:

– Música, comida, bebida e muita dança! A festa começa agora e só termina quando o dia amanhecer. Se os convidados não derem conta de festejarem por tanto tempo, nós, ciganos, daremos, porque hoje a festa é em homenagem ao casamento de Shayera e Rodrigo, Ciganinha e Otávio. Vamos comemorar do jeito que sabemos, com muita música, comida, bebida e dança – repetiu gritando.

Em pouco tempo, o acampamento inteiro estava em festa. Muitos dos convidados nunca tinham participado de uma festa cigana e ficaram encantados com a forma como eles festejavam o casamento. Todos dançaram e se divertiram bastante com aquele povo alegre.

Carmecita e os outros partiram volitando.

CAPÍTULO TRINTA E SETE

Adeus ao baralho

Após oito horas de festa, os convidados de Rodrigo e Otávio, que já tinham se divertido bastante, começaram a se despedir e deixarem o acampamento. Quando os últimos foram embora, os ciganos continuaram festejando e dançando em círculos até o sol despontar e anunciar um novo dia.

Os casais seguiram para as barracas onde iriam residir, aplaudidos pelos ciganos e incentivados pelos mesmos a não saírem tão cedo de lá.

Quando os casais entraram, os ciganos dos outros bandos se despediram e seguiram para seus acampamentos. Os do bando de Sindel entraram em suas barracas e dormiram por algumas horas.

Quando despertaram, às quatorze horas, a festa continuou. Shayera e Ciganinha deixaram as barracas vestidas em uma roupa bem colorida e com um lenço amarrado na cabeça, o que as caracterizava como mulheres casadas. As duas apresentaram os lençóis para os membros do bando e depois os guardaram.

Rodrigo e Otávio perguntaram para Juan o motivo de as esposas terem mostrado os lençóis. O cigano lhes disse que isso era a prova da pureza da mulher.

Depois de uma hora, Sindel pediu para a música ser interrompida e solicitou que Consuelo e Shayera buscassem o caderno com a lei do bando e a imagem de Santa Sara Kali. Ao ter o caderno com a lei do bando em mãos, Sindel convidou as duas líderes espirituais do bando para se aproximarem de Rodrigo.

Carmecita, Alonso e Yago chegaram volitando e ficaram observando.

– Há muitos anos lidero o bando, durante esse tempo sempre procurei ser um bom líder e ajudar os membros do bando no que necessitassem, e tudo fiz para o nosso bando jamais desaparecer. Como havia lhe dito que no dia de seu casamento passaria a liderança do bando aos seus cuidados, a partir desta tarde você é o novo líder do bando, Rodrigo, pois todos os membros já comprovaram que você realmente tem conseguido levar uma vida de cigano como todos aqui – entregou ao rapaz o caderno com a lei do bando e olhou para Consuelo.

A líder espiritual ergueu a imagem de Santa Sara Kali e pediu que Rodrigo tocasse a imagem, o rapaz a tocou e Consuelo fez uma prece circulando a imagem em volta de Rodrigo e olhando para Shayera. Ela retirou o baralho cigano do bolso e, consultando as cartas, falou:

– O baralho nada possui contra Rodrigo ser o novo líder do bando. As cartas revelam que ele está recuperando algo que lhe foi tirado em sua outra vida de cigano durante uma guerra. As cartas indicam que ele será um bom líder – juntou as cartas, amarrou o baralho no lenço e o entregou ao esposo.

Consuelo fez uma prece e entregou a imagem da santa para o filho, dizendo:

– Jure em nome de Santa Sara Kali, do baralho cigano e da nossa lei, que você fará tudo para ser um bom líder; zelará pela segurança do baralho e respeitará a devoção do seu povo para com Santa Sara Kali.

Rodrigo, segurando o caderno com a lei, o baralho e a imagem da santa, pediu a Juan para se aproximar e lhe entregou a imagem; o baralho deu para Shayera, ficando apenas com o caderno da lei.

– Tio Sindel, só aceitarei ser o líder do bando com uma condição.

– Diga sua condição e eu a aceitarei – falou Sindel.

– Eu só me torno o líder do bando se o senhor a partir de amanhã iniciar o tratamento que vai ajudá-lo em relação ao seu câncer nos pulmões com um bom oncologista, pois não quero que o senhor parta tão cedo para viver com Yago. Quero que fique muito tempo conosco, ajudando-me a ser um bom líder, pois vou precisar de sua experiência e de suas boas orientações para bem conduzir o bando. O senhor falou que aceitaria a condição antes de eu falar qual seria, portanto, não pode voltar atrás, pois um cigano nunca vai contra sua própria palavra.

– Você aprendeu mesmo como os ciganos se comportam, e, como sempre cumprimos nossa palavra, sua condição será aceita e eu vou diminuir a quantidade de cigarros que fumo por dia e iniciar o tratamento – falou Sindel.

– Aceitando minha condição, só o senhor sairá lucrando, pois o tratamento vai ajudá-lo com relação à sua doença – disse Rodrigo. – Eu e Juan, que será o vice-líder do bando, vamos prometer que lideraremos o bando e tudo faremos para a lei ser colocada em prática quando for necessário, e, na medida de nossas possibilidades, vamos zelar pela segurança do baralho e respeitar a devoção religiosa do povo, da mesma forma que espero que a minha religião seja respeitada por todos.

Os dois seguraram o caderno e Juan, com a outra mão, segurou a imagem de Santa Sara Kali. Shayera colocou o baralho em cima do caderno e os dois fizeram o juramento.

Consuelo disse:

– Rodrigo e Juan são os novos líderes do nosso bando e os membros deverão respeitar a liderança, que foi aprovada por Santa Sara Kali e pelo baralho. Que as bênçãos de Deus os envolvam e os auxiliem para serem bons líderes para o bando.

– Vamos voltar a comemorar a festa de casamento de Shayera e Rodrigo, Ciganinha e Otávio; aproveitando para comemorarmos a nova liderança – disse Sindel. – Música, comida, refrigerantes, dança e muita alegria! – gritou.

Passados dez minutos, dois carros chegaram em alta velocidade e os que estavam dentro deles atiraram diversas vezes para o alto.

Os ciganos ficaram assustados e Rodrigo gritou para todos se deitarem no chão.

Shiara, Sinval, Rosa e Yalía saíram de um dos veículos, e Jeremias, uma moça e os outros dois rapazes, que já haviam estado ali com Sinval, deixaram o outro veículo. Shiara, com uma pistola na mão, Rosa e Yalía com facas, Sinval e os outros com revólveres, aproximaram-se dos membros do bando e Shiara mandou todos ficarem de pé. Apontou a pistola para o pai e falou:

– Que falta de consideração para com o bando de Shiara e Sinval, que não foi convidado para a festa de casamento! Soubemos que outros bandos foram convidados e que a festa de ontem foi muito alegre e bonita. Como o líder do bando não teve coragem de convidar a própria filha para a festa, vim até aqui para roubar algo que sempre quis e muito vai ajudar o meu bando.

– Nosso bando, Shiara. Não se esqueça disso – alertou Sinval.

– Shiara, você foi expulsa e amaldiçoada pelo bando e nunca mais deveria colocar seus pés em nosso acampamento. Sinval deveria estar preso. O que vieram fazer aqui? Não são bem-vindos – disse Sindel.

– O fato de ter sido amaldiçoada e expulsa não me impede de ir aonde quero e fazer o que desejo – disse Shiara. – Depois que fui expulsa embaixo de cuspes, pauladas e pontapés, eu e mamãe procuramos Rosa, que tinha voltado a se aliar com Jeremias e seus malfeitores, e eu, com minha inteligência, vendi a carroça e usei o dinheiro para convencer os malfeitores a entrarem no bando que eu fundei e subornar um dos carcereiros para ajudar Sinval a fugir da prisão. Depois da fuga, casamo-nos e o bando partiu para o Paraguai e Bolívia. Começamos a roubar carros e vendê-los; assaltar outros bandos ciganos, pessoas e lojas das cidades, pois o nosso bando tem ciganos malfeitores, que vão continuar roubando e matando quem nos impedir de levar o que queremos.

– Velha macumbeira, se você ousar invocar aqueles espíritos do inferno eu atiro em você logo que começar a invocação – disse Jeremias apontado a arma para Carmen. – Desde aquele dia em que você os invocou, eu e meus comparsas tivemos algum tipo de problema com a polícia. Só nos livramos dos problemas depois que Yalía afastou aqueles espíritos malditos de nós, que ficaram nos infernizando – falou e atirou, fazendo a bala passar raspando nos cabelos de Carmen.

– Minha boca é um túmulo lacrado – disse Carmen, levando as mãos à boca, pois estava muito assustada e com medo de morrer.

– Pode levar o que vieram roubar e seguir a vida de vocês – falou Rodrigo. – Nenhum membro vai reagir, e nenhuma cigana vai amaldiçoá-los – olhou para o bando. – Todos fiquem quietos e deixem Shiara e seu bando levarem o que quiserem.

– O que pertence ao nosso bando que você quer, Shiara? – indagou Consuelo. – Vamos fazer o que Rodrigo nos pediu. Diga logo o que veio roubar, leve com você e deixe-nos em paz. Nunca mais apareça com seu bando.

– Queremos o baralho cigano e o dinheiro que está em sua barraca – falou Sinval.

– Também queremos tia Consuelo, que é a líder espiritual e conhece todos os segredos do baralho, para que possa usar os segredos para ajudar o bando a nunca ser preso pela polícia, a enriquecer e ficar me treinando como aprendiz, pois em nosso bando a aprendiz não precisa ser pura.

– Não vamos dar adeus ao baralho entregando-o para o bando de malfeitores sem lutar – disse Sindel. – O baralho pertence ao nosso bando desde sua fundação e suas cartas que falam em nome de Santa Sara Kali sempre orientaram o nosso destino e nos disseram como viver. O baralho e a santa dos ciganos controlam a vida do nosso bando, e devemos lutar até a morte para impedirmos que Sinval e Shiara roubem o baralho e levem Consuelo com eles.

– Tio Sindel, ninguém vai lutar e morrer por causa de um baralho. Proíbo qualquer membro do bando de enfrentar de mãos vazias aqueles que armados vieram interromper nossa festa para roubarem um baralho que acreditam que vai ajudá-los – disse Rodrigo. – Os membros do bando vão dar adeus ao baralho, para que ninguém seja assassinado e que todos possam levar sua vida de cigano ao lado de seus familiares e dos outros membros do bando. Embora o baralho desde sua origem tenha pertencido ao bando e controlado o destino e a vida dos membros, é bom que parta com quem veio roubá-lo, pois um baralho não deve controlar nossa vida, quem tem de controlá-la somos nós mesmos e Deus. Esse bando tem uma nova lei e será essa que vai nos orientar daqui para a frente, com Deus e os bons espíritos que auxiliam o bando. – Virou-se para a esposa e continuou: – Shayera, entregue o baralho para Shiara, enquanto eu lhes entrego o dinheiro que ganhamos como presente de casamento dos outros bandos, pois o dinheiro que estava na barraca de Consuelo foi usado para bancar a festa do nosso casamento e do casamento de Ciganinha e Otávio – seguiu até sua barraca e, saindo com duas pequenas sacolas, entregou-as para Sinval e voltou a pedir à esposa para entregar o baralho.

Shayera retirou o baralho do bolso. Javier e Ramon gritaram.

– Não entregue o baralho, Shayera. Vamos fazer o que Sindel nos disse e lutar para que o baralho continue com nosso bando. Ele sempre esteve conosco e conosco deverá ficar – disse Javier.

Consuelo pegou o baralho das mãos de Shayera e falou:

– Javier, vamos fazer o que o líder nos pediu e dar adeus ao baralho sem lutar. Todos aceitamos respeitar a liderança do novo líder, e se ele pediu para fazermos algo, o faremos, pois a existência física que recebemos é preciosa e temos de valorizá-la, não vamos sofrer um desencarne antes do dia apenas em razão de um baralho – aproximou-se de Shiara e, entregando-lhe o baralho, disse:

– Leve com você o que aqui veio buscar; sempre cobiçou o baralho e seus segredos. Leve-os. Entregando o baralho para você encerramos uma história que talvez tenha se iniciado em uma vida passada. Leve o baralho e Sinval, o dinheiro. O roubo de vocês não me fará odiá-los nem vai prejudicar nosso bando, pois os membros continuarão trabalhando com honestidade e no futuro Deus e Santa Sara Kali, por meio do nosso trabalho honesto, vão nos mandar mais dinheiro. Sigam em paz. Eu não vou com vocês.

– A senhora vai, pois precisamos que nos ensine os segredos do baralho – falou Shiara.

– Consuelo não é mais a líder espiritual do bando. E quando a líder abandona o cargo, Santa Sara Kali a faz esquecer todos os segredos do baralho para poder passar os segredos à nova líder espiritual, que é Shayera, que assumiu o cargo há pouco tempo e ainda não conhece os segredos do baralho e não poderá usá-los para ajudar seu bando e de Sindel – disse Carmen. – Mas sua mãe, que foi candidata a aprendiz no tempo de Consuelo e Calina, quando eu ensinava os segredos do baralho para Calina e depois para Consuelo, sempre nos ouvia às escondidas. A prova disso é ela ter conseguido retirar de Jeremias e seus amigos a maldição lançada pelas mulheres do nosso bando. Se ela aprendeu esse segredo, também aprendeu os demais. Sendo sua mãe e membro do seu bando, certamente, vai usar o baralho cigano e os seus segredos, que são muito poderosos, em benefício do bando de vocês, pois Santa Sara Kali não apagou esses segredos da mente de Yalía, pois a nossa santa só os apaga da mente da ex-líder espiritual. Vocês não podem pensar em levar Shayera, pois ela não conhece todos os segredos do baralho e os que conhece poderá usar para prejudicar o seu bando, em vez de ajudá-lo. Shiara e Sinval, pensem bem antes de levarem Consuelo, que já esqueceu os segredos do baralho, e de levar Shayera, caso contrário, as duas poderão destruir o seu bando.

– Yalía, escutou Carmen ensinar sobre os segredos do baralho para Calina e Consuelo? – indagou Sinval.

– Claro. Fui candidata a aprendiz e como não venci o ritual, dei um jeito de descobrir tudo que Carmen, quando era a líder espiritual ensinou para Calina e Consuelo – mentiu Yalía, que tinha escutado apenas quatro lições do treinamento e nem desconfiava que o baralho não tinha os segredos que ela e os que foram roubar acreditavam ter.

– Shiara, se a sua mãe conhece os segredos e nós já temos o baralho e o dinheiro que viemos roubar vamos embora daqui – disse Sinval.

– Vamos, pois já ensinei para vocês que assalto tem de ser coisa rápida, ainda mais se estivermos assaltando ciganos, que são macumbeiros e traiçoeiros – falou Jeremias, olhando para Carmen e continuando com o revólver apontado para ela.

Shiara guardou o baralho no bolso da saia e deu uma bofetada no pai, dizendo:

– Estamos quites por você ter me dado algumas bofetadas quando eu ainda vivia neste seu maldito bando. Podem dizer adeus ao baralho, porque agora ele é meu e ninguém vai tirá-lo de mim. Se o senhor ou qualquer um tentar algo para me impedir de levar o baralho, eu atiro na cabeça e os miolos cairão na terra – encostou a pistola na testa do pai.

– Não vamos permitir que vocês levem o nosso baralho sem antes lutarmos por aquilo que é nosso – disse Sindel. – Somos ciganos que sempre lutaram e não seremos covardes. Convoco todos os membros para lutar até pegarmos de volta o que nos pertence.

– Você não convoca ninguém mais para a luta, porque você não é mais o nosso líder – disse Carmen. – O líder é Rodrigo, e se ele disse para não lutarmos não vamos fazê-lo, porque ele está correto no que disse em relação a Deus e nós mesmos controlarmos nossa vida e nossos destinos. Se você quer lutar sozinho contra uma arma que está apontada em sua cabeça e outras armas apontadas para os membros do bando, que lute, pois não vou lutar por você nem permitir que Javier e Juan lutem. Embora eu e Javier já chegamos à velhice, ainda quero viver muito ao lado do meu esposo e do meu filho, e presenciar Juan se formando na faculdade, casando-se com Rieline e ver meus netos correndo pelo acampamento; por tudo isso não vou desperdiçar minha vida e a de minha família só por causa de um baralho, porque nossa vida vale muito mais do que isso. Se Santa Sara Kali e os bons espíritos falavam por meio das cartas do baralho, também o farão passando as orientações para Shayera e Consuelo por meio de suas mediunidades; e as duas, auxiliadas pelo nosso novo líder e a religião dele, poderão ajudar, usando esse dom a serviço do bando.

– Tio Sindel, Carmen está corretíssima no que disse e nenhum membro do meu bando vai lutar e ser assassinado por causa de um baralho, muito menos o senhor, a quem o bando muito estima e ainda precisa de sua orientação para continuar seguindo em frente. Por favor, diga adeus ao baralho sem perder sua vida. Tenho certeza de que se Yago estivesse aqui conosco e fosse o líder iria pedir a mesma coisa para o senhor, pois Yago sempre valorizou a vida. Como um cigano sábio, que era e amando o seu bando, jamais iria permitir que os membros lutassem e desencarnassem por causa de um baralho.

O que Rodrigo falou tocou o coração de Sindel, que pediu para o bando acatar o que o líder havia pedido. Rodrigo se aproximou de Shiara e lhe disse:

– Faço minhas as palavras da minha mãe. Levem o baralho e o dinheiro e vamos encerrar agora algo que possamos ter iniciado em uma vida passada. Eu não guardarei nenhum sentimento negativo contra você, Sinval, nem o seu bando, pois se aqui vieram buscar o baralho é porque ele realmente é muito importante para vocês, e se é assim, leve-o e vá viver com ele e seu bando longe do meu bando, pois temos caminhos diferentes e cada um deve seguir aquele que considera ser ideal.

Shiara não sabia o que responder, pois as palavras de Rodrigo a deixaram sem ação.

Sinval se aproximou de Rodrigo e disse:

– Você é um bom líder e uma pessoa sábia, pois tomou a decisão mais acertada. Suas ações e palavras farão com que nunca mais apareçamos em seu acampamento para assaltá-los. Vamos deixá-los em paz! – Segurou o braço de Shiara e continuou: – Vamos embora! Já conseguimos o que queríamos e não podemos continuar aqui, pois sou procurado pela polícia. Vamos voltar para o Paraguai e Bolívia e continuar com nosso bando cigano de malfeitores nas terras desses dois países.

O bando entrou nos veículos e partiu em alta velocidade.

Consuelo e Carmen se aproximaram de Rodrigo.

– Parabéns por ter agido com sabedoria minutos após ter se tornado nosso líder. Com sua ação e fala demonstrou aos membros do bando que se preocupa com a segurança deles e com o bem-estar. Meu filho, tenho certeza de que você será um bom líder – afirmou Consuelo.

– Eu também quero parabenizá-lo, pois você soube o que fazer em um momento difícil logo após ter assumido a liderança do bando – falou Carmen. – Ainda bem que agiu com sabedoria, pois isso nos permitiu continuarmos vivos. Eu não queria ser morta por uma bala da arma daquele Jeremias.

Carmecita se aproximou de Rodrigo e o beijando na fronte disse ter acertado em sua primeira ação como líder do bando. Alonso e Yago fizeram a mesma coisa. Carmecita e Alonso estenderam suas mãos sobre Rodrigo e, fazendo uma prece, assopraram no rapaz, espalhando sobre ele preces e boas energias, que o ajudariam em sua liderança.

Os três partiram volitando.

Outros membros do bando de Rodrigo também parabenizaram-nos por ele ter agido com sabedoria na hora em que o bando precisou dar adeus ao baralho.

– Como novo líder, soube agir com sabedoria, e os membros do nosso bando continuam vivos e em segurança. Voltemos a festejar a festa do meu casamento e do casamento de Otávio – disse Rodrigo. – Música, comida, refrigerantes, dança e muita alegria! – gritou.

Em poucos minutos, o bando voltou a festejar e a alegria, música e dança tomaram conta do acampamento.

No dia seguinte, após o desjejum, o acampamento foi desmontado e os membros, antes de partirem da cidade, fizeram uma visita às famosas Cataratas do Iguaçu. Após a visita, deixaram Juan na casa em que Rodrigo tinha vivido com os irmãos, e assim que Carmen, Javier e Rieline se despediram, o bando partiu para o Uruguai. Rieline embora partisse triste, ia esperançosa de que no dia em que o namorado se juntasse a eles durante as férias da faculdade, os dois ficariam noivos.

*****

Na manhã de um novo sábado, Otávio chegou ao acampamento com Shayera e Ciganinha, todos tinham ido a uma consulta do pré-natal. As duas estavam grávidas e em três meses os filhos nasceriam.

Após descerem da caminhonete, as jovens seguiram para suas barracas e Otávio, aproximando-se do líder do bando, repassou-lhe o que o médico havia informado. Rodrigo agradeceu ao amigo e, seguindo para sua, barraca conversou um pouco com a esposa e depois se envolveu em suas atividades de líder do bando.

No início da noite, Rodrigo seguiu com a esposa, os irmãos e Consuelo para o centro da cidade argentina. Ao se dirigirem a uma casa espírita, assistiram a uma palestra e depois receberam passes magnéticos dos médiuns e tomaram a água que tinha sido fluidificada durante a prece do passe. Deixaram a casa espírita e, ao chegarem ao acampamento, Rodrigo foi recebido com uma festa-surpresa, em comemoração ao seu aniversário.

– Os membros do bando desejam presenteá-lo com algo que sabemos será muito importante para você – disse Sindel. – Esse nosso presente é para demonstrar que reconhecemos que você é um bom líder para o bando e estamos felizes e satisfeitos com as boas coisas que você já fez. Nosso presente também tem o intuito de demonstrar que realmente aceitamos você ser espírita em nosso acampamento e não nos ter impedido de continuar com nossa devoção para Santa Sara Kali. Por tudo isso, após muito pensar em qual presente lhe dar, resolvemos que hoje todos os membros do bando vão se reunir com você e participarão do "Culto do Evangelho no Lar", que você sempre faz no centro do acampamento aos sábados. Esse será o nosso presente.

Rodrigo voltou a se emocionar, pois jamais esperaria que em tão pouco tempo como líder, todos os membros se reuniriam para participarem do "Culto do Evangelho no Lar". Disse que o melhor presente que o bando poderia lhe ofertar era aquele. Ele e a mãe colocaram dois bancos no centro do acampamento, cobertos por uma toalha branca com uma jarra com água e copos empilhados, além do exemplar de *O Evangelho Segundo o Espiritismo* e um livro de mensagens.

Rodrigo convidou-os para se sentarem em círculo e fazerem o que lhes fosse solicitado.

Carmecita e Yuri, Alonso e Yago chegaram volitando e se sentaram próximos aos membros do bando.

Rodrigo, em rápidas palavras, explicou o significado do "Culto do Evangelho no Lar" e concluiu mencionando que no acampamento cigano ou na residência em que o culto fosse semanalmente realizado, os bons espíritos compareciam e, em nome de Deus, do Cristo, de Maria Santíssima e até dos anjos e de Santa Sara Kali, espalhavam boas vibrações no local e nos participantes, abençoando-os.

O líder do bando fez a prece de abertura do culto e depois pediu para Sindel abrir o livro de mensagens e ler. Depois, fez alguns comentários explicando o que a mensagem queria dizer e pediu aos demais para comentarem. Carmen fez um bonito comentário.

Consuelo abriu *O Evangelho Segundo o Espiritismo* e lendo o item onde o evangelho foi aberto, começou a explicar o que tinha lido de acordo com o que tinha aprendido na Doutrina Espírita.

Rodrigo torcia para que aquela primeira participação fosse o início de outras, para que seu povo descobrisse o grande bem que uma religião fundamentada em uma fé racionada proporcionava aos seguidores.

Quando Shayera fez a prece de encerramento, Carmecita fluidificou a água que todos iriam beber e com Alonso, Yuri e Yago, que já tinha aprendido como espalhar boas energias nos encarnados por meio do assopro e da imposição de mãos, fizeram uma rápida prece e espalharam as boas energias para os membros do bando que tinham participado do "Culto do Evangelho no Lar".

Yago se aproximou de Rodrigo e o beijando na fronte desejou que o irmão continuasse sendo uma boa alma, ajudando o povo cigano por meio da excelente liderança que estava exercendo à frente do bando.

– Rodrigo, Yago acabou de beijá-lo e dizer para você continuar sendo um bom líder para o bando – gritou Olivinha. – Agora ele está beijando a testa de Shayera, de Sindel e Consuelo e falando que onde está vivendo continua amando os três, não esqueceu ninguém. Ele está muito bonito e cheio de luz. Está ao lado de uma bonita moça, que parece ser cigana e tem mais luz que ele, e de um homem velhinho e um rapaz, que também tem luz. Eles estão dando tchau para nós. Agora, foram embora.

Sindel e Consuelo, Rodrigo e Shayera e os outros membros do bando olharam para Olivinha emocionados. Rodrigo e Consuelo logo compreenderam que a garotinha possuía mediunidade visual e auditiva.

****

Ao chegarem à cidade espiritual, na casa em que vivia, Yago disse para Carmecita:

– Não sabia que Olivinha podia nos ver e escutar. Ela descreveu direitinho o que eu estava fazendo e dizendo, e avisou quando demos tchau e partimos.

– Olivinha será uma excelente médium, seguirá os passos de Consuelo e Shayera, e no futuro vai se tornar a nova líder espiritual do bando. Ela reencarnou com a missão de ser a primeira líder espiritual que implantará em um bando cigano o primeiro grupo mediúnico respaldado na filosofia espírita. Rodrigo, que é um bom espírita, saberá orientá-la na fundação de um grupo, que causará grande bem ao povo cigano, que por ser um povo que sempre teve uma espiritualidade forte, saberá se beneficiar. Calina, que em poucos meses renascerá na Terra como filha de Rodrigo e Shayera, e Jackson como filho da Ciganinha e Otávio, serão os primeiros ciganos a se beneficiarem do grupo. Como filha de Rodrigo e Shayera, aquela que um dia foi Alethi e depois Calina, terá a chance de sentir amor fraterno por Rodrigo, que vai educá-la e ensiná-la a ser uma boa pessoa. Esse amor auxiliará Calina a se harmonizar com sua consciência e estender as mãos amigas para Rodrigo e Consuelo, pois sendo sua neta também terá a chance de ser amada e bem educada pela avó, o que também vai ajudá--la a sentir amor fraterno pela avó. Calina terá de se harmonizar com sua consciência da mesma forma que você, Yago transformando o amor que você sente por Shayera, em amor fraterno, pois o próximo que reencarnará como filho de Rodrigo e Shayera será você. Tendo como mãe a mulher por quem já foi apaixonado, os cuidados maternos e paternos, além do amor de mãe que Shayera lhe devotará, fará com que você passe a sentir um amor filial por ela. Assim, esse amor será o verdadeiro amor fraterno.

– Você está me dizendo que vou voltar a viver no mesmo bando cigano que vivi e ser filho de Rodrigo e Shayera? – perguntou Yago visivelmente alegre.

– Sim. Mas isso só será possível se você realmente desejar ser filho deles. Antes de reencarnar, o que deverá acontecer em cinco anos, você tem de estudar sobre o amor fraterno e como pode colocá-lo em prática – falou Carmecita.

– Ser filho de Shayera e Rodrigo, neto de tia Consuelo, voltando a ter uma vida de cigano na Terra é o que eu mais quero – disse Yago. – Quando começo a estudar sobre o amor fraterno?

– Quando você se matricular em um curso que ensina sobre isso – falou Alonso.

– Depois desse curso, você será transferido para outra cidade espiritual, e com Carmecita e outros espíritos, que trabalham com novas reencarnações na Terra, estudarão sua nova existência terrena como filho de Rodrigo e Shayera. Depois desse estudo, com o aval de Rodrigo e de Shayera, espíritos superiores vão aprovar sua reencarnação e prepará-lo para uma nova jornada terrena em um novo corpo físico – explicou Yuri. – Venha comigo e Alonso, vamos matriculá-lo no curso.

Alegre, Yago seguiu com os dois rumo ao local em que as inscrições eram realizadas.

De onde estava sentada, Carmecita os viu passar pelo portão e desejou que Yago, ao concluir o curso se preparasse para uma nova reencarnação e realmente fosse capaz de, ao viver perto dos dois, sentir por Shayera apenas o amor fraterno e despertar esse mesmo amor pelos outros membros do bando cigano, que estando sob a liderança de Rodrigo tinham passado a viver uma nova vida baseada nos ensinamentos espíritas do líder e no que já haviam aprendido com o "Fora da caridade não há salvação".

Cada um deles agora sabia que a vida era controlada por cada um, com acertos e desacertos, e não pelo baralho cigano.

Sulamita

Leia os romances de Schellida!
Emoção e ensinamento em cada página!
Psicografia de Eliana Machado Coelho

CORAÇÕES SEM DESTINO – Amor ou ilusão? Rubens, Humberto e Lívia tiveram que descobrir a resposta por intermédio de resgates sofridos, mas felizes ao final.

O BRILHO DA VERDADE – Samara viveu meio século no Umbral passando por experiências terríveis. Esgotada, e depois de muito estudo, Samara acredita-se preparada para reencarnar.

UM DIÁRIO NO TEMPO – A ditadura militar não manchou apenas a História do Brasil. Ela interferiu no destino de corações apaixonados.

DESPERTAR PARA A VIDA – Um acidente acontece e Márcia passa a ser envolvida pelo espírito Jonas, um desafeto que inicia um processo de obsessão contra ela.

O DIREITO DE SER FELIZ – Fernando e Regina apaixonam-se. Ele, de família rica. Ela, de classe média, jovem sensível e espírita. Mas o destino começa a pregar suas peças...

SEM REGRAS PARA AMAR – Gilda é uma mulher rica, casada com o empresário Adalberto. Arrogante, prepotente e orgulhosa, sempre consegue o que quer graças ao poder de sua posição social. Mas a vida dá muitas voltas.

UM MOTIVO PARA VIVER – O drama de Raquel começa aos nove anos, quando então passou a sofrer os assédios de Ladislau, um homem sem escrúpulos, mas dissimulado e gozando de boa reputação na cidade.

O RETORNO – Uma história de amor começa em 1888, na Inglaterra. Mas é no Brasil atual que esse sentimento puro irá se concretizar para a harmonização de todos aqueles que necessitam resgatar suas dívidas.

FORÇA PARA RECOMEÇAR – Sérgio e Débora se conhecem e nasce um grande amor entre eles. Mas encarnados e obsessores desaprovam essa união.

LIÇÕES QUE A VIDA OFERECE – Rafael é um jovem engenheiro e possui dois irmãos: Caio e Jorge. Filhos do milionário Paulo, dono de uma grande construtora, e de dona Augusta, os três sofrem de um mesmo mal: a indiferença e o descaso dos pais, apesar da riqueza e da vida abastada.

PONTE DAS LEMBRANÇAS – Ricos, felizes e desfrutando de alta posição social, duas grandes amigas, Belinda e Maria Cândida, reencontram-se e revigoram a amizade que parecia perdida no tempo.

MAIS FORTE DO QUE NUNCA – A vida ensina uma família a ser mais tolerante com a diversidade.

MOVIDA PELA AMBIÇÃO – Vitória deixou para trás um grande amor e foi em busca da fortuna. O que realmente importa na vida? O que é a verdadeira felicidade?

MINHA IMAGEM – Diogo e Felipe são irmãos gêmeos. Iguais em tudo. Até na disputa pelo amor de Vanessa. Quem vai vencer essa batalha de fortes sentimentos?

Romances imperdíveis!
Psicografia de Maurício de Castro

NADA É PARA SEMPRE

Clotilde morava em uma favela. Sua vida pelas ruas a esmolar trocados e comida para alimentar o pequeno Daniel a enchia de revolta e desespero. O desprezo da sociedade causava-lhe ódio. Mas, apesar de sua condição miserável, sua beleza chamou a atenção de madame Aurélia, dona da Mansão de Higienópolis, uma casa de luxo em São Paulo que recebia clientes selecionados com todo o sigilo. Clotilde torna-se Isabela e começa então sua longa trilha em busca de dinheiro e ascensão social.

NINGUÉM LUCRA COM O MAL

Ernesto era um bom homem: classe média, trabalhador, esposa e duas filhas. Espírita convicto, excelente médium, trabalhava devotadamente em um centro de São Paulo. De repente, a vida de Ernesto se transforma: em uma viagem de volta do interior com a família, um acidente automobilístico arrebata sua mulher e as duas meninas. Ernesto sobrevive... Mas agora está só, sem o bem mais precioso de sua vida: a família.

HERDEIROS DE NÓS MESMOS

Herdeiros de Nós Mesmos
A fazenda Boa Esperança era uma verdadeira mina de ouro. Durante anos, vinha sustentando a família Caldeiras com luxo e muito dinheiro. Mas o velho Mariano, dono de todo aquele império, agora estava doente e à beira da morte. Uma emocionante obra que nos mostra as consequências do apego aos bens materiais, sobretudo quando ele contamina o amor entre as pessoas, gerando discórdia e desarmonia.

O PREÇO DE UMA ESCOLHA

Neste emocionante romance, uma trama repleta de momentos de suspense, com ensinamentos espirituais que vão nos ajudar no decorrer de nossa vida a fazermos sempre as escolhas certas sem prejuízo ao semelhante.

SEM MEDO DE AMAR

Até quando o nosso medo de amar vai impedir que sejamos felizes? Hortência, Douglas e Amanda venceram esse desafio.

NINGUÉM DOMINA O CORAÇÃO

Luciana e Fabiano têm uma relação apaixonada, mas a vida separa o casal. Luciana não vai desistir e quer se vingar. Um enredo cheio de suspense, vingança e paixão, no qual descobrimos que ninguém escolhe a quem amar, mas que o caminho do verdadeiro amor deve sempre ser preenchido pelo perdão incondicional, não importando as mágoas de um doloroso passado.

DONOS DO PRÓPRIO DESTINO

Lucélia era rica, fútil e poderosa. E com muitos erros para resgatar nesta encarnação. Neste romance, instigante e cheio de mistérios, assuntos como adultério, amor sem preconceito, vingança, paixão e resignação, mostram que todos nós somos donos do nosso próprio destino e responsáveis por tudo o que nos acontece.